京都の女性史

京都橘女子大学女性歴史文化研究所編

思文閣出版

序

本年二〇〇二年は、京都橘女子大学が京都山科の地に開学して三五周年、母体である京都橘女子学園創立一〇〇周年という節目の年である。そして、女性歴史文化研究所にとっては開設一〇周年を迎えたことを意味する。一〇有余年前、すなわち学園創立九〇周年、大学開学二五周年を控え、京都橘女子大学における周年記念事業としてもっとも相応しく、また意義深いものは何であるかが検討されたとき、総意をもって開設されたのが、この女性歴史文化研究所であったという。

いうまでもなく、女性史、女性学、女性文化の総合的な比較研究を行う機関を設けることは、「自立した女性の育成」を教学理念に掲げる京都橘女子大学にとって、女子高等教育機関としてその理念を学問的に追求するに格好の取り組みであった。同時に、女性学、女性史研究の気運が高まり、研究拠点の必要が叫ばれていた当時にあって、学内外の大学研究者のみならず、在野の研究者をも参画しうる研究機会を提供する場として開設された当研究所は、まさにはかりしれない意義を負った存在だったのである。

以来、当研究所は、そうした期待や目標に少なからず応えてきたと自負するところである。研究所開設の前年から始まった公開シンポジウムは、本年で一一回目を迎える。毎年、女性の多様な在り様を歴史的に、そして現代社会に生きる女性が直面する問題を多角的に探求することを目的に、各界の一線で活躍するゲストスピーカーを迎えて講演とパネルディスカッションを広く一般社会に提供してきた。加えて、公報誌や研究紀要を通じて、研究所に集積される知識・情報の発信を行ってきている。

また、それらに加えて、研究所活動の真髄とも言える研究では、学際的で国際性、共同性をもった七つのプロジェクトを立ち上げ、学外からもひろく人材を得て積極的な活動を行ってきた。すでに目標を達成して終了したプロジェクトもあるが、それらは皆、研究の成果を書籍として公刊し、女性学・女性史の最新の成果をひろく社会に還元してきた。

今回、刊行のはこびとなった本書『京都の女性史』も、そうした研究プロジェクトの成果のひとつである。「京都の歴史と女性」というテーマで発足した、このプロジェクトは、社会のあらゆる面で多彩な足跡を残してきた女性の文化の担い手としての側面に着目し、なおかつ日本文化のひとつの核であった京都を舞台にして、その活動をさまざまな視点から考察しようとしたものである。歴史学、文学、法学、考古学、言語学など多種多様な分野から集まった研究者によって進められた共同研究として、一九九八年以来、成果が蓄積されてきた。

本書は、これらの成果にもとづきプロジェクト参加者のうち八人が執筆を担当し、京の歴史的あゆみを視野に入れながら、古代、中世、近世、近代のそれぞれの時代に京に関わりを持った多様な女性の生き方を跡付ける内容となっている。

それゆえ、京都の地で一〇〇年にわたり女子教育に携わってきた京都橘女子学園にとって、また日本最初の女性史・女性学の研究拠点として発足した京都橘女子大学女性歴史文化研究所にとっても、記念の年の刊行物として本書を公開することは、たいへん嬉しく、かつ意義深いことと信じるしだいである。

なお、「京都の歴史と女性」のプロジェクトは、初代所長の田端泰子氏のときに発足し、前任所長の小野和子氏を経て、現在に至っている。小野和子氏は本年三月をもって停年となられたが、お二方とも本書に労作を寄稿されている。今ここに刊行のはこびとなり、喜びとともに感謝の思いを深くするところである。

現在、「ジェンダー論」が新たな方法論として女性史・女性学の研究において定着しつつあるなか、当研究所としては、そうした動きを踏まえ、本書『京都の女性史』の刊行以外にもさまざまな取り組みを行ってきた。また、男性・女性という区別のない「ジェンダー・フリー」の社会の実現をめざす動きにも積極的に参与してきた。その自負のもと、実に多彩な刊行物を送り出してきたわけであり、かつ、今後ともそうしていきたいと決意しているしだいである。

二〇〇二年九月

京都橘女子大学女性歴史文化研究所所長　松浦京子

京都の女性史※目　次

京都の女性史

藤原寛子とその時代

増渕　徹

はじめに

大治二年（一一二七）八月一四日早暁、太皇太后藤原寛子は、宇治の別業で九二歳のその長い人生を終えた。当時権大納言の地位にあった藤原宗忠（藤原頼通の異母弟、頼宗の曾孫）は、その日記（『中右記』）に以下のように記している。

巳時許《みのときばかり》、摂政殿御消息を給ひて云《いわ》く、此暁太后崩じ給ひ了《おわん》ぬ。服仮《ぶくげ》なしと雖も、今日院に参るは如何。相量りて示し給ふべしてへり。返事を進めて云く、御服仮なしと雖も、一家の中の宗たる人の御事なり。今暫く御出仕候ずべからざるなり。

太后、諱《いみな》は寛子（宇治殿の御姫、母は贈従二位藤祇子、後冷泉院の后なり）

永承五年十二月二十二日、入内（十五、長元九年生まれ）。同二十七日、従四位下、即ち女御となる。同六年二月十三日、皇后となる（十六）。

治暦四年四月十六日、中宮となる。同十二月四日、尼となる（三十三）。去る四月十九日、天皇晏駕す。延久元年七月三日、皇太后となる。
承保元年六月二十日、太皇太后となる。その後、宇治の別業に坐し、種種の仏事を修す。
大治二年八月十四日、崩じ給ふ。年九十二。
后位にあること七十七年、古今いまだかくのごとき例あらず。志性甚だ直にして、花美限りを極むることなし。后位にあること年久し。……御堂の御孫、只独り残り給うなり。

（カッコ内は原文割注）

『中右記』の記述にもあるように、寛子は、五〇年にわたり摂政・関白として廟堂の中枢に位置し続けた藤原頼通と、その次妻祇子の間の娘（頼通次女）として、長元九年（一〇三六）に生まれた。永承五年（一〇五〇）一二月、一五歳の時、後冷泉天皇の後宮に入内《じゅだい》して女御《にょうご》となり、翌六年二月に皇后になった。父頼通からすれば、寛子は、道長—頼通と受け継がれた摂関の地位を次代にも継承すべく期待された「后がね」であったのである。しかしながら彼女と後冷泉天皇との間には皇子の誕生はなく、また同時期にやはり後冷泉天皇の女御となった教通の娘歓子にも皇子は生まれず、道長家嫡流が外戚の地位を喪い、周知のように後三条天皇の即位とそれに続く院政の開始により、摂関政治には幕が下ろされることになった。

九二年の生涯のうち、皇后・中宮・皇太后・太皇太后としてあり続けること実に七七年。薨去当時、頼通の後を継いだ弟師実《もろざね》やその子師通《もろみち》は既に亡く、藤原氏の指導者は頼通の曾孫忠実とその子忠通の世代に遷っていた。しかも忠実が白河上皇から内覧（関白）を罷免される有名な事件が起こったのは保安元年（一一二〇）一一月、寛子の死のおよそ七年前のことである。寛子は、いわば摂関政治の盛期から、その凋落にいたるまでの経緯を、道長流の中枢にいながらにして目のあたりに見た女性でもあった。

彼女の前半生は、『扶桑略記』などの編纂史料や、『栄華物語』のような歴史物語で僅かに知られるのみであるが、後半生には、『後二条師通記』『殿暦』『中右記』などの日記があり、出家後の寛子の生活の一端を垣間見ることができる。これらの史料によりながら、彼女の人生の素描を試みたい。

一　誕生と生い立ち

寛子は長元九年（一〇三六）に生まれた。しかし『栄華物語』には彼女の誕生に関する記述はなく、後冷泉天皇の後宮に入内する永承五年（一〇五〇）の段階になって、唐突に彼女の記事が出現する。聊か妙なことではあるが、こうした記事の現れ方は、彼女の母祇子と父頼通との関係によるものらしい。

『扶桑略記』によれば、寛子の母祇子は村上天皇の息具平親王の娘とされている。『栄華物語』（殿上の花見）によれば、祇子は尼となった母倫子のもとで宮仕えしていた女性で、長元年間（一〇二八～一〇三六）の初め頃に頼通と関係をもち、立て続けに頼通との間に子をなしたが、頼通は正妻隆姫を憚り、祇子との関係を秘密にしていたようである。

また、同物語（根あはせ）では、頼通は祇子を具平親王の子の因幡守（藤原頼成）の娘と称して母倫子に仕えさせていたとも記している。頼通が祇子との関係を内密にしていたところに原因があるのだろうが、祇子が具平親王の娘であるとすれば、頼通の正妻隆姫も同じ具平親王の娘（祇子の姉）であるので、頼通はこのような関係を憚って内密にしたり、世間体を取り繕うために祇子の出自をごまかしたものであろう。寛子の養育についても知るところはない。ついでにいえば、頼通と正妻隆姫との間には子が生まれず、結局は祇子との間に生まれた師実が頼通家を嗣ぐことになる。

長元九年当時、頼通は四五歳、関白・左大臣。父道長から政権を譲渡されて以来二〇年を経過し、廟堂の首座としてその地位は揺るぎないものであった。頼通は一般に、道長存命中はその庇護・指示を受けて政務を運営したとされ、彼自身の人となりが穏やかであったこともあって、凡庸な政治指導者とみられることが多いようである。しかし、必ずしもそうではなかろう。

『小右記』には、寛仁四年（一〇二〇）一一月の除目に際して、道長が体調不良を理由に除書以前の面会を拒否したことや、藤原資平（実資養子）が自身の除目案の変更を要望したことに対して、道長からは「官職は公家《こうけ》の御定めなり、左右を申すべからず」と一蹴され、頼通からは「強いて任ずべからず、本意に従うべし。しかれども入道殿（道長）必ず任ずべきの由、彼の命に背き難し」と体よく拒否されたことが記されている。道長は自身の介入を否定する言動で頼通の体面を尊重する姿勢をとり、頼通は道長の意向を口実に使い、この父子はまるで口裏を合わせたように互いの立場を利用しながら円滑な政権委譲を果たしていったのである。ここには、若くして老成した頼通の政治手法が見て取れるのではなかろうか。

政治家として長じてからは、天台座主の補任や園城寺戒壇設立をめぐって、あるいは荘園整理をめぐって、後朱雀天皇と対立し、政務放棄に近い示威行動をしたこともあった（『春記』長暦三年・長久元年）。道長と若年の頼通との関係を一方的な保護―被保護の関係としてみたり、一般に伝えられる頼通の人物像からのみ政治指導者としての彼の姿を評価するのは穏当ではなかろう。『栄華物語』（松のしずえ）は、頼通が長らく廟堂の首座にあったことによって「世の人靡《なび》き申し、怖《お》ぢきこえさせたる、ことわりなり」と評するが、それもまた他方からの頼通への適切な評価であったと考えたい。

しかし、こうした頼通の権勢にも不安定な要因が潜んでいた。摂政・関白の地位を確実にするには天皇との外戚関係の有無が決定的に重要な条件になるが、この点をめぐって、頼通の兄弟達は互いに競い合う関係にあったことである。大きくいえば、道長の正妻倫子腹の頼通・教通と、次妻明子腹の頼宗・能信・長家の対立軸があった。明子腹の男子は、例えば先に生まれた頼宗よりも教通が常に早く昇進し、また道長に愛された故に倫子の養子となった長家の昇進速度が頼宗・能信よりも早いなど、母の地位が異なる両者には明確な差異があった。さらに教通も、頼通と必ずしも協調せず、外戚関係の獲得競争においては寧ろ対抗関係にあった。

こうした関係は、後朱雀天皇時代に顕著になる。天皇が即位した翌年の長暦元年（一〇三七）、頼通が養女嫄子を入内させ、嫄子が二皇女を残して長暦三年に崩じると、同年末には教通が生子を入内させ、さらに長久三年（一〇四二）には頼宗が延子を、教通が真子を、相次いで後宮に送り込んだ。なお、生子の入内に際しては、これを不快に思った頼通が様々な妨害工作を行ったことが知られる（『春記』長暦三年一一月～一二月）。兄弟は他人の始まりともいうが、こうした現象は、道長家がもはや一体的な家としては機能しなくなっていること、そして家の分立が政治的党派の形成へと繋がる危険性を示すものである。末弟でありながら三人の兄の立て続けの死によって家の後継者となり、一家内に同格の対抗者のいなかった幸運な父道長に比べ、兄弟が皆健在な頼通は、道長家の権力が強大であった分だけ抑え込むべき内的圧力も大きかったのである。

道長没後、道長家の代表格は摂関の地位を嗣いだ頼通と姉の上東門院彰子であった。特に彰子は、後一条・後朱雀天皇を生んだ国母《こくぼ(も)》として大きな権威をもっていた。『古事談』には、頼通が関白を子の師実に譲ろうとしたとき、上東門院彰子が反対して認められなかったという話が伝えられている。国母は、天皇の母后として摂関の任命などに大きな発言権をもっていた。兼通・兼家の対立に際して兼通を関白にした円融天皇の母安子（兼通の妹）、道長と伊周の争いに際して道長を内覧に推した一条天皇の母詮子（道長の姉）の例は、こうした国母の役割と権威を端的に示している。『古事談』の説話からも知られるように、彰子は決して頼通に従うのではなく、彼女自身の意志をもつ女性であった。また、彼女と教通との関係も円滑であったようである。上東門院彰子の存在は、天皇家と道長家とを繋ぐのみならず、時として破断しかねない道長家の重しとなる存在であったといえよう。『栄華物語』は、彰子を「大女院」とも記している。

寛子が生まれ育ったのは、こうした波乱の芽が大きくなりつつある時期であった。

二　後冷泉天皇の後宮と寛子

(1)寛子の立后

寛徳二年(一〇四五)、後冷泉天皇が即位し、東宮には弟の尊仁親王(のちの後三条天皇)がたてられた。東宮大夫には藤原能信、権大夫には頼宗の子の兼頼が任ぜられた。能信は養女茂子を尊仁親王のもとに参入させており、また兼頼は実資の娘千古を妻にしていて、明子腹の兄弟と小野宮流とを後援にもつ東宮であったといわれている。茂子はのちに貞仁親王(のちの白河天皇)を生む。こうして明子腹は、後冷泉朝に次代を期待できる強力な手駒をもつことになった。但し後冷泉天皇は、「何ごともただ殿(頼通)にまかせ申させたまへりき」(『栄華物語』松のしずえ)とあるように、頼通との関係は円満であったようである。

永承五年(一〇五〇)一二月、寛子は後冷泉天皇の後宮に入り、女御となった。前述したように頼通は先に嫄子を後朱雀天皇の後宮にいれていたが、嫄子は敦康親王の娘を養女としたものであり、頼通の血を分けた娘としては初の入内であった。頼通は、それだけ寛子に期待するものが大きかったであろう。

当時、後冷泉天皇のもとには少なくとも有力な二人の妻がいた。後一条天皇の娘で、既に永承元年に立后していた中宮章子と、内大臣教通の娘の女御歓子である。寛子の入内は、幼かった寛子の成長を待ったこともあるが、『栄華物語』（根あはせ）には「上（隆姫）につつみ申させ給へるを、さのみやはとおぼしめしければ（正妻の隆姫には遠慮していたが、それほどにはと考えて）」入内させたとあり、頼通との間に子のいなかった正妻隆姫への配慮がこのタイミングに繋がったと記されている。しかし同時に、頼宗が後冷泉天皇のもとへ三女の入内を計画していたが、俄に寛子の入内話がもちあがったことによって、競争をしているように見られるのを避けて頼宗が娘の入内を断念したとの話も記されており、おそらくこちらの方が真相に近いであろう。頼通と頼宗との入内競争の中で、頼宗三女の入内を妨害する目的もあって、頼通は寛子の入内を急ぎ決めたのではないかとも思われる。

現関白の娘の入内は、単なる入内ではなかった。中宮あるいは皇后という天皇正妃の地位につく前段階の手続きであり、将来は国母として大きな権威を保持することが期待されることになる。そのこともあって、寛子の入内にあたっては、多くの名家の娘が女房として付き従うことになった。故民部卿斉信の娘、中将実基の娘（因幡か）、源俊賢の子の信濃守経隆の娘（信濃）など、多数の公卿の娘が宮仕えに参上し、諸大夫の娘にいたっては数え切れないほどであったという。歌人として知られる下野なる女性も、この時に使えたものであろう。頼通は、貴顕から才女達を選び抜き、寛子に附属させたのであった。「さるべき人々の女《むすめ》、競ひ参り、いみじうめでたく、「女房の装束など、いひ尽くすべき方なし」と『栄華物語』（根あはせ）は伝えている。

翌永承六年二月、寛子は皇后になった。一条天皇時代、道長長女の彰子の立后に際して、中宮定子を皇后とし、彰子を中宮として、一帝二后の先例が開かれたが、当時はこれに因み、新帝の后の立后に際しては中宮を皇后にし、新たな立后者は空いた中宮にするという順送りの形が通常であった。しかし寛子の場合、既に後冷泉天皇の中宮であった章子が中宮のままでいることを希望したために、寛子が皇后になったのだという。

立后の日は、ただでさえ立派な東三条殿を掃い磨き、頼通自ら指図して支度をした。上達部が立ち並んで拝礼し、髪上して椅子に座った寛子は「いふ方なくめでた」き有様で、唐衣《からぎぬ》の正装もぴったり似合っていたという。同時に任命された皇后宮職には、大夫に中納言源隆国、権大夫に中納言藤原経任、亮に蔵人頭権左中弁藤原経家が任ぜられた。隆国はのちに平等院南泉房で往来の人から聞いた説話をまとめ、それが『宇治拾遺物語』のもととなったといわれており、そこから考えると頼通との関係は良好であったと思われる。

一方、教通は娘の歓子が立后できず、さらには寛子の立后以前に懐妊して内裏を退出していた歓子が死産の不幸に遭い、落胆すること甚だしかった。同年六月の歓子への准三宮宣旨は、立后できなかった彼女へのせめてもの慰めであったろうか。

寛子の立后後のことであるが、永承七年（一〇五二）、後冷泉天皇の二禁（痤ともいい、腫物の一種）の最中に権中納言兼頼と参議能長が直衣姿のまま昼御座の前を横切るという非礼を犯す事件が起こった。兼頼は東宮権大夫、能長は東宮大夫能信の養子であり、この事件は東宮尊仁親王を擁立する勢力の勢威を示す事件であったとされる。寛子の立后は、それだけでは天皇をめぐる貴族相互の関係の安定には繋がらなかった。寧ろ、将来の天皇との関係をめぐる暗闘を激化させたといえるのかも知れない。

⑵後宮での寛子

後冷泉天皇の性格は、『栄華物語』によれば「御心ばへめでたくなだらかにおかしくおはします」、あるいは「いとたをやかにをかしくおはします」とあり、温和で風雅な人物であったらしい。天皇は万寿二年（一〇二五）生まれで、寛子より一一歳年長であったが、寛子との間柄は円満であったようである。『栄華物語』（根あはせ）

は「大方の世覚えのみにもあらず（世間の評判だけではなく）、御覚えもいみじうおわしませば（後冷泉天皇の寵愛も深かったので）」頼通も嬉しく思っていたという。寛子の後宮はまた、人々がたくさん参集し、然るべき月の夜や花のおりなどはいつも、殿上人が参集して歌を詠んだり、管弦の遊びをしたりして、賑やかであった。『栄華物語』は、「よき女房参り集り、華ばなとめでたくおはします。御覚も時世に従ふのみにあらず（関白の威光に従うのではなく）いみじうおはします」とも記している。寛子の女房であった下野の歌集（『下野集』）にも、後冷泉天皇が寛子のもとへ渡り月明の下で花見をした話など、寛子と天皇をめぐる幾つものエピソードが綴られており、『栄華物語』の記述を裏付けている。

中宮章子・女御歓子と寛子との関係はどうであったのだろう。章子は頼通の姉の上東門院（彰子）が幼少の頃から後冷泉天皇と同様に養育した女性で、天皇も章子に対しては殊の外愛情をかけたという。章子は寛子や歓子の存在には無関心で、高貴な態度を持して何事にも気にしない風情であったともいう。一方、歓子は「いとしめやかに心にくくて候はせ給う（物静かで奥ゆかしい）」女性であった。四条大納言と呼ばれ、その才能の豊かさで知られた藤原公任の娘を母にもつ女性にふさわしく、風雅の趣き深い女性であったらしい。五節の際に歓子の女房が着飾った衣装は、「梅どもに、濃きうちたる（表は白、裏は蘇芳の色目の袿《うちき》を重ね、濃い紅の打衣《うちぎぬ》をつけ）、青摺《あおずり》の裳・唐衣など着せさせ給へり。はした者・女房の局の人など、おかしくしたてつゝ、沓すりありく」という様子であった。

後冷泉天皇は、こうした三人を公平に円満に扱い、全てに愛情をもって接したというが、しかしそれは真実そのままの姿であろうか。全体に『栄華物語』は主要な登場人物それぞれの長所を描くことに多くの筆を割き、従って人物相互の関係や政治問題との連関については具体的な表現を欠く場合が少なくない。「上《のぼ》らせ給へれど、頓《とみ》にも上らせ給はず（天皇のお召しがあっても、急いでお上りにはならない）」という状況は、寛子・章子・歓子という後宮の主人公三人とそれぞれのグループが、天皇との関係をめぐって微妙な緊張関係にあったことを物語るものであろう。「かく方々に心やましき世中をおぼしめた、せ給ひて、安からぬ御もてなしおかしうなんありける」と、天皇の三人への気遣いを評価する『栄華物語』の記述自身、それを端的に表現しているとはいえまいか。天皇の愛情を受けて次期天皇となるべき男子を産むこと、そこに外戚としての家の浮沈がかかっている以上、後宮に入った女性達も自身が背負った暗黙の責務と無関係ではありえず、従ってその人間関係にも微妙なものがあったはずである。

そうみれば、章子の寛子・歓子に対する殊更な無関心も、歓子の女房達の五節の衣装も、それぞれが自分たちを引き立て、その存在を主張するための方策であった。その方策が、寛子の場合、顕貴の出身から構成される女房集団の存在であり、名月の晩や花の季節毎の殿上人を集めた遊宴の賑やかさであり、あるいは彼女自身の衣裳の華やかさであったのであり、それによって寛子は彼女自身の存在を主張したのであった。

こうした後宮の微妙な緊張関係は、後冷泉朝の他の儀式の場面からも窺われる。

永承六年五月五日端午、殿上の侍臣を左右に分けて、菖蒲の根合わせが行われた。本来、端午節は中国から伝来した行事で、薬草を狩る薬猟や邪気を祓う騎射・走馬などを行ったが、平安中期以後は菖蒲や薬玉を飾ることそのものが行事の中心となった。根合わせは、菖蒲合わせとも言い、引き抜いた菖蒲の根の長さを競う遊びで、歌合わせや宴を伴うことも多かった。この時、中宮章子、皇后寛子も臨席したが、中宮の趣向は「菖蒲の衣を皆打ちて、撫子《なでしこ》の織物の表著《うわぎ》、よもぎの唐衣、楝《あふち》の裳（菖蒲襲《かさね》の袿を砧で打って艶出しした上に、撫子の織物の表着を重ね、表は淡く裏地は濃い萌黄色で染めたよもぎの唐衣と、表は淡く裏は青く染めた楝の裳）」を着用した女房達の装束であり、皇后宮の趣向は「菖蒲・楝・撫子・杜若《かきつばた》など、かねして花鳥を造り、口置き、いみじき事どもを尽させ（菖蒲・楝・撫子・杜若などを金銀細工したものを飾りとし、袖口に縁取りをするなど、贅を尽くさせ）」たものであった。中宮章子の重ね着ならではの色合いの妙を凝らした装束に対し、皇后寛子は金銀製の花鳥細工をちりばめるという豪華さで、それぞれの趣向を競ったのである。

また、『栄華物語』は、毎年正月の拝礼や二宮（皇后・中宮と東宮）大饗《だいきょう》が、一年おきに中宮・皇后で交互に行われたと記述する。本来、皇后と中宮は同格ではあるのだが、これも両者の微妙な関係を描いたものであろう。

年号が代わって天喜年間になると、あわただしい日々が続くことになる。天喜元年（一〇五三）四月こそ師実が元服するという慶事を迎えたが、翌五月には寛子・師実の母祇子が薨じて寛子は内裏を退出し、さらにその翌月には頼通の母倫子が九〇歳の天寿を全うするなど、頼通家は立て続けに葬儀に見舞われた。

内裏も平穏ではなかった。当時、内裏は永承六年に新造なった冷泉院に置かれていたが、同年七月、後冷泉天皇は病気になり、冷泉院や左大臣顕光などの物怪《もののけ》が憑くなどしたために、平癒のため高陽院《かやのいん》へ移った。しかし高陽院は天喜二年正月に焼亡、天皇は左京五条三坊にあった関白左大臣の四条宮第（藤原頼忠の邸宅がのちに公任に伝領され、この頃は頼通の所有となっていた）に移り、さらに九月には京極殿へ、一二月にはその京極殿も焼亡したために民部卿長家の三条第へ、さらに四条宮第へと転々と移動を繰り返した。『栄華物語』によればこの間、京極殿までは章子・寛子も同行したようであるが、一二月以降は、章子は中宮権大夫経輔の大炊御門第に、寛子は頼通邸に移ることになった。この頃、寛子は物怪に苦しみ、考えられる限りの祈禱が行われたという（『栄華物語』根あはせ）。この年、寛子は一時東三条院にも滞在した。五月から六月にかけての時期で、母祇子の法要と除服のためであった（『春記』）。

この内裏の混乱に終止符が打たれたのは、翌天喜三年六月から造営が進められた一条院が完成し、天皇・寛子・章子がともにそこに移った天喜四年二月のことであった。こうして平穏な日々が戻ったためでもあろうか、寛子は天喜四年四月、有名な皇后宮歌合を開催した。

この歌合は俗に「皇后宮春秋歌合」とも呼ばれるように、左方を春、右方を秋と指定し、それぞれ春・秋にふさわしい装束をつけるという趣向をこらしたもので、左方（春）は上東門院、右方（秋）は皇后宮で構成されていた。『栄華物語』は、この歌合に参加した殿上人・女房の装束を延々と記述している。寛子も二〇代の女盛りを迎え、栄華の絶頂期にあったといってもよい。

康平二年（一〇五九）正月、一条院内裏が焼亡した。天皇は上東門院の室町第、さらに二月には頼通の三条第に移り、翌康平三年八月に新造なった高陽院に遷御した。高陽院内裏も、新造とはいえ、内裏としては決して十分な広さをもつものではなかった。『栄華物語』（けぶりの後）によれば、寛子の居所も、清涼殿に見立てた殿舎の北東の妻戸から渡殿《わたどの》（渡り廊下）にかけての空間を仕切ったもので、畳二枚敷くほどの所に御簾《みす》をめぐらせた程度の広さに過ぎなかったという。但し、唐綾の小文の壁代《かべしろ》（カーテン）に絵などをかいてかけめぐらせ、御簾の縁は唐綾、御座の敷物の裏縁なども立派にして、精一杯の華美を演出していたようである。

時期は不明ながら、『栄華物語』は、上東門院彰子が最勝講に際して高陽院を訪れたときの様子を描写している。それによれば彰子は自らの座所の仕切りをあけて章子を招いたが、章子は遠慮して上らず、そこへ後から来た後冷泉天皇も長押に寄りかかって話をきいていたという。『栄華物語』は「左右に帝后を下に据え奉らせ給ひておはします院の御有様こそ、今始めぬ事なれど、猶いとめでたけれ」と記す。この描写には、国母としての尊崇をあつめた彰子の権威のさまがよく表現されているといえよう。不思議なことに、極く近くにいながら彰子と寛子との接触については触れるところがない。『栄華物語』では、全体に、彰子は章子の後見者として描かれており、寛子との親密な関係は窺われない。天喜四年（一〇五六）の皇后宮歌合において、三首選ばれた下野の歌のうち二首が彰子のひとことで伊勢大輔の歌と差し替えられたとの話とあわせ（『下野集』）、彰子と寛子との関係にも微妙なものがあったようである。

この高陽院内裏での寛子のエピソードは、治暦元年（一〇六五）九月に行われた法華八講である。法華八講は法華経八巻を講説・供養する法会で、治暦元年の講は後朱雀天皇の追善供養として行われたものであった。講は二巻ずつ四日間にわたって行われたが、初日の二五日、寛子は美しい装束で現れた。『栄華物語』は、「皇后宮には、蘇芳の匂二襲、例のかねして菊紅葉を生し、目もおよばずめでたし」と、蘇芳（青みがかった紅色）の襲袿（重ね着の下にいくほど濃い色に染めたものを着用すること）に金銀細工の菊や紅葉をちりばめた衣裳を二組用いる、美麗な装束であったと記している。「例のかね（金）して」からは、寛子が金銀をちりばめた衣裳を好んで着用したことが窺われて面白い。

三日目（五巻の日）には、寛子は玉を金糸で繋いだ如意宝珠など三つの捧げ物をしたという。もっとも『願文集』によれば、優曇花《うどんげ》を造って金の州浜に載せたもの、宝樹の枝に銀の天衣をかけたもの、松の枝に金網をかけたものの三つを捧げたとあり、丹波守（兼皇后宮権亮の藤原資良か）が造り、どれかを選んでもらおうと思ったところ、みな美しかったので全部捧げよとの指示があったのだという。寛子の性格の一端を物語る話である。

この時、中宮章子は、紅の打衣に、竜胆《りんどう》（表が蘇芳色、裏を青で染めた襲の色目をいう）の二重文《ふたえ》（二重織り）で白い模様を織りだした表着をつけ、蘇芳の唐衣に菊の裳という装束であった。章子は、別の日には、紫の薄様《うすよう》（重ね着の上を濃く、下にいくほど薄い色合いにする襲袿の着方）と赤の薄様の二組に、青い打衣に縦糸を浮かして織りだした浮線綾《ふせんりよう》の表着、竜胆の唐衣に黄色の裳という装束をしている。寛子のように金銀こそ用いないが、日々色目や着方に趣向を凝らしたのである。

⑶後宮生活の終焉

治暦三年（一〇六七）一〇月、後冷泉天皇の宇治行幸が行われた。宇治川には華船を配し、平等院阿弥陀堂の対岸には錦繍の仮屋を設けて池には龍頭鷁首《げきしゆ》の船を浮かべ、童楽を奏でた。天皇は阿弥陀堂を拝し、次で経蔵の仏具をみたが、その後の御膳は金銀珠玉を以て整え、天皇はいたく感じ入ったという（『扶桑略記』『栄華物語』）。しかし、その年の一二月から、後冷泉天皇は病いの床に伏した。翌治暦四年二月以降には病状が深刻化し、さまざまな祈禱・奉幣・投薬の甲斐もなく、四月一九日に崩御し、直ちに後三条天皇が即位することになった。入内から一七年、後冷泉天皇と寛子との間にはついに皇子の誕生はなかった。教通の娘歓子にも皇子は生まれず、ここに道長嫡流が外戚となる途は閉ざされることになった。

後冷泉天皇の病状の進行に合わせるように、治暦三年一一月、頼通は関白の辞表を提出した。一二月になって許可されたが、「政巨細悉可二諮詢一（政の巨細、悉く諮詢すべし）」（『公卿補任』）という条件付きであった。翌治暦四年三月、頼通はさらにその地位の辞表を提出し、四月一六日にそれが認められると宇治に退隠した。『扶桑略記』が頼通の関白辞任を治暦四年三月としているのは、「政巨細悉可諮詢」が実質的に関白と変わらないという認識を示すものだろう。『栄華物語』（けぶりの後）が「後冷泉院の末の世には、宇治殿入りいさせたまひて、世の沙汰もせさせ給はず」と記すのは、この後冷泉朝最末期の僅かな期間のことである。『栄華物語』（松のしずえ）はまた、「（宇治に籠居したが）されど除目あらんとては、まづ何事も申させたまひ、奏せさせたまはねど」

と記すが、病中の後冷泉天皇が政務をみることができたとも思われず、にわかには信じ難い。

『栄華物語』は、東宮尊仁親王との関係が悪かったので、その間のできごとが書きにくく物語が作れなかったとして、この後、延久二年（一〇七〇）までほぼ三年間の記述を欠く。後三条天皇と頼通との関係は、確かによくはなかった。例えば、東宮累代の渡り物とされた壺切の剣を、藤原氏腹の東宮の宝物であるという理由で、頼通が二三年もの間、後三条天皇に渡さず、結局即位の後に進上されたという話が『江談抄』に載っている。一方の後三条天皇も、「御心いとすくよか（気性が強く）」で「人に従わせたまふべくもあらず（他人に追随しない）」（『栄華物語』）という性格であった。おそらく頼通は、自身との関係が思わしくなかった東宮の即位が避けられなくなったことから、関白職を辞したのであろう。頼通の期待は、二八歳と若いものの既に右大臣に進み、左大臣教通に次ぐ廟堂第二の地位を得るにいたった子の師実に託されたのであった。

後冷泉天皇の崩御直前、朝廷にはあわただしい動きがみられた。頼通が「政巨細悉可諮詢」の辞表を提出した四月一六日、女御歓子が立后して皇后になり、同時に教通が関白に就任したのである。歓子の立后は、宣命がなく宣旨を以てする簡略な形式で、なんらかの儀が行われた形跡もなく、いかにも事を急いだ感が強い。教通は、後冷泉天皇の存命中に歓子を后の地位につけたかったのであろうし、頼通の最終的な引退表明で、事を運びやすくなったのである。

翌一七日、皇后宮職においては大夫源経長が中宮大夫、権大夫源隆国が中宮権大夫に、中宮職においては大夫藤原経輔が皇太后宮大夫、権大夫藤原忠家が皇太后宮権大夫にそれぞれ転任し、藤原信長（教通の息）が皇后宮大夫に就任する人事が発令された（『公卿補任』）。『中右記』にもあるように、歓子の立后に伴い、中宮章子は皇太后に、皇后寛子は中宮になったのである。本来ならば皇后から皇太后となるのが順当ではあるが、結果的には、後冷泉天皇の後宮でまず中宮となった章子、次いで入内した歓子、最後に入内した寛子が、そのままの順に立后した場合と同じ整序にはなった。この人事の背後には関白教通、あるいは上東門院彰子の章子や歓子への配慮の存在が窺われるが、頼通の引退は、こうした形で寛子にも影響を及ぼしたのであった。

治暦四年一二月、寛子は落飾し、翌延久元年（一〇六九）七月には、馨子内親王（道長三女威子と後一条天皇の娘、彰子の孫にあたる）の後三条天皇中宮への立后に伴い、皇太后となった。歓子が皇太后になるのは承保元年（一〇七四）であるから、歓子はそのまま皇后の地位に留まっていた。ここで再び寛子と歓子の順序が入れ替わり、後冷泉天皇への立后の順番通り、太皇太后章子・皇太后寛子・皇后歓子となった。

後三条朝以降、寛子は各種の記録に「四条宮」という呼称で出てくることが多くなる。おそらくは後冷泉天皇の崩御と後三条天皇の即位に伴い、寛子は内裏を退出し、父頼通の所有する四条宮第に移り、そこで生活するようになったものと思われる。以後の寛子関係の記事は、その多くを仏事関係が占めることになるが、それは落飾に伴い、寛子の生活における仏事の比重が高まったことに因るものであろう。

一方、宇治に籠居した頼通は、延久四年正月に出家入道し、白河天皇の承保元年（一〇七四）二月二日に薨じた。左大臣師実や皇太后寛子の嘆きは、ひとかたならぬものがあったと『栄華物語』（布引の瀧）は伝える。藤原腹、できうれば寛子の生んだ東宮に渡すため、二三年もの間手元に置き続けた壺切の剣を、こともあろうに自分と疎遠で関係の悪かった後三条天皇に渡し、都を離れた地に籠居した頼通の晩年は、まさに挫折した権力者のそれと評するに足るものであった。

⑷『栄華物語』その後の寛子

こうして寛子の後宮生活は終わりを告げた。この後、後三条朝を経て白河朝へ、さらに白河上皇の院政末期まで寛子は生き続けるが、この間の寛子については『扶桑略記』などの編纂史料には殆ど記述がない。子のいなかった寛子は、政治的には無力に近い存在であったからであろうか。『栄華物語』においても、登場する場面は極めて少なくなる。

承保元年(一〇七四)六月、寛子は皇太后から太皇太后となった。白河天皇の女御賢子の中宮立后に伴い、太皇太后章子が女院(二条院)になった後を襲ったものである。しかし章子の女院号宣下は順調なものではなかった。『一代要記』には天皇の母以外で院号を賜った初例であると記され、『栄華物語』(布引の瀧)も、「母后でもないのに」との陰口があり、女院宣下とともに認められる年給についても、上東門院(彰子)の自分の分を譲るからという口添えで認められたと伝えている。また、これに伴い、皇后歓子は皇太后に、中宮馨子は皇后になった。

その上東門院も同年一〇月、法成寺阿弥陀堂で八七歳の生涯を終えた。頼通の死以来、それを嘆くこと激しく、その後は病気に苦しんでいたという。章子や馨子は悲嘆にくれ、関白教通も「また誰にものをも申しあはせて過ぐさんずらん。何ごとも院に参りて申さんとこそ思ひしか。老の末にさまざまかくうち捨てられたてまつりぬること」と泣いたという(『栄華物語』布引の瀧)。

教通も、翌承保二年九月に八〇歳で薨じた。関白の地位は師実が嗣いだが、ここに道長の子女達は全て鬼籍に入り、師実(頼通家)・信長(教通家)・俊家(頼宗家)・能長(能信家)・忠家(長家家)らから成る道長の孫が廟堂の一線を構成する時代を迎えたのである。

前述したように、これ以降の『栄華物語』においては、寛子の記述は希薄になる。その中で、寛子らしいエピソードが一つ記されている。応徳元年（一〇八四）九月、寛子は関白師実夫妻と四天王寺に参詣し、右大臣源顕房・内大臣師通（師実の子）以下、公卿達も扈従した（『扶桑略記』）。寛子と師実の北の方（源麗子）は同じ車に乗って出かけ、様々な色を織り出した装束を毎日着替えるという華麗さであったという（『栄華物語』紫野）。

ところで、落飾後の寛子は独りで生活していたわけではなかった。太皇太后である以上、太皇太后宮職の官人は任命されており、彼らが寛子と彼女の御所外との連絡を務め、家政に関わったし、ある程度の女房達も附属していた。

永保元年（一〇八一）八月、寛子は前年に生まれたばかりの白河天皇の皇女禛子内親王を養女として引き取ることになった（『左経記』）。寛子が「つれづれにおはします」が故であったといい（『栄華物語』布引の瀧）、禛子の四条宮に対する態度は、「かしづき奉らせ給ふ様、おろかならず（大切に世話していた）」というものであったという（『栄華物語』紫野）。禛子内親王とは、これ以後、宇治での生活をも含めて長く生活を共にすることになる。

寛子の女房達としては、後冷泉天皇時代、信濃・因幡・下野といった呼び名の女性達が知られる。いずれも当時の受領の娘であり、とくに源政隆の娘である下野は歌人としても優れ、皇后寛子の後宮を主舞台とした『下野集（四条宮下野集）』という和歌集を残した。寛子の入内に際して、頼通が選び付した才能ある女房の一人であったと考えられているが、寛子の落飾後まもなく彼女も出家したと推測されている。また『下野集』からは、小中将・小少将・小民部・源式部・小式部・筑前・伊勢・安芸・小土佐などの女房の存在も知られるが、彼女達の大半もその履歴は詳らかではない。

落飾後の寛子の女房として名が知られる女性はいない。『栄華物語』（紫野）には、令子内親王が斎院に内定した後、姉の禛子が白河院のもとを訪問した時、四条宮の姫宮付きとして四人の女房が付き従っていたという話が載せられている。いずれも容姿の面で特に選んだ女性であったという。寛子の御所に四人以上の女房がいた証拠ではあるが、それ以上のことはわからない。また、『中右記』大治四年（一一二九）正月三〇日条には「一日、右相府（家忠）の母堂死去。八十九。頼国朝臣の中女なり。もと、四条宮の女房也。後宇治の御子二人を生む。幸女というべし」という記事がみえる。彼女は皇后寛子のもとで女房を務めていた美濃なる女性で、履歴のわかる数少ない例のひとつである。

三　『後二条師通記』『殿暦』と寛子

内裏退出後、寛子は前述のように四条宮第を主たる邸宅としたが、この四条宮第は承暦三年（一〇七九）に焼亡し、その際に累代の宝物が多数喪われた（『百錬抄』）。この後、寛子は頼通から譲られた東三条第などに居住したものと思われる。康和元年（一〇九九）三月、師実は東三条殿の券文を子の師通《もろみち》に譲渡したが、師実が師通に伝えたところによると、東三条殿は頼通が寛子に伝え、その後に寛子から自分に譲与されたものであるという（『後二条師通記』）。

寛子は、寛治七年（一〇九三）六月には左京二条三坊にあった師実の大炊殿《おおいどの》に移り、ここを御所とした。大炊殿も寛子の所有であったことがあるらしく、『中右記』には「大炊殿、本是太后御領也」（嘉保二年三月一九日条）とも記されている。承徳二年（一〇九八）六月の大炊殿の焼亡（『百錬抄』）後は、前年一二月に再建された左京一条三坊の枇杷《びわ》殿に移り、ここを居所とした（『中右記』）。寛子は長く枇杷殿に居住し、養女禛子内親王とともに生活したらしい。また、時としては京極殿や高陽院などの邸宅が、寛子の御所として利用されたこともあった。

頼通没後の寛子の生活を支えたのは、頼通から相続した膨大な荘園群からの収入であった。建長五年（一二五三）一〇月付「近衛家所領目録」は、頼通の所領が四条宮（寛子）・高倉北政所（隆姫）・京極大殿（師実）によって伝領され、これを忠実が再び集中し、その後、高陽院（忠実の長女泰子）領と法性寺殿（忠通）に分割されたことを伝える。とくに前者については「四条宮跡領、自二知足院殿一被レ譲之、今号二高陽院領一是也」とあり、寛子の遺領が高陽院領として継承されていたことが知られる。目録にある高陽院領は、「相伝所々」としてみえる摂津国大原庄・伊賀国平柿庄をはじめ、二〇箇国計四五箇所の荘園・施設・工が記され、中には九州の島津庄のように著名なものもある。もっとも、天仁二年（一一〇九）三月に忠実が高陽院修理のための別進を諸国や家の荘園等に課した際には、「此役四条宮庄同之」と寛子の所領も負担することになっているから（『殿暦』）、実際には師実・忠実が管理するものに近かったろう。

晩年の寛子に関しては、関白師通の日記『後二条師通記』、関白忠実の日記『殿暦』、右大臣宗忠の日記『中右記』などがあって、彼女の動静の一端を知ることができる。まずは師通の日記から寛子の様子をさぐってみよう。

師通は、永保三年（一〇八三）正月二日に子の忠実（六歳）を連れて参上したのをはじめ、しばしば寛子のもとを訪れている。それをみると、毎年正月には年頭の挨拶に出向いているほか、自身の内大臣就任（永保三年正月）や従一位昇叙（永長元年正月）、忠実の童殿上《わらわでんじょう》（応徳元年八月）や正三位叙位（寛治五年四月）など、一家の慶事の際には必ずといっていいほど寛子のもとに慶申《よろこびもうし》をしている。これは師通が寛子を道長家の長老として礼を以て対していたことを示すものであろう。

とくに永保三年と応徳二年の年頭の訪問で忠実を同行している点が注目される。永保三年三月には忠実の著袴の儀式、応徳元年八月には忠実の童殿上があり、子供から少年へ、さらに将来の公卿予備軍へと歩みを進める段階毎に、忠実の成長ぶりを披露しておきたいという師通の気持ちの表れであったかも知れない。

寛治六年（一〇九二）二月、忠実は、藤原氏にとっての重要な祭祀である春日祭の上卿《しようけい》を務めた。この年の正月、忠実は僅か一五歳でいきなり権中納言に補任されており、貴族社会での正式な活動のスタートを切ったばかりであった。祖父師実や父師通は、忠実が率いる大規模な祭使の行列を五条高倉の辻と九条河原で見物したらしい。寛子も、忠実に対して装束一具をおくるとともに、宇治で桟敷を設けて見物した。忠実一行は、帰途も宇治の寛子の桟敷で休憩したという（『中右記』）。また、寛子は宇治橋を眺められる辺りでこの行装を見物したが、その桟敷から美麗な女房の衣がこぼれ出るように見える様は絵に描きたいほどみごとであったという（『栄華物語』紫野）。寛子はのちに、天仁元年（一一〇八）一二月にも、忠通が上卿を務める春日祭使の行列を見送っている。摂関家の次代を担う若者の初舞台は、寛子にとっても特別な意味をもつことであったに違いない。

同年一一月、五節が行われ、寛子は中納言忠実のもとに銀の薫筥をおくった。『栄華物語』（布引の瀧）に、師通が五節の舞姫を出し、章子・寛子らが童女・下仕のまぶしいほどの衣装を整え、可愛らしい童女を選んだというのは、あるいはこの時のことかも知れない。

師通は康和元年（一〇九九）六月、三八歳の壮年で急死し、『後二条師通記』もその直前で終る。師通の死は、摂関政治復活の可能性を消滅させたと評されるほど摂関家にとっては大きな打撃であった。この後、摂関家は師通の子でありながら師実の養子となり、師実のもとで養育された若冠二二歳の忠実の手に委ねられることになる。

忠実の残した日記『殿暦』の記事からは、忠実と寛子との親密な交流が窺える。『殿暦』によれば、正月の年頭の拝礼や一家の慶事に際しての慶申に限らず、忠実は何くれとなく寛子のもとへ参上し、彼女の良き話し相手をつとめていたらしいし、時として同じ邸宅内にも居住していたようである。宇治行啓や仏事に際しても、よく寛子の面倒を見ていたようであり、寛子が病気の際にはいちはやく駆けつけたり、連日見舞いに訪れたりした（『殿暦』長治元年五～六月・嘉承二年一〇月）。後世に寛子が「後冷泉院妻后、知足院殿養母」（「近衛家所領目録」）と記されるような忠実（知足院殿）との深い関係を有していたことが、こうした『殿暦』の記述の背景にある。

忠実の言談録である『中外抄』や『冨家語《ふけご》』にも、幾つか寛子に関する話が載せられている。例えば、忠実家に伝わる調度品の中に冠筥があり、故四条宮（寛子）は「自分が調度を立てすえる時には、冠筥は内の方に取り隠したものだ」といい、これが尋常の礼であると語ったこと（『中外抄』上三三）。北向きに手を洗う忠実家の慣習は招福のためので、「御堂（道長）は他の方向を向いて洗っている時も、方向の間違いに気が付くと、周りが濡れるのも構わず躊躇せずに北を向かれたものだ」などと頼通がいったと四条宮が語ったこと（『中外抄』上五〇・『冨家語』一五二）。存命中に忌日法要を行うことの可否について、忠実が故四条宮が存命中に自分の忌日法要を行ったことを参考にしたこと（『中外抄』上七七）。四条宮が宿曜を考慮しなかったことや（『中外抄』下一〇）、摂関家では宿曜を用いず、その存否についても四条宮は知らなかったこと（『中外抄』下五二）。夏の衣服としては顕貴の人間は二倍《ふたえ》織物の単重《ひとえ》を着し、近頃見られる物売衣と賤称されるような綾の単重は身につけないこと。四条宮はそのようなものは着用しなかったこと（『中外抄』下五六）。上臈は黄生《きすずし》の下袴を着用しないことに関して、四条宮が後冷泉天皇の逸話を語ったこと（『冨家語』一一）。童女の晴れ着の着方について四条宮が語ったこと（『冨家語』一一五）等々である。

日記の中にも、こうした摂関家の儀礼や故実に関わる記述が散見される。忠実の若君（忠通）が初めて魚を食する儀を高陽院の太后（寛子）御所で行ったり（『中右記』承徳元年三月二〇日条）、忠通の御頂餅の儀を忠実邸の太后御所で行ったりしたのも（同前康和四年正月二日条）、その一例であろうか。五節に際して、上東門院彰子が頼通に衣を献じた例に則って寛子が忠実に衣を給わったこと（『殿暦』永久三年一一月一二日条）、忠実が歳下食で物忌のため中止を勧められた湯治を、「先例を忌まず」という寛子の言で実行したこと（同前永久四年九月七日条）、斎王群行に際して出家した寛子や麗子のいる高陽院にいるのは憚られると思ったが、寛治三年の群行のときに師実と寛子が共に三条第にいたのが吉例であると聞き、忠実が高陽院に帰ったこと（同前天永元年九月一二日条）、寛子の宇治から京内への還御の日程について憚りありと気にした忠実が源俊明に尋ねたところ、道長や頼通は憚りとはしなかったとの返答があったこと（同前長治二年二月七日条）など、寛子の言動が道長あるいは頼通以来の例として影響を与えていたことが窺われる。これらからは、寛子が語った話が単なる昔話に留まらず、忠実によって摂関家の故実や慣習を裏付ける根拠として活かされていったことがわかる。

ところで、『殿暦』にみえる寛子関係の記事は、仏事に関するものがその多くを占める。もとより二月の頼通忌や三月の平等院一切経会、四月の灌仏、一一月の法成寺法華八講といった毎年定例の法会だけではなく、華山院懺法（応徳三年九月）、京極第五時講（永長元年一〇月）、後冷泉院国忌の京極殿五〇講（承徳元年四月）、平等院花供養（永久二年九月など）といった寛子主催の法会も多く見られる。康和三年（一一〇一）二月の師実の薨去後は、定例の仏事として師実周忌が加わり、また時として師実室麗子の病気平癒のために法華八講を催したり（康和三年七月）、忠実のために不動法を修したり（長治元年一二月）、泰山府君祭を催したり（同上及び長治二年五月）、尊勝院陀羅尼経・般若心経を供養したりする（嘉承二年正月・天仁元年三月）こともあった。寛子から忠実に十一面観音像や般若心経三〇〇巻をおくることもあった（長治二年五月）。泰山府君祭は陰陽道の祭祀で、延命や栄達・攘災を願う祭儀、不動法は不動明王を祀って同様の効果を祈るものである。

寛子の関与する法会は、こうして次第に数を増していったようである。時としてそれは「大宮（寛子）、新たに法会を増し、俄に議し申さしめ給う」（『永昌記』天永元年三月三日条）との批判も受ける行為ではあったが、見方を変えれば、仏事の催行に寛子は自身の意思の表明を見いだしたといえるかも知れない。寛子の法会が、故人の追善や現世での無事を祈る一般的なものから、とくに忠実個人の無事を祈る方向へ傾斜していったことも注目される。壮年の師通と大殿師実の死後、道長流の長老としてただ一人残された寛子にとって、その子孫の繁栄の鍵を握る忠実の無事を祈ることは、ある意味で彼女の責務とも考えられたのではなかろうか。

仏事に明け暮れる様子の寛子ではあったが、藤原氏出身の后がいないこともあってか、長老として一定の重きを置かれた存在であったらしい。康和四年一二月、法成寺御堂の八講に際し、忠実は神今食以前に執柄（摂政・関白のこと）たる自分が仏事に参るのは如何かと迷ったことがあった。そのとき寛子が忠実の夢の中に現れて忠実の不参を悲嘆することがあり、相談をうけた宗忠は「太后は藤氏の后只だ独り世間に残らしめ給ふの人なり。彼の太后の仰せは、定めて氏の明神の如し。御堂入道殿（道長）、全く告げ申し給ふなり」として、忠実にはやく寛子のもとに参上するよう進めている（『中右記』）。この結果、忠実は翌四日に八講に参入し、五日には太皇太后宮大進源清実を遣わして民部卿源俊明に雑事を申し送っている。俊明は太皇太后宮大夫であり、忠実はこの八講での当初の不参に伴う様々な連絡の不備を補ったのであろう。

四　寛子と宇治

寛子の後半生の重要な舞台となったのが宇治であった。

日記に寛子の宇治行が初めてあらわれるのは応徳元年（一〇八四）三月のことで（『後二条師通記』）、以後、寛子はしばしば宇治を訪れ、あるいは滞在することになった。師実と同行する場合も多く、時として師実の北の方麗子が同道することもあった。宇治での寛子の居所は、通常泉殿（宇治殿）であったようである。泉殿は、泉の湧き出るところから名付けられたものらしく、『殿暦』には永久四年五月に「扇紙を泉に入れんが為《ため》」に女房三人を富家《ふけ》殿から泉殿へ参らせたという記事がある。

泉殿での遊びの記録もある。寛治三年（一〇八九）四月には寛子・師実は泉殿で音楽を覧じており（『中右記』）、八月には歌合が行われている（『後二条師通記』、但し『中右記』では扇合とある）。また、『中右記』嘉保元年（一〇九四）五月二二日条には「大殿（師実）・大将殿（忠実）・太后（寛子）・北政所（麗子）、宇治より還らしめ給ふと云々。日者《ひごろ》、宇治泉殿に於いて種々雑遊ありと云々」とある。師実と忠実は一六日から宇治に滞在していたらしく、二人は寛子やその女房たちを交えて、寛子の徒然を慰めたのであろう。反対に寛子側が忠実側を招くこともあった。永久四年（一一一六）九月、寛子の女房が紅葉舟で忠実家の女房を迎えにきたとの記述がある（『殿暦』）。紅葉舟とは紅葉で飾り立てた舟であろうか。晩年の寛子の宇治生活を推測させるひとこまである。

しかし、日記の中で最も多くみえる記事は仏事のもので、その多くは平等院における法会である。泉殿と平等院とを結ぶ範囲が、寛子の宇治における主たる生活空間であったといってもよい。

早くは、平等院阿弥陀堂（鳳凰堂）完成の八年後にあたる康平四年（一〇六一）一〇月、寛子は平等院に多宝塔を建立した（『扶桑略記』）。内部には、金色の摩訶毘盧遮那《まかびるしゃな》如来像など五体の仏像を安置したという。余談ながら、この多宝塔は現平等院境内の東南にある宇治川河畔の公園から、その遺構が検出されている。

次いで寛治三年（一〇八九）三月、寛子は法定院内に堂を建立した。『中右記』は「四条宮、宇治御堂供養す」としか記さず、『後二条師通記』も同様であるが、『百錬抄』には「太皇太后、宇治法定院内の堂を供養す」とある。近世にまとめられた地誌『山城志』は、法定院と永久四年六月に「四条宮、宇治池殿堂を供養す」（『中右記』）とある池殿とを同一のものとみ、現在の宇治市池殿町を法定院（池殿）の遺称地としている。

宇治での仏事のうち最も重要なものが、三月三日の一切経会と二月二日の頼通忌の法会であり、師実の没後は二月一三日の師実忌がこれに加わる。この中でもとくに寛子が熱心であったのが、『殿暦』永久五年三月三日条が「四条宮の事、宇治殿（頼通）他に勝りて勤めさせ給ふ。故殿（師実）も、彼の命により同じ」と記した一切経会であった。日記をみていくと、寛子はこれらの重要な法会に熱心であり、とくに高齢になるにつれてほぼ毎年のようにこの時期を宇治で過ごすようになった。

これら日記の記述から窺われるのは、とくに師実没後、平等院の法会の催行に深く関わる寛子の姿である。康和五年（一一〇三）三月、忠実は内覧宣旨の後に初めて平等院に参詣し、本堂で誦経の後、阿弥陀堂・五大堂・経蔵などを巡見したが、このとき忠実に同行したのは家司高階泰仲と太皇太后宮大進源清実であった。また、天永三年（一一一二）一〇月には、白河院の六十賀に用いる屏風を取出すために平等院の宝蔵を開いたが、このときも忠実の家司藤原惟信とともに太皇太后宮大進源朝実が同行している（『殿暦』）。頼通から寛子に伝えられたものが平等院に収納されていたことにもよるのであろうが、諸法会への参加頻度や寛子主権の法会の執行状況を併せみると、寛子が平等院の活動に深く関わり、諸法会の主催者の一人として忠実と並ぶ位置を占めていたことが窺われる。

寛子の弟師実は、康和三年正月に重病にかかり、二月中旬、寛子・北政所麗子・忠実らにみとられながら宇治の沢房で六〇歳の生涯を閉じた。墓所は、父頼通の墓所の近くの栗子馬山（栗駒山）に営まれた。寛子は師実の菩提を弔うため七月に法華八講を修し、等身の阿弥陀仏一体と法華経一一部をつくったが、経のうち一〇部は師実の消息の紙を用いたという。

同年四月、忠実は法成寺と平等院の大規模な改修に着手した。現在、発掘調査で出土する平等院に葺かれた瓦は、この時に焼かれたものが大半を占めるといわれ、鳳凰堂が現在のような瓦葺の建物になったのは、この忠実の改修によると考えられている。

翌康和四年正月二二日、寛子は故師実の室麗子と宇治に赴き、二四日に忠実も後を追い泉殿に入った。二六日には師実の一周忌、二月一日には頼通忌、一三日には師実の周忌法要を行っている。師実の法要は沢殿で行われたとあるが、残念ながら沢殿の位置はわからない。『殿暦』康和五年二月一三日条には、師実の忌日法会のため忠実が「沢御堂」に参ったという記述があるから、沢殿には御堂があったことが知られるのみである。

ところで、この沢殿と沢房はどのような関係にあるものだろうか。長治二年（一一〇五）二月一三日、忠実は師実の周忌法会のため宇治に赴いたが、まず寛子と麗子のいる泉殿へ、次いで麗子と沢房にわたり、法会の後、泉殿へ還り三人で帰京した。麗子は、近距離のため沢房に歩いて渡ったと記されており、ここからすると沢房は泉殿の近傍にあったことになる。康和四年の記事などと対照すると、沢房と沢殿は同じものとみてよかろう。

再び康和四年の記事に戻ろう。忠実はこの間一度京へ還り、再度宇治を訪れたときには平等院修理別当成信の房に宿した。この成信房は、以後、しばしば忠実の宿所として記録にあらわれる。この頃、忠実は寛子より泉殿の券文を譲与されたが、三年間ほど他所に宿すと記しており（『殿暦』康和四年正月二七日条）、同様の記述が他にもみられるから（『殿暦』永久四年五月一五日条）、所有権は忠実に移ったものの、泉殿は引き続き寛子の居所として用いられた。麗子は二月一五日に帰京したが、寛子は物忌のため宇治に留まり、二月二一日になって京極殿へ還御した。寛子の宇治滞在はおよそ一カ月に及んでいる。この間、一六日と二〇日には太皇太后宮大進源朝実が寛子の使として忠実のもとへ参り、二〇日には寛子の宇治からの帰京予定を告げており、忠実は自分は除服のため憚りあるとして、車・牛・車副の人数を提供している。以後の『殿暦』をみると、寛子と麗子は同道して宇治に赴くことも多く、その際には忠実が往復の車・牛・人数を提供したようで、時としては忠実自らが付き添ったり、見送り、出迎えをしていたことがわかる。

こうした京と宇治とを行き来する生活の中で、寛子にとっては次第に宇治での生活が重きを為していくようである。『殿暦』からは、康和三年以降元永元年（一一一八）まで、一二五回以上の寛子の宇治滞在が確認される。その大半は、一月末もしくは二月初旬からと、八月末もしくは九月中旬頃からの、それぞれ一ケ月程度の宇治滞在である。前者は二月の頼通忌・師実忌と平等院一切経会のためであるが、後者については法会等の具体的記載が殆どなく、その事情は詳かではない。あるいは紅葉の季節を宇治で過そうというものであったかも知れない。また、寛子の同行者は圧倒的に故師実室の麗子で、天仁元年頃から養女禛子内親王（先斎院）がみえるようになる。寛子の宇治滞在に変化がみられるようになるのは永久年間に入ってからで、永久元年以降、従来はみられなかった六・七月からの宇治滞在が確認されるようになり、それに伴い滞在期間も二ケ月を超えて長期化し、永久四年正月からはほとんどを宇治で暮らすようになった。ついでながら寛子は、嘉承元年（一一〇六）正月から病気平癒のため京内五条高辻万里小路にあった成信の房に長期間滞在して以来、しばしばこの五条の房に渡るようになる。老齢の故でもあろうが、こうした生活が平等院のある宇治での生活へと傾斜していく伏線にはなったであろう。

日記からみるところ、寛子の生活の本拠は基本的に京内の邸宅にあった。『中右記』は、太皇太后となった以後、寛子は宇治の別業に坐したと記しているが、それは正確ではない。『栄華物語』（紫野）は、宇治に御堂を建てて、通い住むようになったと記述する。日記をみれば、承保六年以降も寛子は京内にいることが少なくないのであり、その意味では『中右記』の記述は誤解である。もっとも、日記からは寛子が法定院の御堂を建立する以前の部分が殆どわからないし、日記が全ての出来事を記録しているわけでもないので、不確かな部分はあるが、確かにそれ以後の寛子は頻繁に宇治に行き、そこで仏事を修したり、一定期間過ごすことが多くなる。その点では『栄華物語』の表現は概ね正確であるといえよう。

但し、宇治での生活は、年とともに次第に長期化するという経過をたどっていったのであり、それは寛子自身の高齢化のみならず、彼女の相談相手となる対象が次第に少なくなっていったことと無関係ではないであろう。それとともに、頼通から寛子に譲られた宝物も、次第に忠実、あるいはその子の忠通へと伝えられていった。永久四年七月に忠実が頼通・寛子・忠実へと伝えられた倉納の調度一具を忠通・泰子に伝えたのはその一例である。

寛子は、元永元年（一一一八）閏九月には阿弥陀堂一〇種供養を行った（『殿暦』『中右記』）。阿弥陀堂に宝幢を懸けて仏前には礼盤を据え、堂前の池は蓮・花・水鳥・樹林、洲浜は鶴や鴿の作り物で飾り、桜花や紅葉を配するなど、池上・地上を隙間なく飾るという、いかにも寛子らしい極めて華やかな法会であった。一〇種供養の前月、寛子は重い病気にかかり、万一の際の禎子内親王の渡御先まで心配される状況であったという（『中右記』元永元年九月一四日条）。この一〇種供養は、「花美限りを極むることなし」と評された寛子が主催した、最後の大規模な法会でもあった。

ところで、宇治には寛子の創建伝承をもつ寺院が一つある。平等院から南に一つ丘陵を越えた白川にある金色院がそれである。金色院の建立については、白川の地蔵院に伝来した寛正四年（一四六三）の「金色院御堂再興勧進状」に述べられているが、それによれば「白川別所金色院」は寛子の創建になるところで、康和四年二月に落慶、本尊は文殊菩薩で堂の規模は七間四面であり、堂舎には金をちりばめられていたので金色院と名付けられたという。また、実際に建立を担当したのは平等院の別当証朝で、彼は鎮守として白山権現を勧請したという。

現在の白川は、平等院周辺の宇治市街地から僅か尾根一つ越えただけとは思えないほど、穏やかな風景が広がっている。谷の中程にある惣門から奥にはいると、突き当たりの山の中腹に白山神社が鎮座しており、その前面の平地一帯が金色院の想定地となっている。その発掘調査では、平安後期にさかのぼる園地や堂の遺構が検出され、康和三年に忠実が平等院の大規模な改修を行った時に用いられたのと同じ瓦が出土している。

文献史料からは一三世紀初頭に「白川別所」が存在したことが知られ（『明月記』元久元年）、また石山寺所蔵の教典の奥書から保元・平治の頃に「白川別所」で教典の書写が行われたことも知られるが、それ以前にこの金色院に想定される施設を記した記録はない。しかし発掘調査の結果からは、忠実による平等院改修の際に、平等院から尾根筋を越えた奥の谷に「白川別所」と称される子院が建立された可能性は高く、同時期の平等院において法会を主催していた人物が実態的に忠実と寛子であったという事実をみれば、金色院を寛子創建とする伝承はあながち否定すべきものではない。当時の平等院の主催者は氏長者忠実であったが、地蔵院文書は頼通没後、とりわけ師実没後の平等院の活動に、忠実とならび寛子が大きく関わっていたことを暗示するものといえそうである。

おわりに

『殿暦』は元永元年を以てその記述を終える。『中右記』においても以後は寛子に関する記述が少なくなり、とくに保安元年（一一二〇）一一月に忠実が内覧（関白）を罷免され、富家殿に籠居してからは、大治二年（一一二七）の死の直前まで彼女の記事はみえなくなる。このため寛子の最晩年の様子は不明な部分が多いが、寛子のもとには、時折、忠実が次男頼長とともに訪れたようである。宇治で育った頼長は後年、寛子に会ったことがあるので顔を覚えているると語っているが（『台記』）、おそらくは忠実につれられて寛子のもとを訪れることがあったのであろう。寛子は、忠実とあるいは頼長に看取られながら、その生涯を終えたのかも知れない。

自身の死にあたり、寛子は三日以内に葬儀を終えるよう遺言していたらしいが、実際には一六日に入棺、二一日の夕刻に葬送となった。葬儀は当時の例に従って簡略に行われたようである。翌朝に永明阿闍梨が「御骨」を懸けて藤原氏歴代の墓所のあった木幡に向かうとあるから、火葬に付したらしい。但し寛子の墓所は、父頼通の墓に近い宇治一の坂の東辺に営まれた。頼通・寛子・師実は、ともに自分たちが心を寄せた平等院のある宇治に眠ることになったのである。薨去に伴う法要は、翌九月二八日に宇治の法定院で行われ、忠実・忠通も出席した。

四条宮寛子は、摂関期の盛期から院政初期にかけて生きた、数少ない女性の一人である。その九二年の生涯のうち七七年を皇后・中宮・皇太后・太皇太后として生きた点でも希有な女性であった。しかし、入内する女性に最も期待された皇子には恵まれず、それが道長―頼通家を頂点とする摂関政治から院政へという政治体制転換の原因の一端に繋がった。むろん寛子の責任ではないが、当時の貴族社会の通念からすれば決して幸福な女性ではなかったといえる。

落飾後の寛子の生活は仏事を主とするものであったが、しかし皇太后・太皇太后という立場から、あるいは頼通遺領のかなりの部分を引き継ぐ立場から、上東門院の薨去後は、弟師実とともに道長家嫡流の藤原氏の長老としての役割を果たすことになった。頼通以来の故実・伝統を次代に伝えたのも、寛子の歴史的な役割の一つといえよう。また、「志性甚だ直にして、花美限りを極むることなし」と評された寛子の性格も、その晩年まで一貫して変わらなかったようである。その「花美」が批判の対象にならなかったのは、それが当然であるという雰囲気をもった女性であったからだと解したい。
大治四年正月一六日、忠通の娘が崇徳天皇の後宮に入内した。宗忠は「執柄の女子入内の事、去る永承五年四条宮の後、七〇余年久しく絶ゆるなり。この殿下の時、初めてこの事あり。誠に天運の然らしむるを知る。大幸の人なり」と記した。四条宮寛子の名は、こうして摂関家の入内などの先例・故実の場で生き続けることになった。

［参考文献］
『宇治市史1』（一九七三年）
桃裕行『古記録の研究』下（思文閣出版、一九八八年）
坂本賞三『藤原頼通の時代――摂関政治から院政へ――』（平凡社、一九九一年）
槇道雄『院政時代史論集』（続群書類従完成会、一九九三年）
宇治市歴史資料館『発掘ものがたり　宇治』（一九九六年）
元木泰雄『藤原忠実』（吉川弘文館、二〇〇〇年）

藤原道綱母から菅原孝標女へ——利用された大嘗会の御禊の意味——

鈴木紀子

はじめに

王朝の女流文学の隆盛は、日本の文学史上画期的な出来事で、物語、和歌、日記と、自らの文字と言葉を獲得した女性たちが、あたかも堰を切ったごとくにその心情を吐き出し、抑圧された精神の解放をめざし模索した時期であった。『土佐日記』に先鞭をつけられたとはいえ、『蜻蛉日記』があとに続く女流日記を牽引する力となったことは疑いもないことであり、先頭を切った『蜻蛉日記』作者の自らの苦悩に満ちた結婚生活を素材に綴った赤裸々な告白があったればこそ、しかもその凄まじいまでの情念や執着の強烈なエネルギーがあったればこそ、以後の女流日記を誘引することが出来たのだといえよう。古物語につれづれを慰め、ヒロインにわが身をなぞらえ、現実と物語の世界を混同していたひとりの女性が、やがて結婚生活のきびしい現実に直面することによって、物語世界の欺瞞を実感していく。不幸なわが身を世間にさらし、物語は「そらごと」だと告発し、わが身を主人公に、物語世界を越える新たな女の真実を描いたのである。『蜻蛉日記』の内容が、二〇年にもわたる夫婦間の愛憎、葛藤の赤裸々な告白でなかったなら、後続の作品も違ったものになっていたかも知れない。とはいえ当然以後の女流日記が『蜻蛉日記』の路線を直線的に継承したわけではない。女流日記は個人の体験に根ざした一回かぎりの独自な人生の回想記であって、物語のように先行の作品の影響を強く受けるというものではない。しかしそれでも別個の体験とはいえ、夫婦、家族、男女の問題や、社会習慣、身分意識から夢や理想にいたるまで、女性にとって共通の関心事は多いわけで、当然そうした出来事をどう表現、叙述するかは、先行の作品の影響をまったく受けないとはいえないし、女流日記は記録ではなく、日記文学であることを忘れてはならない。

一　大嘗会の御禊を無視する孝標女

さて、『蜻蛉日記』が生まれて約八〇年後、作者道綱母の姪に当たる菅原孝標女によって『更級日記』が誕生し、さらに五〇年後、道綱の曾孫に当たる藤原長子によって『讃岐典侍日記』が生まれた。奇しくも血縁に繋がる三人の女性によってそれぞれ書き残された日記が現存することは、女流日記の系譜を考える上で、きわめて幸運なことと思われる。菅原孝標女が伯母の『蜻蛉日記』を、藤原長子が先行の『蜻蛉日記』や『更級日記』を読んでいたという明証はない。しかし『蜻蛉日記』以来『和泉式部日記』『紫式部日記』『更級日記』、少し性格は異なるが『枕草子』や膨大な数の物語・私家集などの系譜を考えれば、先行の作品に触れなかったと想像する方が不自然なことであろう。とくに『更級日記』は菅原孝標女を執筆に向かわせたこと自体がすでに『蜻蛉日記』の存在だったとも考えられる。(1) 今ある一つの出来事について、すなわち「大嘗会」「大嘗会の御禊」に注目して、作者たちがそれぞれの人生で遭遇したこの祭事に、いかに対応したかを見て、『更級日記』における該当部分の解釈を再考しようと思う。とくに『更級日記』における語られざる夫婦関係について、『蜻蛉日記』を下敷きにした時、はじめてその一端が浮かび上がってくることを論じたい。

『更級日記』は道綱母の書いた『蜻蛉日記』に比べると全体に平穏な叙述で、激しい愛憎が描かれることもなく、喜怒哀楽には淡泊な作者像をうかがわせる。五〇年余におよぶ現実の人生においては、激しい感情の起伏もあったであろうが、道綱母のように露骨に表出することもなく、平穏淡々と語り、両者の性格の相違には雲泥の差が見られる。(2) しかしいかにも強情で強烈な個性を印象づけ、感情をあからさまに表出する道綱母が、意外に脆く繊細な神経を併せ持つことが指摘されるのと同様に、内気で消極的に見える孝標女が淡々と語る叙述の背後には、むしろ強い意志によって隠蔽され、韜晦された人生の断片を感じずにはいられない。『更級日記』は書かれた内容が作者の規範によってきびしく取捨選択された作品であることを認識しておかねばならない。(3)

さて一見おとなしく、消極的に見える孝標女が日記中一度だけ驚くほどの強引さで、周囲の反対を押し切って行動したことがあった。それは日記全体からうかがう作者像からは想像できないほどの激しさで、家族をも世間をもあきれさせる常軌を逸した行動であった。

永承元年（一〇四六）菅原孝標女三九歳の秋、前年、後朱雀天皇が退位され、代わって後冷泉天皇が即位されたことによる「大嘗会」があり、一〇月二五日にはそれに先立って天皇が賀茂川で斎戒をされる「大嘗会御禊」がとりおこなわれた。天皇の即位後一世一度の晴儀で、盛大な行列は世間をあげての関心事であった。ところが孝標女はこの御禊の当日に都を後にして初瀬詣でに出発しようとするのである。

十月二十五日、大嘗会の御禊とののしるに、初瀬の精進はじめて、その日、京を出づるに、さるべき人々、「一代に一度の見物にて、田舎世界の人だに見るものを、月日多かり、その日しも京をふり出でて行かむも、いとものぐるほしく、流れての物語ともなりぬべきことなり」など、はらからなる人は言ひ腹立てど、児ど

もの親なる人は、「いかにも、いかにも、心にこそあらめ」とて、言ふにしたがひて出だし立つる心ばへもあはれなり。(4)

兄弟は世間の物笑いのたねだと猛反対するが、夫俊通の同意を得て作者は初瀬に出発する。何も今日に限らなくとも、他に日もあろうに、御禊当日に強引に出発しようとするのは、まさに「ものぐるほしき」奇矯な行動であったし、作者の執念には「恐怖さえ感じさせる」気迫があった。(5)

当時の御禊は『栄華物語』や『大鏡』にも「御禊、大嘗会とて、世ののしりたり」「世のいみじき大事なり」などと記され、寛和二年（九八六）の一条天皇の御禊の折には、「東三条北面の築地壊して、御桟敷せさせ給ひ」(6)と土塀を壊して見物席を作ったほどである。『更級日記』中にも、行列の様子を見物するために設けられた桟敷に入ろうとする人々の混雑ぶりが描かれている。洛外の田舎人たちがまるで「水の流るるやう」に見物のために上京し、浄衣姿の孝標女の一行とすれ違いながら、「あれはなぞ、あれはなぞ」と呆れ、嘲笑するものたちもいた。

当日の出発は偶然のことではなく、「大嘗会の御禊とののしるに、初瀬の精進はじめて、その日、京を出づる」とあるように、世間での騒ぎを承知の上で、初瀬詣でのための精進を始め、当日出発するのである。すなわち彼女は始めから御禊の日を承知で、その日にあてて精進をし出立したわけである。しかも「二条の大路をしもわたりて行く」とことさら御禊の行列の通路を通ったと語り、挑戦的な気配さえ見える。何故にこの日でなければならなかったのか。日記本文には、「物見て何にかはせむ。かかるをりに詣でむ志を、さりともおぼしなむ。かならず仏の御しるしを見む」と世間の浮き立つ雰囲気に同調せず、確固たる意志によって敢然と物詣でにつき進むその信仰への熱意を、仏はきっと殊勝なことと感じてくださるに違いないと信じ、その功徳を期待していると述べている。文字通り解釈すれば、誰もが楽しみにしている（当然自分も興味はある）めでたい行事を我慢して、あえて物詣でに出かけることで、信仰の志の強さを仏に汲んでもらいたいというのである。もっとも作者のいうところの「志」は、深い宗教的意味による信仰とはいえず、「現世功徳」への熱い祈願というべきであろう。(7)

二　夢想世界から現実へ

たしかに作者はこの頃頻繁に物詣でに出かけている。日記に記された物詣での記録で、長久元年（一〇四〇）の結婚（三三歳）以降のものは次のようである。

寛徳二年（一〇四五）三八歳　石山参詣
永承元年（一〇四六）三九歳　初瀬参詣（大嘗会御禊当日）
永承二年頃（一〇四七）四〇歳頃の数年間に　鞍馬、石山、初瀬参詣

じつは、このように立て続けに行われる物詣でが、前年までの三年にわたる源資通との出会いと別れが語られた直後に始まるのは、注目すべきことであろう。資通との出会いは作者の人生、とくに精神生活において大きな節目となったはずで、これを境に夢想の人生に一応の終止符を打ち、現実的な家庭生活の安泰を求めていくようになったと思われるからである。

長久三年（一〇四二）三五歳、一〇月初旬（橘俊通との結婚二年後で、前年夫は下野守に任ぜられて下向中と思われる）、出仕先祐子内親王家の不断経の夜、同僚の女房といるところへたまたま訪れた源資通と春秋優劣の語らいに一夜を過ごした。木の葉にかかる時雨の音、声よき僧の読経の声、情趣につつまれた宮邸の一隅で、ひそやかに繰り広げられた理想的貴人との逢瀬は、『源氏物語』にあこがれた孝標女に、ただ一度訪れた物語世界の出来

事のような甘美な体験であった。とはいえ四季の風情や人の世の「あはれ」について語り興じただけのことで、恋と呼ぶにはあまりにはかない出会いであったが、資通の落ち着いた物静かな態度や、世間にありがちな好色めいたそぶりのない人柄は、「世の常ならぬ人」(8)として強烈に脳裏に焼き付けられた。日記の執筆時からすれば一七、八年も昔のこの出来事を、作者は今起きたばかりのことのように詳細克明に哀惜をこめて書き記している。少女のころから抱き続けた夢想も次第に消散しつつある、いや捨てざるを得ない三五歳、しかも身の程に合ったとはいえ、物語世界とはおよそ無縁の男俊通と現実的な結婚をして二年目。思いがけず訪れた夢のような陶酔の一夜は、翌年、翌々年と余韻を残しながらも再現されることはなかった。資通との邂逅譚を記し終えると直後、彼女は「今は、昔のよしなし心もくやしかりけりとのみ思ひ知り果て」と、物語世界に耽溺し、作中人物にわが身をなぞらえてきた浮薄な心を反省し、現実生活の中に堅実な幸せを築こうと考えるようになる。物語志向から反動的に信仰世界に向かうかのように、頻繁な物詣でを繰り返すようになるのである。資通との出会いの一段は、作者にとって遅すぎた青春の挽歌であった。資通との邂逅譚への哀惜と執着の強さは、大きければ大きいほど、夢想世界への訣別の代償たるべき現実生活への期待も大きかったと考えるべきであろう。

ともかく三年にわたる資通との邂逅譚の翌年には、丁度夫俊通は任国下野から帰洛した模様で、いま問題としている「大嘗会の御禊」はその翌年のことである。長年の物語世界への埋没から一時的にせよ脱却し、堅実な家庭人としての幸せを求めた時期であった。夢想の世界を捨て、幼い子どもとともに夫の帰京を待ち受け、さあ幸せな家庭を築こうと決意したとして、果たして彼女の予測、期待したような夫婦関係や家庭生活が可能であっただろうか。夫俊通に関しては、そもそも結婚の時期についても、人物についても何も語られず、ただ「児どもの親なる人」としてわずかに登場するのみで、日記中に一首の歌の贈答もないことを考えると、少なくとも文学的には共感の乏しい夫婦関係だったと想像せざるをえない。(9) 結婚直後には思い描いていた生活とあまりにかけ離れた有り様を「ことのほかにたがひぬる有様」だったと嘆息している。

しかし子どもたちの父親として、また夢想から醒めたひとりの主婦にとっては、かけがえのない頼りにせざるをえない夫である。通説によって孝標女の結婚を長元元年（一〇四〇）とすれば、夫の下野守任官はその翌年であるから、最も新しい妻であるはずだが、国守として赴任していく際、作者は同行しなかったと見られる。結婚時すでに俊通は三九歳だつたことから考えれば、初めての結婚ではなく、おそらく別の妻が同行したのであろう。かつて父菅原孝標が上総へ赴任したとき、直前に結婚したばかりの新しい妻、作者にとって継母上総大輔を伴って下向し、実母は京にとどまったことと考え合わせると興味深い。夫が結婚直後に下野国に下ったとすれば、この四年間は、かえって夜離れの悲哀を嘆くことも、夫の他の妻の存在に心を悩ませる必要もなかったであろう。

若くしてひとりだけの姉を亡くし、おそらく両親もすでに亡くなっていると予想される作者は、心細くはあったとしても、嫉妬に胸を灼くような日々ではなかったはずだ。むしろ体面的には遅ればせながら妻の座を得たことで、時折の宮家への出仕も以前のような気負いもなく、かえってゆとりのある気楽な精神状態でいられた。しかし夫が帰京すれば事情は一変する。妻としていかに待遇されるかは、相対的な問題としても最大の関心事となり、不安と焦燥の妻達に共通の日々が始まる。ここにも新たな『蜻蛉日記』の世界が誕生し、不確かで頼みがたい夫の愛に傷つき、信仰に心の支えを見いだそうとあがく妻が生まれる。夢想の世界を捨て、「昔のよしなし心もくやしかりけり」と後悔、反省し、平穏で堅実な家庭生活に安住の地を求めたのに、決意とは裏腹に心の平安の得難い現実であったに違いない。「大嘗会の御禊」事件がかような情況の時に起きたことを考えると、その過激な行動に走らせた憤懣の本質が、夫婦関係にあっただろうと推定するのはあながち誤りではあるまい。

御禊の当日、初瀬詣でに出立するという非常識な行動が周囲の反感を買うことは当然予測されたはずである。それでも猶決行した挑戦的な行動を、仏への強い期待というだけで説明が可能であろうか。「ものぐるほしき」行動をもたらした動機が、強固な信仰心によるものという作者の文面通りに解釈するには、疑念、違和感を覚えずにはいられない。(10)

この問題に対して、はじめて新たな視点からの見直しを試みられたのは福家俊幸氏(11)で、「初瀬詣でが善根功徳を積むためになされたとか、その背後に家庭に定着し、その安泰を希求する願望があるとする考え方に与しない」と従来の説を否定され、「我が身を含めた一族の栄達を望む思いが反映している」と読みとられた。作者孝標女が仕える祐子内親王の母嫄子中宮は、敦康親王の娘で、関白頼通が養女とし皇子誕生を強く期待したが、祐子・禖子の二人の女御子を生んでこの世を去ってしまった。頼通の強い期待にもかかわらず男御子を生むことはできなかったのである。もし嫄子に皇子が生まれていれば、間違いなく今回の御禊を司る後冷泉帝の次に帝位についたはずである。福家氏は、その「嫄子の産み得た幻の皇子」こそ孝標女の夢を、すなわち「人の御乳母して、内裏わたりにあり、帝、后の御かげにかくる」ような夢を実現すべき人であったと、はかなく消えた栄光の無念さが、眼前の盛大な御禊を平静な気持ちでは迎えさせなかったのだと解釈されている。

確かにきわめて興味深い画期的な解釈である。しかし、「もし嫄子が生きていたら」「もし男御子を産んでいたら」「もし帝位についたら」と、これほど多くの仮定の上にしか成り立たない夢が潰えたからといって、かほどに激情した行動がとれるものであろうか。もっと個人的な、我が身に深く関わる、しかも誰に相談のしようもなく、相談したところで解決のつく問題でもなく、どこへ持って行きようもない鬱憤、一時的にしろ、そうした激しい感情があってこそ、今回のような常軌を逸した行動に走ると解釈した方が自然ではなかろうか。立て続けに繰り返される物詣で全般は、おそらく通説通り物語世界への耽溺に決別、家庭生活の安泰を祈念しつつ、宗教的境地へ進むものであろう。しかしかような理由のみでは、今回の御禊の当日に周囲の非難、嘲笑を後日に盛儀に背を向ける激情的な行動の説明は不足であろう。しかも夫が下野国から戻った翌年とおぼしきこの事件は、おそらく思うに委せぬ夫婦関係への不満が鬱積し、暴発したものであろう。道綱母のように烈しい気性でもなく、直接的に夫に反抗したり、抗議したりするとも予想しにくい人柄であるが、それだけに誰にも相談せず自分ひとつの心で決意し、憤懣やるかたない心を納めようとしたのではないかと思う。

三　道綱母と大嘗会の御禊

さて、兄弟の激しい非難や世間の嘲笑を振り切って初瀬に出立する作者であったが、奇異なことに夫だけは「いかにもいかにも心にこそあらめ」と彼女の好きなようにするがよいと計画に同意してくれたという。日記中に夫の言葉が記されるのは、唯一これだけである。ともかく作者は唯一の理解者を得たわけで「心ばへもあはれなり」と感謝している。夫橘俊通がどういう考えで、この非常識な妻の行動を容認したのかわからないが、妻の意志を尊重してやろうという好意は、それとして、自分の妻が世間の嘲笑の的になることについて意に介さなかったとすれば、この夫婦の心の懸隔が推測されても仕方がないだろう。「いかにもいかにも心にこそあらめ」という夫の言葉の真意は難解で、解釈の仕方によっては夫婦関係の捉え方が大きく変わってしまう。従来の解釈は、おおむね素直に、好意的な言葉としてとらえられている。小谷野純一氏は「このままことば通り、寛容な配慮と見ておいてよかろう」(12)と、犬養廉氏は通説に寄りながらも「『いかにもいかにも』と繰り返される夫の語調には、言い出したら聞かない作者のかたくなさを、ややもて余し気味に投げ出した響きもこもっているようである」(13)と解釈される。しかし夫の真意がいかであれ、作者の表現は「寛容な配慮」と読みとられるべく叙述されている、そのことに注意を払うべきであろう。

秋山虔氏はこの孝標女の過激な行動を「善根功徳を積もうとする異常な熱意」を認めた上で、「現実の日常的な自己に対する自虐的ともいうべき反乱を読みとることができる」(14)と指摘されている。氏は「現実の日常的な自己」について具体的には明らかにされていないが、この内実が問題の核心なのであって、語られることのない日常の中で醸成されていく鬱憤こそが激越な行動を引き起こすエネルギーなのではないかと思う。兄弟、世間を敵に回し、非難嘲笑を浴びようと、行動を起こさずにはいられない鬱積した情念は、言葉で説明不可能な不充足感、訴えたとて解決しようもない、当時の妻達の抱える共通の魂の叫びではなかろうか。道綱母が、かつて苦悩の末に大嘗会の御禊を無視しようとした一件を思い出さずにはいられない。(15)

安和元年（九六八）、道綱母三三歳、兼家と結婚してすでに一四年を迎えている。夫は前年冷泉天皇の践祚とともに、蔵人頭・左中将に就任し、政治家として着実に地歩を固めている。多忙を極める中で兼家は作者を近くに引っ越させるが、そのことは夫の訪れの間遠なことを嘆いている作者にとっては、嬉しいことのはずなのに「人は思ふやうなりと思ふべかめり」と突き放すような口調には、近くに引っ越したからといって夫婦の関係が改善されたわけではないことを物語っていよう。近くに住めば、離れていれば知らずにすむこと、聞かずにすむことを見聞きすることになるわけで、夫の動静はともかく、時姫とその子供たちのめざましい成長の様子を聞くことは、道綱母にとって我が身の劣勢を否応なく知らされるみじめな日々となった。道綱ひとりしか持たない作者に対して、道隆、超子、道兼、詮子、道長とつぎつぎと子供を生んでいく時姫は、内にも外にも兼家の妻としての貫禄を日ごとに増している。聞けば長女超子は冷泉帝に入内するらしい。超子は道綱の一、二歳年下であろう。自分にも女の子がいたらとどれほど歯ぎしりを噛んだことであろう。しかしこればかりは、だれに鬱憤をぶつけようもない。夫兼家や時姫とその子たちの、華やかに時を得て躍進していくかたわらで、ひとり取り残されていくような悲哀、寂寥に身を浸している。そのような心境の中で初瀬詣でを決意するのである。

かくて年頃願あるを、いかで初瀬にと思ひ立つを、たたむ月にと思ふを、さすがに心にしまかせねば、からうして九月に思ひ立つ。「たたむ月には大嘗会の御禊、これより女御代出で立たるべし。これ過ぐしてもろともにやは」とあれど、わがかたのことにしあらねば、忍びて思ひ立ちて、日悪しければ、門出ばかり法性寺の辺にして、あかつきより出で立ちて、午時ばかりに宇治の院にいたり着く」（上巻／安和元年[16]）

夫は「来月には大嘗会の御禊があり、我が家から女御代（超子）が立つ予定になっているから、それが済んでから一緒に出かけてはどうか」と理解ある言葉をかけてくれるのに「わがかたのことにしあらねば」と、自分には関係ないとばかりに無視して出かけてしまう。大人気のない意固地な態度には、もはや自分でも抑えがたい憤懣が、理性や精神世界に収まらず、身体を支配してしまう極限状態を表しているといえるだろう。こうした激情的な行動は、道綱母にはしばしば見られることであるが、『更級日記』には唯一の例である。夫兼家は、しかし妻の憤懣の因ってきたるところをよく理解していた。御禊の準備に忙しいにもかかわらず、初瀬詣での帰りを見計らって宇治まで迎えに出向き、道綱母の心は十分に癒されたのである。兼家の賢明な配慮は道綱母の機嫌を回復させたばかりか、帰京後は怨嗟の対象であった時姫腹超子の女御代のための準備に、快く協力するという豹変ぶりである。苦悩の果ての初瀬行きは、結局帰途につけば「幸福の吹聴[17]」の一端であったと見ることも可能な思い出の一齣となった。一夫多妻という時代の習俗の中で、根本的な解決がされたわけではないが、生まれるべくして生まれる妻たちの苦悩や反乱は、意外にささやかな夫の厚意によって慰撫されるものであった。

四　孝標女の悲哀

『更級日記』の作者が、抑えがたい憤懣をもって大嘗会の御禊に背を向け、初瀬詣でに出発した状況は、『蜻蛉日記』におけるそれと概ね同類の性質のものであろうと思う。自らの意志ではもはや抑えられない激情のはけ口として、眼前の最大の行事が利用されたわけである。抑えがたい憤懣の比定の対象として大嘗会以上の強力な物はないはずである。

問題は、もし孝標女が伯母の日記を読んだ上でこの大嘗会御禊事件を書いたならば、それは一体いかなる意図によるものかである。

この母君（道綱母）、きはめたる和歌の上手におはしければ、この殿の通はせたまひけるほどの事、歌など書き集めて『かげろふの日記』と名付けて、世に弘めたまへり。（『大鏡』第四）(18)

『大鏡』の記すように、すでに『蜻蛉日記』は世に広められ多くの読者を得ていたようであるから、読み手は『更級日記』のこの一段に共通するものを読みとるに違いない。

平安後期の物語が、競って『源氏物語』の一部を取り込み、共有する『源氏物語』世界の展開を積極的に目論んだと同様のことが、あるいは日記文学にもいえるかもしれない。しかも孝標女が藤原定家の伝える伝承通り、平安後期物語の代表作『浜松中納言物語』『夜の寝覚』の作者であるとすれば、こうした先行の作品の取り込みは、方法として軌を一にするものといえる。すなわち苦悩する妻達のやるかたない憤懣が、「大嘗会御禊」という天下の大事を無視・反発することで表現されたという叙述の方法として利用されたわけである。

さて道綱母が帰途宇治川で、一面に霧の立ちこめる川面を透かすように、迎えに来たという兼家の車を見つけ、対岸に渡る間も待てずに歌を贈る姿には、京を出発したときの悲嘆や絶望感がまるで嘘のような浮き浮きとした幸福感にあふれている。「夫が迎えに来てくれた」これだけの事実が彼女を蘇らせたのである。反目し合った夫婦が今、宇治川を挟んでひとつに解けあおうとするかのように、すかさず兼家からの返歌が届く。

帰る日を心のうちにかぞへつつ誰によりてか網代をもとふ（兼家）

あなたの帰る日を心の中で数えながら迎えに来たのだという、兼家の優しく甘い言葉は日頃の憂さを一掃させるに充分だった。帰京後はいそいそと夫に協力して御禊の準備に手を貸す結果となったのである。

一方、孝標女の場合はどうか。勿論夫が登場することはない。宇治川の渡し場で岸の向こうに見いだしたものは捨てたはずの物語世界であった。

紫の物語に宇治の宮のむすめどものことあるを、いかなる所なればそこにしも住ませたるならむとゆかしく思ひし所ぞかし、げにをかしき所かなと思ひつつ、からうじて渡りて、殿の御領所の宇治殿を入りて見るにも、浮舟の女君のかかる所にやありけむなど、まづ思ひいでらる。

伯母はここで夫の出迎えを受け、妻の幸せをかみしめたに違いない。しかし自分にはそんな夫の優しさも期待できない。結局自分をその胸に受け止めてくれるのは、物語しかなかったという晩年の執筆時の感慨がここに表れているといえないだろうか。

『更級日記』のこの一段の終末は、次の歌で締めくくられている。

音にのみ聞きわたりこし宇治川の網代の浪も今日ぞかぞふる（孝標女）

この歌は「音にのみ聞きわたりつる住吉の松の千歳を今日見つるかな」（紀貫之『拾遺集』雑上）を本歌とすると考えられているが、むしろかつて兼家がここで道綱母に贈った先の歌を下敷きに考えるべきではなかろうか。

「音にのみ」聞いてきた、あの関白藤原兼家がわざわざ伯母を優しく出迎えたという宇治川、ここで兼家は妻の帰る日を心の中で数えながら待ったというが、自分はひとり寂しく川面に立つ浪の数を数えているというのだ。「大嘗会の御禊」事件を含む初瀬詣では、宇治川のこの歌で突然終わっている。

夫の出迎えを受けて歓喜に浸った伯母に比べて、なんという寂しさであろう。「不幸な妻」を標榜する道綱母であったが、実は夫に愛されていると実感できる浮き立つような幸せの日々が幾度となく描かれている。一方、孝標女は対照的に結婚生活の不幸を語ることもないし夫についても語らない。しかし、日記中にただ一言記された夫の言葉「いかにもいかにも心にこそあらめ」と、好悪の判断のつけがたい言葉を「心ばへもあはれなり」と評さざるを得なかった孝標女こそ、実はもっと寂しい妻だったのではないか。夫が積極的に反対しなかったことを「ありがたい」というしかない夫婦関係が浮き上がってこよう。

このように『更級日記』の語られざる夫婦関係は、『蜻蛉日記』を下敷きにしたとき初めて、作者の激高する精神の中身も沈黙の悲哀もが透けて見えるような気がする。強引な初瀬行は、夫に対する声にならない魂の叫びであり、悲痛なメッセージではなかったかと思う。

『讃岐典侍日記』においても、藤原長子が堀河帝の崩御後その追慕の記ともいうべき下巻において、「大嘗会の御禊」「大嘗会」に冷ややかな態度を示すことが、見て取れる。心ならずも鳥羽帝に出仕した長子には、つぎつぎと訪れる年中行事の、見るもの聞くものすべてが故堀河帝の思い出につながってしまうが、堀川帝と共有の時間を持たなかった大嘗会に関しては「大嘗会のこと、書かずとも思ひやるべし。みな人知りたることなれば、こまかに書かず」と切り捨てている。今回は『讃岐典侍日記』における、鬱屈する長子の悲哀の本質に触れることができなかったが、三つの女流日記において、「大嘗会」「大嘗会御禊」という天下の大事を否定、無視することで表された女の憤懣には共通するものがあり、一種の記号のような働きを指摘できるのではないかと思う。

(1) 石原昭平『平安日記文学の研究』(勉誠社、一九九七年)
(2) 池田利夫『更級日記　浜松中納言物語攷』(武蔵野書院、一九八九年)
(3) 鈴木一雄『王朝女流文学論考』(至文堂、一九九三年)
(4) 秋山虔『更級日記』(新潮日本古典集成、一九八二年)
(5) 安藤重和「『更級日記』の夢と信仰」(女流日記文学講座四『更級日記・讃岐典侍日記・成尋阿闍梨母集』、勉誠社、一九九〇年)
(6) 松村博司『栄花物語全注釈』一・巻三さまざまのよろこび(角川書店、一九六九年)
(7) 加納重文『平安女流作家の心象』(和泉書院、一九八七年)
(8) 拙稿「孝標女——『世の常ならぬ人』への憧れ——」(『平安時代の作家と作品』、武蔵野書院、一九九二年)
(9) 全般的には夫婦関係に冷ややかさを見る向きは少なく、「安定した、無事な結婚生活であった」(吉岡曠「更級日記の『浪漫的精神』」、『国文学』一〇巻一四号、一九二九年)、「円満か少なくとも不幸だったとは思われない」(安貞淑『更級日記の研究』、翰林書房、二〇〇〇年)
(10) 原順子氏は、「御禊日の初瀬参詣出立と信仰心の篤さを作為つまり一種の虚構を用いて強調」していることを指摘し、物語的構成を見いだしている(「『更級日記』——初瀬参詣記事の考察——」、『梅光女学院大学・日本文学研究』三〇号、一九九五年)
(11) 福家俊幸「『更級日記』の初瀬詣で考——御禊の日に出立した意味——」(『中古文学論攷』一一号、一九九〇年)
(12) 小谷野純一(『更級日記全評釈』、風間書房、一九九六年)
(13) 犬養廉『和泉式部日記　紫式部日記　更級日記　讃岐典侍日記』(新編日本古典文学全集、小学館、一九九四年)
(14) 注(4)に同じ
(15) 「初瀬詣で」をめぐる両日記の影響関係については、「偶然」を疑問視することをはじめ、『蜻蛉日記』のような紀行文執筆のための「文芸的意図が潜んでいた」(伊藤守幸『更級日記研究』、新典社、一九九五年)との指摘、また「夢」「物語」にまつわる記事の中に『蜻蛉日記』への批評性を読みとろうとする論考などがある(金子富佐子「遙遠の日記文学、「夢」と「物語」をめぐって――『更級日記』における『蜻蛉日記』受容の様相――」、『論集日記文学の地平』、新典社、二〇〇〇年)

(16)『蜻蛉日記』(新潮日本古典集成、一九八二年)

(17)清水好子「日記文学の文体」(『国文学解釈と鑑賞』二六巻二号、一九六一年)

(18)『大鏡』第四(新潮日本古典集成、一九八九年)

戦国期の「家」と女性——細川ガラシャの役割——

田端泰子

はじめに

明智光秀の娘「玉」はのち「ガラシャ（恩寵）」という洗礼名をもらい、敬虔で熱心なクリスチャンの一生を過した人として知られている。出自の立派さに比べて、その後の謀叛人の娘としての苦難に満ちた生き方が、多くの人の共感と同情を呼び、死後人々の記憶に留められる部分の多かった女性の一人である。

ガラシャについては『人物日本の女性史』4で三浦綾子氏が「大きな苦難を超えて、信仰をつらぬき通した」「壮絶な女性」と評価しており[1]、最近ではエリザベート・ゴスマン氏が「ガラシャは儒教の説く婦人としての教えを自己の目標に到達する手段として使う、という日本的流儀の内に自己を保ちつつ、霊性を通して自己を開放する方法と同じく、異文化を学ぶことによって、彼女の狭い世界を超越した」として、彼女の行動の政治的意義よりも、ガラシャの強い意志や決断力の奥底に横たわる心の世界の広がりを高く評価した。この人物評とともに、ゴスマン氏は、一六九八年（元禄一一）にウィーンのイエズス会の劇場でガラシャのオペラが上演され、オーストリアのハプスブルグ王朝の女性たちが観賞したが、その時ガラシャは「徳のモデル」として描かれていることを紹介された。(2)ガラシャの生きざまが死後イエズス会の神父の手を通じて、ヨーロッパにいち早く伝えられていたこと、単に紹介されていただけではなく、オペラとして編成しなおされ、キリスト教的徳の持ち主として、女性の目標とされていたことがわかる。女性の徳の手本とされたということは、一七世紀ヨーロッパの女性ジェンダーが、ガラシャを目標とすべき典型的な女性の一人とみていたことにほかならない。では「徳のモデル」として後世に描き直されたガラシャではなく、現実のガラシャの生涯はどうであったのか、またそのことが日本の中世末戦国期の女性ジェンダーの形成にどのような影響を与えていたのか、この二点について、本稿では考察してみたい。

一　明智玉の婚姻

明智光秀の娘「玉」あるいは「玉子」は永禄六年（一五六三）の生まれである。明智光秀とその妻（妻木勘解由左衛門範熙の娘）には四人の娘と三人の息子がいた。玉はそのうちの三女にあたる。しかし次女説もある。次頁に系図を掲げる。なお、玉の母について『明智軍記』(3)は「賢女ノ名アル人ナリ」と記している。

この系図は『明智軍記』に基づいて作成されたものである。『明智軍記』は元禄の版本があるので、作者不詳とはいえ、明智家の動向を知るのには、明智家断絶後の最も早い時期の史料であるから信頼度は高い。また『明智軍記』記載の記事は、系譜や合戦の有り様、その背景などについて、明智家の側からの見方で記述されているとみてよい。事実、明智家の家臣の人名や彼らが重要な事件に際してどのような役割を果したかについて、『明智軍記』は他の史料に比べて格段に詳しい。したがってここでも明智家の系図や玉の婚姻、光秀の最期の部

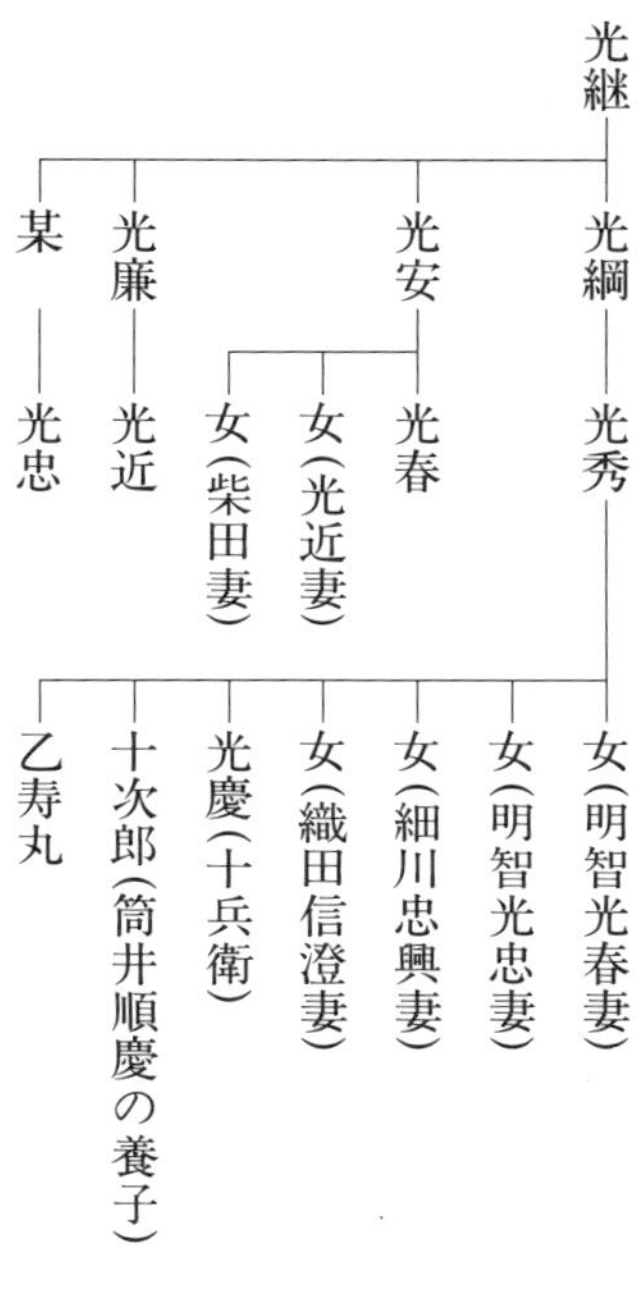

分などを考察する場合、『明智軍記』を最も多く参考にしつつ考察していきたい。

この系図からわかるように、光秀の時代の明智氏一族の女性たちは、一族に嫁している者と他家に嫁した者との二つのグループに分かれる。後者は織田信澄、柴田勝定、それに細川忠興である。織田信澄は、織田信長の甥であり、信長の命で光秀の四女と婚姻することになるのだが、それは『明智軍記』では玉の婚姻が信長に命じられた直後のこととして記されている。次に、柴田勝家の家臣であった柴田勝定との婚姻についても、これも玉の「輿入れ」のころ、勝定が光秀の家臣に成りたいと、「妻子」を連れて坂本城にやってきたとあるので、玉の婚姻よりかなり前のことであったと思われる。いずれも玉の婚姻を基準にして述べられていることからも、玉の婚姻が明智家にとって、他家との婚姻中でも、とりわけ重要な事項であったことがわかる。

玉の婚姻は天正七年（一五七九）のことと『明智軍記』は記す。玉は永禄六年生まれであるので、一七歳で婚姻したことになる。夫は細川藤孝（幽斎）の長男忠興である。忠興も玉と同年の永禄六年生まれであった。忠興は『寛政重修諸家譜』[4]によると「京師」に生まれるとあるので、京郊長岡にあった勝龍寺城か京都の細川家の屋敷で生まれたと推測される。忠興は婚姻の二年前、一五歳の時、初陣を務め、父と共に織田信長に従って紀州雑賀一揆討伐に参加している。翌年には「弱年にして武功あり」として、「昵近衆」に列せられ、織田信長の息子

信忠から諱字を与えられて「忠興」と称したという。(5)

この二人の婚姻は主君織田信長の発案による。信長は天正七年正月、安土城の小書院に光秀と藤孝を呼び、「各武功ニ依テ、去年丹後国早速打治ムル事、珍重ノ至リナリ」と丹後平定時の二人の協力を褒め、「一入祝著ニ思召ニ付、日向守三番目ノ息女十六歳ニ成候ヲ、藤孝ノ長男与市郎忠興ニ嫁シ、弥タガヒニ入魂イタスベシト、上意ヲ申渡」したとある。(6)玉と忠興の婚姻は主君信長による典型的な「主命婚」であったことがわかる。信長の意図は、丹後国平定に際し協力した光秀と藤孝の結びつきを確実なものとし、予定している「山陰道ヲ不残相随へ」る戦力として使おう、とするところにあったと考えられる。そしてこの縁組を約束させた直後に、信長は甥信澄と光秀の四女の婚姻を命じ、「汝ガ四番目ノ娘十四歳ニ成ヲ、信澄ニ妻アハセ、向後ヨリ、万光秀指南ニ於テハ、祝著タルベシ」(7)といったという。信長の脳裏には、領地の平定と家臣間の婚姻による協力関係の形成の構想が、次々と描かれはじめていたことがわかる。家臣間に婚姻関係を形成するという姿は戦国大名領国で見られたが、本来家臣間で自発的に執り行われるものであった。戦国大名は、結城氏・今川氏などにみられるように、家臣間の婚姻には大名の承認が必要であることを家法の中で述べるに留まった。しかし信長はその状況を一歩進め、信長の構想で家臣間の婚姻を統制しはじめたのである。ここに主君の命令による婚姻「主命婚」が生まれたと考える。

玉は二月二六日、丹後田辺城に輿入れした。藤孝も光秀も「喜悦不過之」と見えたという。天正七年の正月に信長から婚姻の約束が言い渡されたのなら、田辺城に輿入れしたことになる。

一方『細川家記』(8)は天正七年に信長からこの話があったというのは「いふかし」として疑っている。信長が忠興の婚姻を命じたのは天正二年であったとする。天正二年、藤孝が岐阜の信長に年頭の賀を述べにいった時、信長は光秀の四男を筒井順慶の養子とし、光秀の娘を信澄の妻にすること、また藤孝を光秀と「縁家」たるべき由を命じたと記す。藤孝は忠興の「剛強」を理由に辞退したが、信長は諫め、再三命じて、忠興と光秀の娘の「縁約」を承諾させた、とある。この時、信長は光秀に「汝を西国征将となすべし」と述べ、「先ず丹波を征伐すべし、然らハ長岡（細川藤孝はこのころ長岡の姓を名乗っていた）も供に赴くべし」といって「腰」（刀）を与えたとも述べるのである。(9) 天正二年のころ、明智光秀の方が藤孝より信長の信頼が厚く、また家臣序列では上位にあったと考えられる。

しかし『寛政重修諸家譜』によれば、忠興の初陣は天正五年であるから、信長がそれ以前の天正二年に一二歳の忠興の存在をはっきり認識していたかどうか疑問である。よって『細川家記』の忠興の「縁約」が天正二年とする説は採らない。

婚姻の年については『細川家記』は天正六年八月とする。この月に藤孝が安土に出仕し、また「忠興君御婚礼御整被成候」と記し、八月に玉との婚姻が成立したとある。(10) 忠興は天正六年その若さにもかかわらず無類の「戦功」があるとして「御小姓」になっている。その年八月忠興の「縁辺」のことが命じられ、その節光秀に書を与えたとする。その書では光秀の軍功と智謀を褒め、与一郎忠興は「器量」に秀で志も抜群であるから、「隣国之剛勇、尤之縁辺幸之仕合也」としている。隣国とは光秀が近江坂本城におり、藤孝が山城青龍寺城にいたことを指す。したがって婚姻は青龍寺城で行われ、夫婦は共に一六歳であったとも記している。

私見では、天正七年の七月から一〇月まで、忠興と藤孝は丹後征伐に掛かっており、また六年末から七年にかけては荒木攻めにも参加していることから、七年の婚姻は無理であると考える。また玉の子が天正八年の四月二七日に誕生していることも、天正七年二月の婚姻より、天正六年八月婚姻説の方が穏当であるように思う。よって、天正六年八月、玉は青龍寺城に輿入れしたとの『細川家記』の説を妥当としたい。玉は「女房乗物」(輿)三挺を仕立ててやってきたという。

二　運命の変転

忠興の正室となった玉は、青龍寺城で二年を過ごしたのち天正八年(一五八〇)八月、夫忠興が丹後国一二万石を与えられたことから、丹後八幡山城、次いで宮津城に移る。丹後の国主夫人としての時代も二年であった。なぜなら天正一〇年(一五八二)、父親明智光秀が主君信長を本能寺の変で討ったからである。玉の生活は一変し、「謀叛人」の娘として、夫によって味土野(現在の京都府弥栄町)に幽閉される。玉にとって大きな運命の転換期を迎えたことになる。但しここで注意しなければならないことは、玉の幸福であった四年間の内に、天正八年、長男忠隆(熊千代・与一郎)を産んでいること、幽閉されていた時代にも興秋(与五郎)と忠利(光・内記・越中守)と何人かの女子を産んでいることである。忠利は家を継承することになる人物である。運命の変化にもかかわらず、正室としての立場は変わらず玉のものであったように思われる。

本能寺の変の際、光秀は細川藤孝・忠興父子のもとへ家臣沼田を使いとして遣わし、「同心」することを促したが、藤孝父子は薙髪し、同心せず、逆に羽柴秀吉に使いを出して「光秀の逆意」に同心しなかったことを注進した。(11) そして妻に向かって「御身の父光秀は主君の敵なれハ、同室叶ふへからす」といい、一色宗右衛門という浪人と「小侍従」という侍女の二人だけを付けて、味土野の明智家の茶屋へ遣わした。その時、玉は「此上は」と覚悟して、髪をおろし、「小侍従」も髪を切った。そのころ父光秀に玉が出した手紙では「腹黒なる御心故に自らも忠興に捨られ、幽なる有様なり」と恨み言を記していたという。以上は『細川家記』の記述であるので、細川家の見方で述べられているると思われるが、本能寺の変をきっかけに離婚状態になったこと、玉は髪を切って現世との訣別の態度を見せたことはたしかであると思われる。髪を切ることが、細川家に対する忠義だてとして行われた行動であったと理解できる。玉が本当に父の謀叛を快く思っていなかったかどうかは不明である。

本能寺の変による玉の境遇の変化について、『明智軍記』は次のように述べる。忠興は玉を近江坂本より迎えて早や四年「相馴」ていたが、玉の「容色殊ニ麗ク、歌ヲ吟シ、糸竹呂律ノ弄ビモ妙」であったので、舅の藤孝は、歌道の達人であったため、「一入最愛」の嫁であったという。また父光秀の不義とは反対に「貞女ノ志シ正シキニ依テ」、忠興も「妹背ノ契リ」が深かったが、「忠義ノ道黙止ガタキニ付」、離別に及ぶ決心をし、坂本から付けられて来ていた池田・一色・窪田を添えて三戸野（味土野）という山里に送り返したとする。(12)

『明智軍記』と『家記』では書き方が異なるが、両方に共通する点のうちの第一点は、婚姻時に玉とともに何人かの家臣が明智方から細川家にやってきていることである。池田・一色・窪田らがそれにあたる。「小侍従」も明智家から付けられた女房であった。男女の家臣が当主の娘に付属させられて、婚姻時に配置転換されることは、他の戦国大名領例えば毛利氏領でも見られる。お市にも男女の家臣が付けられて婚姻を果たしている。こうした婚姻時の慣行が、きちんと踏襲されていたことがわかる。第二点は、玉が離婚に際して味土野に送られた点である。当時、離婚となると妻は里方に帰されるのが普通である。しかしそれをしなかったのは、明智家がすぐに滅んだという事情もあっただろうが、明智家の「茶屋」があった味土野に送られたことから考えて、離婚はしなければならなかったが、忠興には玉への愛情が断ち切れなかったからではないかと思う。その証拠に、先に述べたように、幽閉時代に男子二人を含む何人もの子供をもうけているからである。玉を明智家の茶屋のある地に住まわせることで、形の上では送り返したことになるからである。しかし味土野は山奥の寂しい場所であり、幽閉という言葉が相応しい場所であることも確かである。

父親の謀叛に対する玉の態度については、『難太平記』[13]にも「息女の方より、今度無道の御振廻により、自らも与一郎ニ別れ、三戸野と云ふ恐しき山の中に住居して侍るよしの消息来れハ」とあるので、玉は光秀の生存中に父親の行為を非難する手紙を、あるいは出していたのかもしれない。

味土野時代の玉は「謀叛人の娘」という烙印を押され、寂しい山中で、外界から閉じられた生活を送ったようである。唯一の慰めは、「小侍従」など周りの近しい人々が、厳しい局面に置かれた玉を気づかった点であろう。「小侍従」は光秀が玉に付けた女房である。[14]その女房の中には細川家の親戚筋で、儒学を家職とする清原家の娘「いと」もおり、いとは「上臈」として玉に仕えていた。[15]上臈は女房のなかでも最上位に位置するグループである。しかし味土野時代は二年ほどで終わり、天正一二年（一五八四）八月、大坂城に移った秀吉は、玉と忠興の再婚を命じる。細川家はその知らせを待っていたように思える。なぜならこの年、玉は次男興秋を産んでいるからである。

天正一四年（一五八六）、玉は三男でのち家督を継ぐ忠利を丹後で産む。ということは、再婚というかたちで細川家に戻った玉は、大坂の細川屋敷と丹後国の館との間を行き来していたことになる。このころには忠興との関係は再び夫婦という形をとっていたが、昔と同じではなかったようである。幽閉時代から忠興には側室が置かれ、天正一二年に側室の娘「おこほ」が誕生していたからである。「おこほ」はのち家臣の松井興長の妻となっている。玉は「鬱病」に悩まされるようになっていた。[16]玉に本当の転機（心の転機）が訪れるのは、丹後を離れ、大坂玉造の細川家の屋敷に、外出を禁じられた状態で住んだ時代である。

三　信仰への傾斜

天正一六年（一五八八）三月三日付の小豆島からのオルガンティーノの書簡によると、「新たな改宗方法で受洗」した丹後国主の奥方ガラシャという表現で、玉のことが述べられている。[17]ということは天正一四年には丹後国にいて忠利を出産もしていたガラシャが、同一六年三月までの間に大坂に移り住み、またキリシタンになるという、大きな変化を遂げていたことがわかる。なぜこの二年の間に変化が生じたのか、変化の理由はどのようなものであったのか、考察する。

細川忠興は天正一四年（一五八六）からの秀吉の九州攻めにも参加していたが、帰坂してから人が変わったようになったという。息子の一人を育てていた乳母でキリシタンであった女性のごく些細な過ちに対し、鼻と耳を削いだ上で追い出すように命じたとされる。これはフロイスの見方では「暴君（秀吉）の悪意に影響されて」のことであった。[18]「秀吉の悪意」とは、天正一五年六月に出された秀吉の「宣教師追放令」を指すと考えられる。キリシタンにとっては逆風が吹きはじめた事件である。秀吉の家臣として羽柴の称号（天正一三年『寛政重修諸家譜』）、続いて豊臣の称号（天正一五年『細川家記』）を得ていた忠興が、秀吉の政策に忠実であったとしてもおかしくはない。しかし同じ家にいる玉には、この事件に関与せざるをえない立場があった。正室であったからであり、乳母を使用する立場にあったからである。玉は侍女がキリシタンであったことから、追放先で「扶養」されるように手配を命じている。[19]

この乳母はどの子の乳母であったかは判明しない。天正一二年には側室が「おこほ」という女子を産んでいたし、玉も次男忠利を出産したことは前に述べた。天正一四年一〇月には「光千代」という男子が誕生している。

側室の子である。天正一六年には「たら」という玉の娘が生まれている。「たら」はのち稲葉一通の正室になった人である。このように、忠興には子が次々と生まれていたので、乳母もかなりの人数が置かれていたと考えられる。そうした使用人の監督は戦国期の通例では正室が行うから、玉の役割もまた大きなものになっていたと思われる。

しかし玉は正室の役割を楽しくこなせるような状況には置かれていなかった。忠興は清田氏の娘、郡氏の娘を側室とし、それぞれ子供をもうけていたからである。「謀叛人の娘」という汚名も消えてはいなかった。なにより夫は玉が屋敷から外出することを禁止し、用向きは屋敷の中の女房から、外の女房に伝えられ、両女房の間でも持ち場を離れたり、出入りすることを禁じるという[20]、厳しい監禁状態を継続させていたのである。そのため心の中では「離婚」を考えていたようである。玉は「大罪を犯すことなく夫から別れることができるか」を宣教師に尋ねさせている。「常時五人の側室を侍らせたい[21]」という夫に、また酷い仕打ちで乳母を追い出そうとする夫に、嫌悪感を持ち、離婚を考えた玉の心境に同感できるものがある。

玉のキリスト教との接点のうち、最も大きな接点は、天正一五年三月から五月にかけて忠興が秀吉に従って「下」つまり九州へ出陣していた時に実現したと思う。この時、教会に説教を聞きにいったところ、復活祭の説教を高井コスメ修道士が行っていた。玉は質問したいが時間がない、といいつつ、「禅宗の幾多の権威をふりかざして反論を試みた」ので、修道士は彼女の頭脳の敏活さに驚いたとされる。のちにコスメ修道士は「これほど明晰かつ果敢な判断ができる日本の女性と話したことはなかった」と漏らしているところから見て[22]、玉の知識の豊富さ、判断力の確かさ、話の論理性などがよくわかる。フロイスは「禅宗」と記しているが、女房清原いとの家が「清家学」つまり儒学を家学とする家であったことから見て、儒学的教養が豊かであったのであろう。

玉がキリスト教と接したのはこれより前であり、一つは家の乳母など女房を通じてであったと思われる、清原いとはかなり早くからキリシタンになっていたので、[23] 味土野時代に清原いとを通じてキリストの教えに触れていたことが考えられる。もう一つは夫から聞いた高山右近の話であろう。高山右近は忠興の「大の親友」であり、右近が「デウスの教えに関すること」や「説教のこと」を忠興に話して聞かせ、それを夫から聞いたこと[24]によると考えられる。このような「前史」があったところへ、夫の留守に監禁を破って教会へ行き、説教を聞いて質問もしたことがきっかけとなり、急激にキリスト教に接近したものと思われる。

外出を禁じられていた玉は、教会で説教を聞いて以後、「キリストの福音の教え」とそれまで彼女が信じてきた「禅宗」との大きな相違を見極めることと、洗礼を受けることの二つの目標を立てている。[25] 前者については「教理本」を教会から借りて学ぶこととし、後者については、侍女清原いとが先に洗礼を受け「マリア」の名をもらい、マリアから受けるというかたちで洗礼を受けた。天正一五年のことであると思われる。その時「ガラシャ」の教名が授けられた。フロイスのいう「新たな改宗方法で受洗」というのは、信者が信者に洗礼を授けた方法をいうのであろう。

ではキリスト教の教義に直に触れ、自ら改宗したことで、玉の心境はどう変わったのであろうか。キリシタンになるまでは「たびたび鬱病に悩まされ、時には一日中室内に閉じ籠って外出せず、自分の子供の顔さえ見ようとせぬことさえあった」という状況であった。怒りやすく、気位も高かった。キリストの教えと接触することになり、自らも「修行」をしたが、初めのうちは「精神をまったく落ち着かせたり、良心の呵責を消去せしめるほど、強くも厳しくもなかった、それどころか彼女に生じた躊躇や疑問は後を断たなかったので、彼女の霊魂は深い疑惑と暗闇に陥っていた」という状況で、玉の心の中はますます深刻な事態になっていたようである。しかしキリシタンになる決心をしてからは、「顔に喜びを湛え、家人に対しても快活さを示し」、「怒りやすかったのが忍耐強く、かつ人格者となり、気位が高かったのが謙遜で温順となって、彼女の側近者たちもそのような異常な変貌に接して驚くほどであった」(26)という。鬱病に悩む姿から、快活でしかも忍耐強い人格者に変貌していることがわかる。それは心の拠り所が得られた安心感からの変化であったと思う。

キリシタンとなった玉・ガラシャは、積極的な言動を見せ始める。丹後国に教会を建て、そこで住民の「大改宗」を企てる計画を温めていたりしたようである。またガラシャのまわりには、マリアやルイザ(侍女頭)などのキリシタンの侍女がいたが、それに満足せず、乳母や家臣の改宗を図り、その改宗者は一六名に達したことか(27)らも、周囲にキリストの教えを広めようとしていたことがわかる。心の変化と安定が、行動の積極性として表れたものと思われる。

天正一四年には丹後で出産していた玉は、そのあと大坂玉造の細川邸に移ったが、外出を禁じられ、行動の自由は制限されていた。それから二年後には、玉は環境の厳しさにもかかわらず、心の葛藤を静める拠り所を見出すことができたのである。

四　玉の最期

しばらくの間監禁状態は続いたものの、玉には平穏な日々が流れたが、文禄四年(一五九五)におこった豊臣秀次事件は、細川家に暗雲をもたらした。秀吉の甥秀次は関白として、「人掃」を実行するなど積極的な施策を展開していたが、それが裏目に出て、秀吉の次男秀頼が誕生すると、謀叛の疑いを懸けられ、追放ののち自殺させられた。細川忠興は文禄元年から朝鮮に渡海し、父藤孝や家臣松井康之らとともに手柄をたてていたが、秀次から黄金一〇〇枚を賜ったとの噂があったため、秀吉から一味しているのではないかと疑われたのである。この事件を『細川家記』に依りつつ詳しく見てみよう。

忠興と玉の間の娘で、前野長重の妻になっていた女性は、秀次事件に際して忠興に「お預け」となったが、夫前野長重とその父長康は、秀次に連座して切腹させられた。[28] 火の粉は次に忠興に及び、秀吉は伏見城で忠興に「秀次に一味し、賞金を賜った由、実否が明らかになるまでは閉門するように」と命じた。忠興は大いに憤り、年来の戦功に恩賞があってしかるべきなのに、日頃石田三成と仲が悪いためにわずかの恩賞もない、この上、讒言を信じて死をたまわったならば、むざむざ腹は切らず、三成を襲い、伏見を出る、と述べたという。家臣の松井康之がこれを聞いて、別の家臣米田助右衛門を聚楽の屋敷に遣わし、伏見より知らせがあり次第、「上様御子様御生害させ申、御屋形に火をかけて切腹仕るべし」と決め、「死期」を伝えている。賞金については「手前不如意」につき、施薬院全宗を頼って借りたが、「一味」の義は思いも寄らず、「誤りはありません」と言上したところ、「前年、明智光秀にさえ組しなかったので、謀叛徒党はしていないだろう、しかし前野は縁者だから、疑いなきにあらず、まず賞金百枚を返し、娘を出すべし」との返答であった。しかしこの時黄金が手元になかった。秀吉の「金奉行」から「急ぎ返すべし」と催促が度々やってきた。そこで加賀大納言（前田利家）に借りたいというと、五〇枚を都合してくれた。家臣松井を使いとして徳川家康に頼むと、一〇〇枚を賜ったとされる。黄金一〇〇枚は前田玄以から秀吉に渡したところ、勘気はとけ、黄金は返された。忠興が城に上りこれを謝したところ、「有明の茶入」を与えられ、人質の娘も返された。[29] 以上が秀次に連座しているとの疑いが忠興にかけられた事件の顚末である。

この事件の背景には、幾つかの問題があるように思う。まず、細川忠興は石田三成と意見が合わず、讒言を被る立場にあった点がある。「五奉行一同ニ忠興秀次一味せしよし讒訴す」とあるように、石田三成ら五奉行派とは対立する立場にあったことがわかる、この事件後、忠興が黄金を快く都合してくれた徳川家康に親近感を持ったことも考えられよう。第二には明智光秀の謀叛は決して風化していなかったことである。光秀の謀叛の時、光秀に一味しなかったことが、今度忠興を救う理由になったのであるから、玉を永く監禁状態にしてきたことが評価されたことになる。第三に忠興の命令があれば、忠興の妻子を生害させ、屋敷に火を付けて、家臣は切腹しようと取決めていた点に注目したい。この取決めはのちに起こる玉の最期の状況そのままであるからである。『家記』は近世の編纂物であるので、この取決め自体、玉の最期と同様の事態を前倒しして編集したものであろう。実際にはおこらなかった秀次への縁座事件への対処の仕方は、のちの玉の最期の様子を正当化する伏線として語られていると考える。

玉の最期の時は慶長五年（一六〇〇）七月一七日に訪れた。七月に入って、徳川家康は会津の上杉景勝を討伐するための軍勢を出しており、細川忠興もその中にいた。家康の主力部隊が会津に進発している状況を見て、石田三成は挙兵し、大名の「奥方」を人質として大坂城に取り入れるとの風聞が発生した。これに対して、細川家では、陣中の忠興に飛脚で連絡をとっている。それによると、正室玉に家臣が申し上げたところ、玉は「決して登城しない」といったとあり、家臣小笠原少斎も「御留守の儀はお気遣いなされますな」と自筆で申し述べている。[30]『家記』の記事から考察すると、家臣が正室に申し上げたのと、忠興に使者が出されたのは同じ日つまり七月一二日である。使者が忠興のいる那須野の陣所に着いたのは二〇日ごろと思われるので、玉の決心とそれに基づく死は、玉単独の判断によるものと考えてよい。

玉に仕えていた女房の一人「おしも」の「覚書」[31]によると、一七日前後の状況は次のようであった。七月一二日に小笠原昌斎（少斎のこと）と河喜多石見の二人が「御座所」まで来て、しもを呼び出し、「東へ出立した者の人質を石田方に取るとの風聞があるがどういたしましょうか」といった。玉（秀林院）にしもがその通り申し上げると、「石田三成と夫の忠興は仲が悪いので、きっと人質の最初として言ってくるに違いない、どのように返答するか、昌斎と石見が分別するように」ということであったので、両人に申し渡したとする。しもは、人質を出せとの石田方からの要求に対して、家臣二人の判断で事が運んだ様子を述べており、『家記』の書き方と異なる。また、玉の石田三成に対する見方も夫とはずっと以前から仲が悪いとみており、『家記』の、秀次事件のころからの三成と忠興の対立を力説する見方と通じるものがあることもわかる。

この後、昌斎と石見は「石田方からいってきても、人質に出す人がない、与一郎（忠隆）様と与五郎（興秋）様は上杉征伐に従軍されており、内記（忠利）様は江戸で人質になっておられる、只今は人質に出す人は一人もないので出すことはできないと返答しよう、石田方が是非とも人質を取るといったなら、丹後の細川幽斎様に注進すれば、お上りになりお指図があるだろうから、それまで待ってほしいと返事しよう」と決定しており、それを玉に申し上げたところ、「一段しかるべし」との御意であったとする。二人の家臣が方針を決め、正室が承認する形で、当主の留守中の重要事項が決められていることがわかる。恐らく人質が要求されたことに対する細川家の態度決定は、しもの書き記した順序でなされたと思われる。なぜなら、しもは昌斎などの意見も一々玉に取り次ぐべき侍女を勤めていたから、のちに細川家の男性家臣が編纂した『家記』よりも、事実に近い部分が多いと思うからである。

人質を誰に決め、どのように出すかは細川家の大問題としてのしかかってきた。日頃玉のもとに出入りしている「ちやうごん」という比丘尼を介して玉の意向を聞いても、玉は「忠興のためにも人質を出すことは同意できない」と述べ、では宇喜多八郎殿は「御一門」なのでどうでしょうというと、玉は「御一門だがこの人は三成と一味の由を聞いているので、同意できない」と述べている。家の重大事に対し、自分の意見を明確に述べていること、また人質を三成方に出すことが忠興にとって良いのか、という点を重視して判断していることがわかる。

しかし石田方からは明確な要求が届けられた。一六日に「是非是非『御上様』を人質にお出し願いたい、でなければ押しかけて取る」といってきた。昌斎らは「言いたい放題の言い分だ、この上は我等がここで切腹しても(上様を)人質に出すことはできない」と申し交わしたので、その時から御座敷中の者どもは覚悟したという。玉はその時「本当に押し入られた時は自害をするので、その時は昌斎が奥へ入って介錯するように」といったという。このしもの「覚書」から読み取れることは、玉を人質として要求してきたのは石田方であったこと、その要求を拒否しようとの態度を細川家の家臣も玉も固めたこと、人質として玉を出さず、三成方が押しかけて来たら玉は自害すると、一六日に決めていたことである。三成方は大名の妻以外、人質として必要と思わなかったことがわかる。細川家では一般的な人質と捉え、候補者を考えていたのであり、この点に思惑違いがあったと思う。大名の妻を、強行手段に訴えても人質に取り、大坂城に集めることが三成方の目的であったことがわかる。家康方が会津征伐に取り組んでいる間に、大坂にいる大名の妻を人質にとることで、徳川に従っている諸大名に、三成方への忠誠を誓わせようとの目論見であったと思われる。しかし細川忠興家では三成方への同心はしないのが忠興のためになると判断したのである。とくにこの判断を下したのが玉であったことは重要であろう。正室として、夫留守の間の重要決定を玉が行っていたことは、中世武士階級の妻役割に「所領の成敗」があったことの延長上にある行為であり、特異な事例ではないと考える。玉の決定を受けて、家臣も女房も、覚悟を決めたのであった。

重大事に対する対処の仕方が決定されると、玉は忠興と長男忠隆に書き置きを記し、しもに渡し、しもと「おくかく」の二人の女房は落ち延び、玉の最期の様子を忠興に申し上げるようにといった。二人が門を出ると、屋形には早や火がかかり、見物人が大勢いた。「敵」(三成方軍勢)は玉の最期より前に引き上げたと、後で聞いた。屋形で腹を切ったのは昌斎、石見、その甥六右衛門、その子、そのほか二、三人であったと思う、としもは述べている。戦国期の落城などのさい、城の外に主君の命令で出され、落ち延びる人々があるが、ここで述べられているように、後世、その事実や背景を正確に伝えられるように、との当事者の配慮で落ち延びたことがわかる。また玉の最期は、三成方が引き上げたあと、燃え盛る屋形の中で迎えられたこと、したがって自害と考えてよいことがわかる。玉は夫忠興のためにならないと思って三成方の人質になることを拒否し、死を選んだといえるだろう。

玉の最期―自害(『家記』は自害と記す)は、自らの命を細川家のために使ったという意義を持つのではないだろうか。徳川にはこの年慶長五年の正月に三男忠利を人質に出していた。その上、七月までに次男興秋を人質として奉ったと『寛政重修諸家譜』は記す[32](しもは単に出立したとだけ記していたが)。それに対して徳川家は三男を出している上は重ねて人質に及ぶべからずとして興秋は返されたという。このように細川家は徳川に味方するという態度を、人質を出すというかたちで、この年の正月から明確にしていたのである。こうした徳川方の準備を承知していた石田方が、大坂城に大名の人質を、しかも子供ではなく妻を集めようと考えたのも、対抗策として納得できる。

玉自害の知らせが徳川方に届くと、関東に来ていた諸将は「動転」したという。家康は忠興にすぐに大坂に帰るようにと勧めたにもかかわらず、忠興は帰らずそのまま先鋒を勤め、岐阜城を攻撃し、次いで関が原合戦に参戦している。この時『家記』によると忠興は「妻が自害に及んだ上は、何の面目があって上方（三成）に属すべきだろうか、諸将が残らず大坂に帰っても、自分は残り、先手を勤めよう」と述べ、諸将とともに家康に誓紙を書いて出したという。(33) この点から見ると、玉の行為は、忠興の家康方に味方するという態度を一層強固にした、といえるのではないだろうか。それまでにも息子を人質として出している玉にとっても、その子を犠牲にすることは考えられず、夫の路線の上に自らを乗せたということになる。夫のためであり、夫の路線に沿って進むには、三成方の人質となることはできず、最後の手段として死を選んだのではないだろうか。

またガラシャ玉自身の心の中を推測すると、謀叛人の汚名を被せられた父の子である自分が、忠義を貫く以外に、明智家に対する厳しい評価を晴らす道はない、と考えたと思う。また玉には当時、離婚しても帰る家はなかった。実家明智家はすでに断絶していたからである。「家」に忠義を示すといっても、玉には細川家しかなかったのであり、そのことが、「忠興のため」という表現で口から出たのだと思う。

『フロイス日本史』では、宣教師がガラシャに自殺は許されないといったとある。(34) そのキリシタンの教えと、人質を拒否して自害するという「家」の決定との狭間で、玉も家臣・女房も苦しんだと推測するが、そこで考え出された結論が、家臣の手にかかって死ぬという形での「自害」であったように思う。

戦国期―織豊期の武士の女性の役割という観点からガラシャの最期を考察すると、自分の意志の貫徹は最小限に留め、「家」に殉じた正室であったということができよう。戦国時代は婚姻についても、家同士の同盟としての婚姻が普通であったが、まだその婚姻にも、それぞれの家で慎重に吟味し、最適な婚姻関係を取り結ぶという、個別性が尊重された時代であり、和平のための婚姻関係の追求であったため、それぞれの家で情勢分析がなされ、婚姻する当人同士を両家が大切に扱った。そのため両家が敵味方に別れた時、妻は実家に返されるのが普通であった。そうした一般的な武士の婚姻の中で、玉の場合は、明智家の謀叛と滅亡という情勢の変化に翻弄された、特殊な事例であったといえる。しかし時代の進行の中で、死をもっても婚家に殉じるという事例が登場したことは、以後の社会通念に影響を与えたと考える。なぜならこれを進めれば、儒教道徳の「三従」のうちの「婚姻後は夫に従う」ことに繋がるからである。儒教道徳自体の日本への導入は古代にさかのぼるが、その道徳がどれだけ社会に定着したかは、別問題であり、「三従」の教えが最も広範に庶民階層にまで広がったのは、江戸時代であると思う。しかし玉自身は死をもって婚家である細川「家」に殉じた典型的な例であると考える。次に節を改めて戦国期の女性ジェンダーの確立に対して玉の果たした役割を考察する。

五　女性ジェンダーの確立と玉の役割

中世の合戦における女性の役割を考察した前稿(35)で得られた結論は、次のようなものであった。中世の初めには巴や坂額のように武術特に弓矢の術に優れた女性がおり、また巴は「一方の大将」に選ばれた、武将としての能力を備える武士であった。武将とまではいかなくとも、南北朝期の『慕帰絵詞』には武装した僧兵の妻か娘が描かれていたし、南北朝の内乱の過程で参戦した女性の軍功が賞されているが、多くはこのころになると、女性自身ではなく、代人が参戦していたことも明らかにした。現実の合戦の場に女性が現れる現象は、戦国期に再び復活し、城を守って薙刀で防戦した女性などの事例は多い。それより下層の武士においても、『おあむ物語』のおあむ一家のように、戦国期の籠城戦には女性も参加し、城中で、鉄砲の玉を鋳たり、味方の取ってきた首に札を付けお歯黒を塗る、という作業をした武士の女性もいたことがわかった。つまり、中世を通じて、合戦は男だけのものであったのではなく、戦場において、城の中で、また後方で、さまざまな役割を担っているというのが現実の姿であったのである。合戦の場に否応なしに入れられていた点においては、武士も庶民も同じであったともいえよう。

一方、著述された「合戦記」の世界では、中世初期の『源平盛衰記』や記録としての『吾妻鏡』には合戦の中で働く女性の姿が男性と同様に描き出され、しかも坂額の活躍は「奇特」として、称賛の目で描かれていた。南北朝期の『太平記』においても、楠木正成の妻のように、気丈な姿が好意をもって描かれている。ところが応仁の乱を記した『応仁記』『応仁後記』などになると、女性達は個別化されず十把一からげとされて、逃げ惑う姿でしか登場しなくなる。『応仁記』などの成立年代ははっきりとはわからない。戦国期以後であることは確かである。女性は弱々しく、合戦に際しては、逃げ惑うものという女性ジェンダーの確立がうかがえるのである。

『応仁記』では、もう一つ気になる表現も見られる。「理非をも知らざる青女房比丘尼たち」が「藪里修学院や八瀬・大原を指して逃げて行く姿でまとめられてしまっている点である。現実には将軍家正室日野富子が、義政や義尚にあるいは代わりあるいは後ろ楯として、政治を執っていた。そのほか室町期に政治に関与した女性の研究は近年進みつつあり、富子だけが特殊な事例ではなかったことがあきらかにされはじめている。また禁裏の女房「勾当内侍」についての脇田晴子の研究(36)を皮切りに、室町幕府に勤務する女房についても、拙稿(37)を初めとして研究は進展しはじめており、多くの女房がいたことが知られている。こうした実態にもかかわらず、『応仁記』は女性を「理非をも知らざる」者と見て、政治に関与すべきでない性とみているることがわかるのである。

「弱々しく、合戦に際しては逃げまどい、物事の善し悪しも判断できない」のが女性一般の姿であるという見方が、「合戦記」の世界では形成され始めていたことがわかった。このジェンダーは近世初期に編纂された『甲陽軍鑑(38)』でさらに明確になる。

『甲陽軍鑑』は武田信玄の重臣小幡景憲あるいは高坂虎綱が編纂した書物とされており、寛永年間以後、武士道の書として多くの読者を獲得した書物である。元和頃には成立していたといわれているので、近世前期の武士道においてどのようなジェンダーが確立していたかを知るには好適な書であるといえる。

『甲陽軍鑑』で最も重視されたのは「男道」である。「男道」とは男の道すなわち武士として勇敢に戦うこと、男を立てること、あるいは武道の心ばせを貫徹することを指し、「臆病者」の対極に位置する。「男道」が話題になったのは、信玄法度一七条の公布に際しての家老の寄り合いでの議論である。(39) 一七条は有名な喧嘩両成敗規定である。これを含めた五七条の式目を信玄は制定し、「自今以後、喧嘩は理非によらず双方成敗すると触れよ」と命じたところ、家老中の当番家老であった内藤修理正昌豊が「批判」を書き付けて言上している。それは「両成敗は尤もであるが、おめおめ堪忍するような者はそれほど御用に立つまい、諸人丸くなり、いかにも無事には見えるだろうが、それは大きな御損である、その理由は、法を重んじ、何ごとも無事にとばかり心掛けていたならば、諸侍は男道のきっかけをはずし、みな不足を堪忍する臆病者になってしまうだろう、また男道のきっかけをはずすまいとして男をたてるならば、その身は疵を負うことになる、しまいにはよい侍は一人もいなくなる、武田家だけが喧嘩をさせないためだけに男道を失うのは勿体ないことです」というものであった。結局この法は「喧嘩好き」の「無礼」なものを取り締まるにはよかろうと家老たちが判断したことで、制定に至った。この議論の過程には、武田重臣層の「男道」についての考えがよく表れていると思う。彼らは臆病者となることをきらい、いざという時には法を犯しても勇敢に立ち上がり、戦うことがよい、男道を守ることこそが主君のためになる、と考えていたことがわかる。それが男の道であり、近世に「武士道」と呼ばれた武士のアイデンティティーであったと思う。

ここで否定されている臆病者については「大将の四品[40]」で次のように述べられている。よき大将は信玄公のような人を言い、国を亡ぼし家を破る大将には四種ある。一つは馬鹿な大将、二つは「利根」過ぎたる大将、三つには臆病な大将、四つには強過ぎる大将である。三番目に挙げられた臆病な大将は「心ぐちにして女に似たる」故に、人を嫉《ねた》み、富める者を好み、諂《へつら》う人を愛し、物事を穿鑿《せんさく》せず、分別がなく、無慈悲なものをいう。つまり嫉んだり、諂ったり、無慈悲であったりという、男女ともに見られる悪癖を備える人物を、「女に似ている」性質と総括している点が問題である。特に女は「臆病」であるという点でマイナス評価を受けていることがわかる。

『甲陽軍鑑』が「女」の語を使用する部分は、右の他に「そねみいやしむは女のわざ」「人をそしりけすは男のわざ[41]」、「女人は多分理を知らず、知るというとも、男中の分別ほどにもをとりなん[42]」、「女の作法は、武士道のやくにたたぬ事にてあり[43]」、「未練なる大将は、女に似たるとは申也[44]」などがある。そねむ、いやしむ、未練、理を知らないなど、『応仁記』よりさらに女性の評価は落ちていることが明白になる。こうしたよくない性質を備えているものがすなわち女であると表現されていることは明らかである。

ただ一点、注目できるのは「女侍」の語が見える点である。女の侍を引き合いに出しているということは、まだ戦国期に女性が侍として、武士として存在することを、暗黙のうちに肯定していることになる。しかし「女侍」は「穿鑿なしに、むさと我贔屓《ひいき》の方をほめる」のが女侍であり[45]、武士でありながら町人のように「かざる」者を「女侍」と信玄公は呼んでおられた[46]と述べるのである。「かざる」とは相手を必要以上にあがめることであり、内心の軽薄さの致すところであり、「武士」は大いに嫌うところであるとも述べる。本物の武士は男性の侍であり、女侍は手本とすべき対象とは見做されないものに転落していることがわかる。女の侍が存在することは認めても、それは目標とすべきものではなく、排除すべき対象になってしまったのである。

こうして戦国期から近世前期にかけて成立した『甲陽軍鑑』では、女性というものは道理に暗く、臆病で、その心の軽薄さ故に相手を飾りたてて、嫉み、諂い、物事をよく調べもしない、欠点だらけの存在であるから、「女侍」は存在しても、見習うべき対象などではないとされたことがわかった。ここにおいて、女性は武士階級においても男性に劣るというジェンダーが形成されたことが判明する。武士階級でも男性が上位、女性は下位に位置づけられた。『甲陽軍鑑』においては、男女の位置関係が上下に置かれただけであったが、「三従」の教えとして、女とは男に一生従属して生きるべきだという一層強力な女性ジェンダーが成立する時代は、目前に迫っていたのである。

おわりに

明智玉は父親の謀叛に縁坐したかたちで離婚され、味土野に幽閉された。しかし味土野には明智家の茶屋があった点から見て、生家に帰されたという意味も合わせ持っていたことを述べた。離婚時には妻は生家に帰すという中世の伝統が踏襲されていたことが知られる。味土野での、数人の侍女や監視に付けられた少数の家臣だけに囲まれた生活は、玉にとっては外界から遮断されている分、儒学の教養を深めたり、侍女を通してのキリスト教への出会いを、純粋に体得することができたのではないかと思われる。豊臣秀吉の許しを得て細川家に戻った玉は、何人かの子供も生み、正室としての地位を取り戻すが、行動の自由は最後まで手にすることはできなかった。大坂細川家時代の玉は、キリスト教の教義を確実に体得し、それを侍女や家臣さらに領民に広げることを使命と考えるようになっていた。これは細川家の正室としての思考であることは明白であろう。

慶長五年（一六〇〇）玉は大坂の細川邸で自害して果てる。この事件は玉と重臣たちの相談による筋書きに基づいてことが運ばれているから、玉独自の判断というより、細川家の留守部隊の総意であったというほうが正確であろう。玉は「細川家」に殉じたのである。夫忠興のためにだけ殉じたのではない。死をもってしても、家の継承発展のために尽くす、という意識と行動が女性によっても男性同様に担われていた点が、中世武士階級の特徴であったと考える。また『甲陽軍鑑』が例としてあげたような、「臆病」な行為とは正反対であったことも事実である。つまり玉は戦国時代の「女侍」として最期を遂げたのである。その姿は『甲陽軍鑑』のいう「女侍」ではなく、中世的な、男性と対等にわたりあう、正確な判断力と家への忠誠心に溢れた、現実に存在した「女侍」であったのである。玉の自害が夫のためではなく、「家」のためであったことも、中世の正室が、夫と並んで家の中では権限を握っており、家の存続と継承を夫婦の協力で実現してきたという伝統を引き継いだものであったと考える。

（1）「ガラシャ・細川玉子」（『人物日本の女性史4戦国乱世に生きる』所収、集英社、一九七七年）
（2）エリザベート・ゴスマン、水野賀弥乃訳「ガラシャ細川玉の実像と虚像」（『女と男の時空3女と男の乱』所収、藤原書店、一九九六年）
（3）『明智軍記』（新人物往来社、一九九五年）
（4・5）『寛政重修諸家譜』巻第一〇五（続群書類従完成会、一九六四年）
（6・7）『明智軍記』巻第八之下
（8）『細川家記』写本（京都大学総合図書館所蔵）
（9・10）『細川家記』二
（11）『細川家記』三
（12）『明智軍記』巻第九

(13)『難太平記』(『群書類従』第二一編、続群書類従完成会、一九三一年)
(14)『松本家記』
(15)「宇野主水記」(『新訂増補史籍集覧』武家部故実編一一、臨川書店、一九六七年)
(16)『フロイス日本史』5、第六二章(中央公論社、一九七八年)
(17~19)『フロイス日本史』2、第二〇章
(20)『フロイス日本史』5、第六二章
(21)『フロイス日本史』2、第二〇章
(22~27)『フロイス日本史』5、第六二章
(28・29)『細川家記』八
(30)『細川家記』九
(31)『於しも覚書』(橘園叢書第四一冊、京都大学総合図書館所蔵)
(32)『寛政重修諸家譜』巻第一〇五
(33)『細川家記』九
(34)『フロイス日本史』
(35)拙稿「中世の女性と軍役」(『日本中世の社会と女性』所収、吉川弘文館、一九九八年)、拙稿「中世における女性ジェンダーの確立」(『金城学院大学人文・社会科学研究所報』第五・六合併号、二〇〇一年)
(36)脇田晴子『日本中世女性史の研究』(東京大学出版会、一九九二年)
(37)拙稿「室町幕府の女房」(前掲『日本中世の社会と女性』所収)
(38)『甲陽軍鑑』上中下(戦国史料叢書3、人物往来社、一九六五—六六年)
(39)『甲陽軍鑑』品第一六
(40)『甲陽軍鑑』品第一一—一三
(41)『甲陽軍鑑』品第一三
(42)『甲陽軍鑑』品第七

(43)　『甲陽軍鑑』品第四〇下
(44)　『甲陽軍鑑』品第一三
(45)　『甲陽軍鑑』品第四〇上
(46)　『甲陽軍鑑』品第四〇下

近松半二の作品にみる「京鹿子娘道成寺」と富十郎の芸の摂取

林　久美子

一　上手の女形　中村富十郎

歌舞伎の女形といえば、京に限るものとされていた。「あどめもなく」「ぼんじゃり」とした傾城の美しさが第一とされた時代である。「若女形の惣本寺」と呼ばれた元禄歌舞伎の名優初世芳沢あやめ（一六七三～一七二九）は、「女形は色がもと」であり、「いたづら」な外見と「貞女をみださぬ」心を備えるべきであると説く。また、「平生ををなごにてくらさねば。上手の女形とはいはれがたし」（明和八年刊『あやめ草』）とも述べ、女として生きることで、理想的な女性美を体現しようとした役者であった。しかし、世代が交代すると、女形の芸にも新しい役柄が加わり、江戸の根生の女形が登場する一方で、三都に通じる達者な役者たちが出始めた。初世あやめの三男中村富十郎（一七一九～八六）はその筆頭で、従来の女形に求められた愛らしさ、美しさに加え、せりふやユーモアのセンスにもすぐれ、地芸と所作事の両方に秀でていた。その上、立役としての荒事までこなすという芸域の広さは古今無類であり、まさに宝暦～天明期を代表する若女形であった。

富十郎は、一二歳で女形として都万太夫座へ出てからわずか三年で座本も経験し、大坂・江戸でも人気を得て、寛延三年（一七五〇）正月刊『役者新詠合』の位付で父と同じ極上々大吉となる。実父あやめが江戸初下りの大当たりによって極上々大吉となった年より若くしてこの位になったため、「きつい名人」「若女形のかがみにして。やがて芸頭は知れたこと」と賞賛された。三〇歳にして女形の最高峰に立った彼の、六八歳までの役者人生は、京都と江戸に二度ずつ比較的長期の滞在をした以外は、ほとんど三都に二年ずつ出勤するという生活であった。この頃になると三都を往来する役者は少なくないが、とりわけ富十郎は移動が多い。渡辺保氏は、丁度二年で当たり芸が一巡するので、その周期で暇乞いをしてまた大入をとるのが当たり続けてきた秘訣であると説く(1)。人気の理由は容姿や芸だけではなく、大衆の心理を把握した身の処し方にもあったといえるようである。けれども前半生の活動は上方が中心であり、寛延四年正月刊『役者枕言葉』（坂）には次のように記される。

> 〔かみなり〕今三ケの津若女形の類なき上品〔くはばら〕それはあまりなほめやう．お江戸にはあやめ菊次郎．両人あれば．上なきとはいはれまい〔かみなり〕されば東のふたりも名人なれど．芳沢氏は江戸大坂計にて．京へは立物となられていまだおのぼりもなく．瀬川氏は尤三ケの津勤なれど．大坂勤一年の中さのみの事もなし．さすれば此人両人にすぐれ．三ケのいづ方にても．富十〳〵と大評判．別シて近年京都にて誉高く．すでに去年も大内鑑にくずのはの役．両度迄評判よく．取分ヶ暇乞日数十二日間に．桟敷千六軒と．売高の幟は手柄〳〵

同時期の人気女形である瀬川菊次郎および二世あやめが京に疎遠であったのに対し、それまで京で延べ一四年、大坂で五年を過ごした富十郎は観客にとって身近な存在であった。そのことが京坂、とりわけ京都における抽んでた評価をもたらしていたわけである。

二　富十郎の「娘道成寺」

こうして、この時期、京坂で最も人気のある女形となった中村富十郎が、宝暦二年（一七五二）八月、京都北側芝居で「百千鳥娘道成寺」を演じた。この時の状況を、宝暦一〇年（一七六〇）正月刊『役者段階子』（坂）は次のように伝える。

此人九年以前寛延四未の年．大坂中村十郎座を勤．其暮上京し嵐三右衛門座を一年つとめ．同年暮江戸へ相談極り．暇乞に娘道成寺の所作事を勤．大々当りにて．明六つ時に木戸口をしめる程の大入にて．十月十日切の筈を芝居よりもらひにて．十五日迄勤……

早朝から大入満員になるほどの人気で、一〇日千秋楽のはずが一五日まで延長されたという。

渡辺氏によれば、歌舞伎舞踊「道成寺」の歴史は初代瀬川菊之丞が享保一六年（一七三一）三月に江戸中村座で踊ったところから始まるが、初演時も二回目の時も、傾城姿で踊る「傾城道成寺」の中に、娘時代の回想として、町娘の踊りが入る。三回目が「娘道成寺」（「百千鳥娘道成寺」）であり、「京鹿子娘道成寺」の原型としての小唄のメドレー式であった。富十郎の「百千鳥娘道成寺」はこれを踏襲したものと考えられている。

さて、宝暦三年春、中村座で「男伊達初買曽我」の三番目に富十郎の「京鹿子娘道成寺」の所作事が出る。「京鹿子」とは、江戸下りの富十郎を称え、かつ京の舞子の風俗を読み込んだものとされる。(2)それが六月中旬までの大入を記録したというのは、京の舞子の華やかさが江戸人の心をとらえたということであろう。その所作事の前には滝口横笛の物語を道成寺に結び付けた横笛嫉妬の物語が置かれている。富十郎を軸に歌舞伎の道成寺物の系譜を論じた水田かや乃氏は、それを「嫉妬の前段」と呼ぶ。(3)「伝説の女の激しい恋情から出発して、男に恋人がいることを知り、抜き難い嫉妬に身を焼く娘」の物語である。この中には、次の「九州釣鐘岬《かねがみさき》」（並木正三作）で評判を呼んだ障子に思いを綴る趣向もすでにあったと推定される。

宝暦九年（一七五九）に江戸から戻った大坂角の芝居中山文七座顔見世では、古今例のない大入となり、夜一〇日間の桟敷値段が前代未聞の一間一五貫文までになった（明和八年刊『新刻役者綱目』）。その年の一二月三一日から翌年春まで、「九州釣鐘岬」の大詰めに、また「京鹿子娘道成寺」が出る。この芝居の概要は評判記に記されるので、大詰所作事に移るまでの物語も知ることができる。この時、富十郎は秋長の御台役とおみつの二役を演じているが、おみつの方は世間知らずの一七、八の振袖の娘で、兄灘八がかくまっている旧主菊池左馬次郎に恋をするが、左馬次郎には許婚の姫がいて、祝言を挙げてしまう。嫉妬に狂ったおみつは、灘八に縛られ、縛られたままそばの襖に「檜山の火は檜木より」という歌を書き、嫉妬の炎で縄を焼切って左馬次郎夫婦の後を追いかける。たまりかねた灘八がおみつを殺そうとするが、誤って母親の手にかかって死ぬ。亡霊となったおみつは恋しい男を追って道成寺へ向かう。これに続いて娘道成寺の所作事があり、やはり大当たりをとっている。

忠義の兄が嫉妬に狂う妹を殺すべき立場に置かれた作品として、寛保二年（一七四二）豊竹座「道成寺現在蛇鱗《うろこ》」（作者浅田一鳥・並木宗輔）が先行するが、この作品では兄が手を下すまでもなく、清姫がわざと錦の前に切りかかって手負いとなり、姫の身替りになるための所為であったことを明かして自害する。その上、蛇身となって道成寺まで安珍を追うくだりも夢の趣向としているため、物妬みが強く、執着深いという印象が弱められており、同情を誘う。それに対し、その死が何の意味も持たない「九州釣鐘岬」のおみつは、あくまでも嫉妬深い娘として、女形の演技のために造形されたものといえる。

水田氏は、この場に菊之丞の嫉妬の前段が継承されていることを指摘した上で、菊之丞とは違う富十郎らしい特徴として、（怨霊ではない）娘が嫉妬のために肉親に殺されることと、手を縛られて口書きする芸を挙げている。つまり、娘らしい無邪気さが似合い、手跡にすぐれた役者ならではの工夫である。この「九州釣鐘岬」の二役をそのままに、宝暦一四年（一七六四）正月京沢村国太郎座「けいせい鯉姿山《こいなりやま》」では義満御台と娘おみつを演じた。この時は、むしろ御台役が大坂よりは格別に受けて大当たりとなっているが、おみつ役も「とんと十六七の娘の様」で、「娘の情をよふ呑こんだ」（同年刊『役者今川状』）演技が好評を得ている。縛られながらの口書き「檜山の火は……」に続き、瞋恚の炎で縄を焼切る仕内も前作そのままで、最期を兄の手にかかる運びとしている。

評判期は、この頃の京坂の富十郎の熱狂的人気を次のように伝える。京での「京鹿子娘道成寺」上演の直前である宝暦一四年正月刊『役者初庚申』から、京の反響部分だけを引用する。

頭取曰 十月廿五日に乗込致されしに．あまりの群集にて見物の帰り品にけが有てはと．両木戸しめてお火焼の仕舞を見るごとく．一人づゝしめ出しにせし事近来に覚へず．其上大坂にて暇乞のかんばんが出るやいな．十月上旬より諸方より㒵見せさじきのやいれ．お前方もきつい待兼やう．まだ座組も誰レ々やら極りもせぬのに．さじきをいふてやるとは．けしからぬことでござります 町中一同に 座組は誰でもかまはぬ．慶子一人見さへすればよいによつて早ふさじきをいふて置カねば．急に見られぬ 川東連中 さればこそ町中其思召故．霜月朔日より五日迄桟敷売高千廿五軒．六日より十一日迄千百五十三軒．凡十日か間に二千軒余の売高は京芝居にては古今例すくなき事．斯のごとくの大入をとられしは此人に始る 頭取曰 左様でござります．扨十月晦日仕組の日早朝より．四条通リは人の布引．昼過キより四条芝居がは往来でき兼．近ン辺にはひいき連中より積物夜込に持はこび．霜月朔日夜八つ時にぶたい迄さじきにして．場も勿論高場などゝいふ物少もなく．一向さじきの絵莚《ゑむしろ》引詰．見物の顔は三芳野の花か雲かとあやしまれ．さじきの毛氈に龍田の錦をあざむけしき．（中略）［ぢい様ば、さま大ぜい］扠も〳〵三四十年以来．此度の様な繁昌な顔見せは覚ぬ．活《いき》てゐる内富十郎を今一度見たさに．ひへるもいとはす見物にいた事じや．是で此世に思ひ残す事はないぞ［芝居茶や中手を打て］扠も〳〵近年芝居へお出なされぬ御隠居様達が．扠も大ぶんお出なされた［こしもと あまた］奥様の皃見せ行御さたはあれど．さじきがなさにしんきでならなんだに．漸と見てつかへがおりたはいな［頭取曰］お道理〳〵．此度の当りを以て弥《いよ〳〵》上手の至極いたしたる上上吉にしるしました［すいな男出］いやそふなふては叶ぬ．三ケ津の芸頭親ゝ父あやめ殿にも劣ぬめいじん〳〵

大坂から一二年ぶりに富十郎を迎えた興奮が伝わるような顔見世評である。続いて、この年の四月一七日に初日を出した京都竹本座の「京羽二重娘気質」にも富十郎贔屓のせりふがあるので掲げておく。

白粉屋と菅笠屋は、女子ばかりを対手にする商売、成う事なら白粉に託付、女中方が其男を見に来る様な、何卒富十郎に似た様なはござるまいかの、ござりますとも、当世色事の引抜がござります（第四冊目）

俺がマア身を捨て居ればこそ、鬢撫付ると嵐三五郎、コリヤ富十郎、何と付合気は無か甚麼《どう》じやいやい、富よ桂子《けいし》よ、……何の私が顔が富十郎に、コリヤ能う似た処云て聞そか、今度富十郎が石橋を為るが、貴様の顔が、其石橋の獅子舞鼻（第七冊目）(4)

この「京羽二重娘気質」は、祇園町周辺を舞台にして大当たりを取った近松半二の作品である。

三　富十郎の嫉妬の前段と半二の作品

この頃、歌舞伎に圧倒されていく浄瑠璃の作者として竹本座を支えた近松半二は、歌舞伎的要素を作品に積極的に取り入れることで、浄瑠璃を歌舞伎に近づけていった。同時期の歌舞伎作者並木正三らが実悪役者と組んだ大坂の悪人劇を取り込んで、スケールの大きな時代浄瑠璃を創造した作者でもある。小論で指摘したいのは、その半二と竹本座が、中村富十郎という女形の芸の摂取にも積極的であったという事実である。その例として、まず「京鹿子娘道成寺」の嫉妬の前段の援用あるいは応用をみることにしたい。

半二は道成寺とその前段の物語を繰り返し用いており、その最初は現行曲でもある「日高川入相花王《いりあいざくら》」（四段目）である。もっとも立作者は竹田小出雲で、半二の構想と断定することはできない。また、この作品は宝暦九年（一七五九）二月初演であるから、富十郎の道成寺大坂初演より早い。水田氏によれば、この作品の道成寺は、菊之丞と中山新九郎の道成寺物を背景に成立した豊竹座の先行作「道成寺現在蛇鱗」に、富十郎系の地芸を重ね合わせたものである。

以下は、半二が立作者となってからの作品について、富十郎の「九州釣鐘岬」からの影響をみようとするものである。ただし、作劇に際しては「日高川入相花王」同様、富十郎以前の嫉妬の前段を踏まえたものもあり、半二の構想を考察する上で興味深い。明和期に大坂竹本座で初演された三作品を順に取り上げる。

(1)「蘭奢待新田系図《らんじゃたいにったけいず》」

明和二年（一七六五）二月初演の表題作第四切の中に、富十郎の嫉妬の演技が写されている。概略は次の通りである。

相手の名も知れぬ恋のために泣きはらし、盲目となったお此は、家にかくまわれている親王の探索を止めさせるため、母に首を打つよう申し出る。ところが、十握の剣の威徳によって目が見えるようになると、親王こそ恋焦がれた相手であることを知る。母はお此に及ばぬ恋と言い聞かせ、親王とおりべの姫を寝所に行か

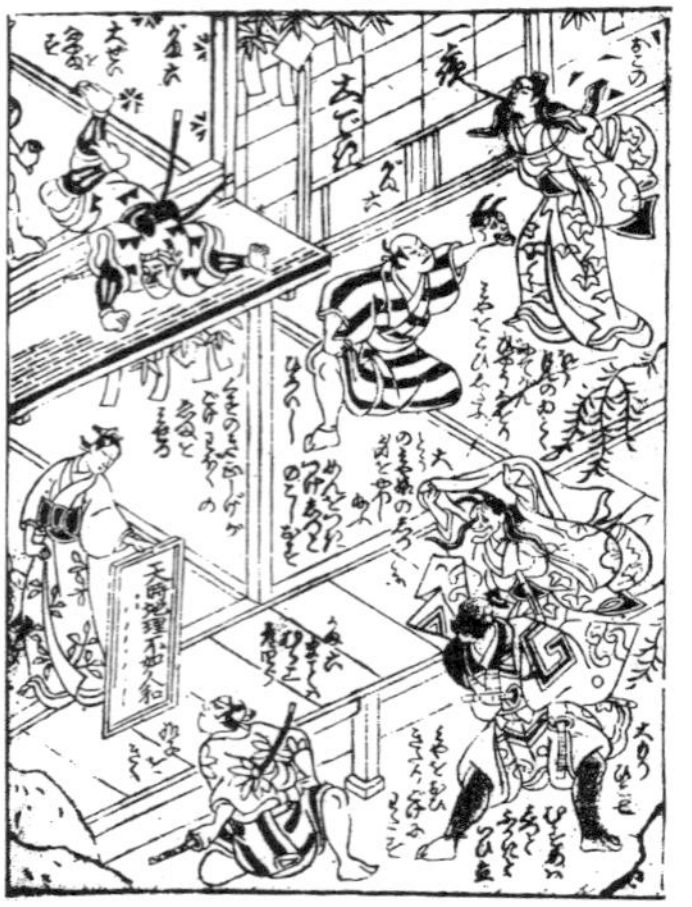

図1

せて、お此の首を無理にも打とうとする。しかし、嫉妬に狂った娘の様子を見て、このまま切っては親王夫婦に祟りもあろうかと、柱にお此を縛りつけ、心を鎮めるように言い聞かせて奥へ行く。お此は親王と姫のいる中二階の一間をにらみつけて嫉妬に燃え、口に筆をくわえて恨みの歌を書く。髪は逆立ち、胸からは炎が燃え立つ。そこへ蟇六が出、姫を殺して親王と夫婦になれとそそのかし、縄を解いて般若の面を着せる。「一念凝ては石と成ル。生キながら鬼女と成ッたる女も有。我も夫レにはおとらぬ念ン力キ。石共なれ鬼共なれ。憎しと思ふ織部の姫。取殺さいで置クべきか」(5)と鉄輪に火をともし、お此は狂わしく中二階に駆け入る。やがて、母が宮のお為と言い聞かせて、お此を自害させる。

傍線部はまさに「九州釣鐘岬」を襲用しているところであり、絵尽にもこの場面が描かれ、「大でき」との評がある（図1右上）。ここでお此が縛られながら詠んだのは、妹背のかけ行灯に書かれていた姫の歌「一夜さを百夜と契る人しもも夜と思へ七夕の。寝る夜の秋の限りなきかな」を見て、瞋恚の焔を燃やしての歌「一夜さを有レば。我は浅間が胸にもゆる火」で、「九州釣鐘岬」のものとは異なる。浅間物の怨霊事をも重ね合わせて嫉妬のすさまじさを強調しようとしているかのごとくである。なお、「袖簿播州廻《そでにつきばんしゅうめぐり》」（安永八年三月、大坂小川座）での「娘道成寺」の前段では、富十郎の口書きの歌が宝暦三年の時と同じで、「九州釣鐘岬」のものとは別であるから、富十郎の歌もいくつかのパターンがあったようで、その中から半二らが取り込んだのかもしれない。一方で、「妹背山婦女庭訓」（明和八年）第四でも七夕歌とその返歌が入っており、嫉妬事の局面と七夕歌を結びつけたのは半二の独創かとも考えられる。

(2)「菊池大友姻袖鏡《こんれいそでかがみ》」

明和二年九月初演のこの作品では、まず第一冊奥、島原の段に次のようにある。

三根詞 やつちや暫く紅売リ殿ちくとん計リ誉中そ。上桟敷下桟敷皆様方も堪忍なんせ。先ッ出立チし風俗は中村慶子が再来か。天晴山下里虹者。菊之丞ずが流レより器量芳沢花あやめ。気和らぐる拳酒の呑メや久米太郎ほろ酔の。ぱつと嵐の小六月時雨の雛に姉川の。大極上々吉様とホホやつちや〱。(6)

慶子とは富十郎の俳名である。山下里虹は、富十郎兄の金作で、その兄が二世あやめであるから、芳沢三兄弟を他の上方贔屓の役者とともにほめるせりふである。最後の「大極上々吉様」は、姉川「大吉」との掛詞になっているが、これは富十郎の位付であり、富十郎へのほめ詞として括っているわけで、富十郎の人気沸騰ぶりがしのばれる。ここに挙げられた役者たちは半二原作の義太夫狂言にも出演している面々であり、そうした点でも興味深い。歌舞伎作者の並木正三や永介らが関与したせいかもしれない(『並木正三一代噺』)。

また、同じ段には、「ナント太夫聞きやつたか。風俗なら物ごしなら。やつぱり京のぼつとり者。コリヤ顔上い。扨見事。わりや大坂じや有まいな」という台詞がある。作品の前半の舞台が、島原、東寺、平野、岩倉と京都であることと併せ、京での初演が予定されていたものとも考えられる。(7)

こうした当て込みの態度をみると、所作や趣向についても同様に考えられ、作品の冒頭に登場する紅売り実は家老の娘袖菊の美しさや、酒に酔っての男勝りの力技、薄茶で酔いから覚める態なども、富十郎とその芸を写したかと推測される。そうした中で、嫉妬の前段は、第五冊中、しらぬ火の段に仕組まれている。

もと大友家の家臣であるおみほの夫幸作は、折琴姫をかくまっている。夫から姫を、京から連れてきた妾と紹介されたおみほは、嵐の中、嫉妬に狂って逆立つ波を蹴立てて姫と夫の乗った船に泳ぎ着き、「もとのおこりは皆そなた。女の一チ心食付イても恨を晴さで置カふか」と姫に取り付く。夫に櫂で打たれても、「顔色忽《たちまち》紅梅に怒の涙はら〳〵〳〵。髪も心も逆立あがり」、殺すも不憫と宥める夫の言うこともきかずにむしゃぶりつくので、仕方なく幸作は切り殺す。

次の九州内の段で、夫の父仁太夫の口から、おみほの仕業は不知火に誘われた嫉妬の魂が、執着の一心でなしたことと語られる。また、おみほの魂が現身を抜け出してのこととする「道成寺現在鱗」の夢の趣向に類似した設定も、おみほへの同情を誘う。こうした描き方は歌舞伎とは異なり、兄ではなく、夫に殺される点、口書きの歌がない点でも、「九州釣鐘岬」から少し離れる。しかし、嫉妬の形相で波を泳ぎ渡る女は、道成寺の物語の基本であり、肉親に殺されるのも嫉妬の前段の条件にかなっている。菊池大友の世界で九州を舞台としていること、第一冊の富十郎賛からも、影響作のひとつとして挙げておく。

なお、折琴姫の名は、寛延二年一二月、大坂三桝大五郎座「大和国井手下紐」の有琴姫によっているのであろう（あるいは、その影響かと思われる宝暦七年七月一六日京染松松次郎座「国両《ふたつ》累分談」の、大友のおりこと姫であるかもしれない）。「大和国井手下紐」では、姫に嫉妬したお糸が、父の制止も聞き入れないため兄の手にかかって果てるので、この後に「道成寺」の所作事が付けば、まさに嫉妬の前段となる。本作はしかし、この類型からあえて離れることで独自性をもち、半二の力量を示すものとなっている。

(3)「小夜中山《さよのなかやま》鐘《つりがね》由来《のゆらい》」

明和三年（一七六六）七月一八日初演の本作第八、鋳物師久作内の段には、無間の鐘伝説と道成寺、累がミックスされている。執着というテーマによる結合である。

中山寺の鐘の鋳造中、久作と同じく金屋の鋳物師与茂九郎が黄金一〇枚を持参して入婿になるが、信田の小太郎を忘れられないお四の代わりに、照田姫が婚姻を承諾する。しかし、与茂九郎が実は恋しい小太郎であると知ったお四は、鋳造に不足している金を才覚したら、自分と夫婦になってくれるかもしれない、でも以前、燃え杭で父に火傷を負わされたこの顔ではと恨む。「ヱヽ怨いこの顔はいの、世界に鐘がないならば、いつそ思ひは有るまい、世の不器量な女の、思ひの種になる鏡、見るもいまはし口惜しと、いとど怨に逆立顔色、我と我手にあひそつき、たゝらにたぎる鐘鋳の釜、がはと打込一念の、鏡にばつともへ立火焔」(8)と釜に打ち込んだ鏡は、鐘の突座に付いて離れなくなる。嫉妬に狂うお四は、「アレ〳〵鐘が成就とて、中山寺へ行人音、小太郎さまも姫と一所にござんすか、一人残つて此の様に、髪まで切て大事の夫、人に添すが妬ましと、思ひ詰たる恚意の黒髪、かもじも蛇と心から、一心凝ば誠の、縄目食切り食ちぎる、此世からなる畜生道、蛇は巳の時未申、充《あて》とは小夜の中山寺、女の足は遅くとも、行つく時は丑の時、心の角のみだれ髪、跡を慕ふて」縄を食いちぎり、中山寺へと走り行く。

次の第九で、「薗奢待新田系図」同様、鉄輪を振り立ててのお四の登場となる。突座の鏡に写った自分の醜い面影を見て、鏡をとろうとするが取れない。「ヱヽ口惜やはら立や是も誰故、元の起りはてるた姫、只恨こそ有明の、鐘てうと打ならず、響はしん動はたかがみ」、「人をのろひし我つみ科、無間堕獄の業を受け、この身は蛭に責めらるるともちつともいとはぬ、大事ない、突座のかゞみてる田姫、消えよなくなれ〳〵と、又ふり上げててう〳〵、てうとうつたる嫉妬の一念、物すさまじく聞へける」というすさまじさで、七つの鐘を合図に悪

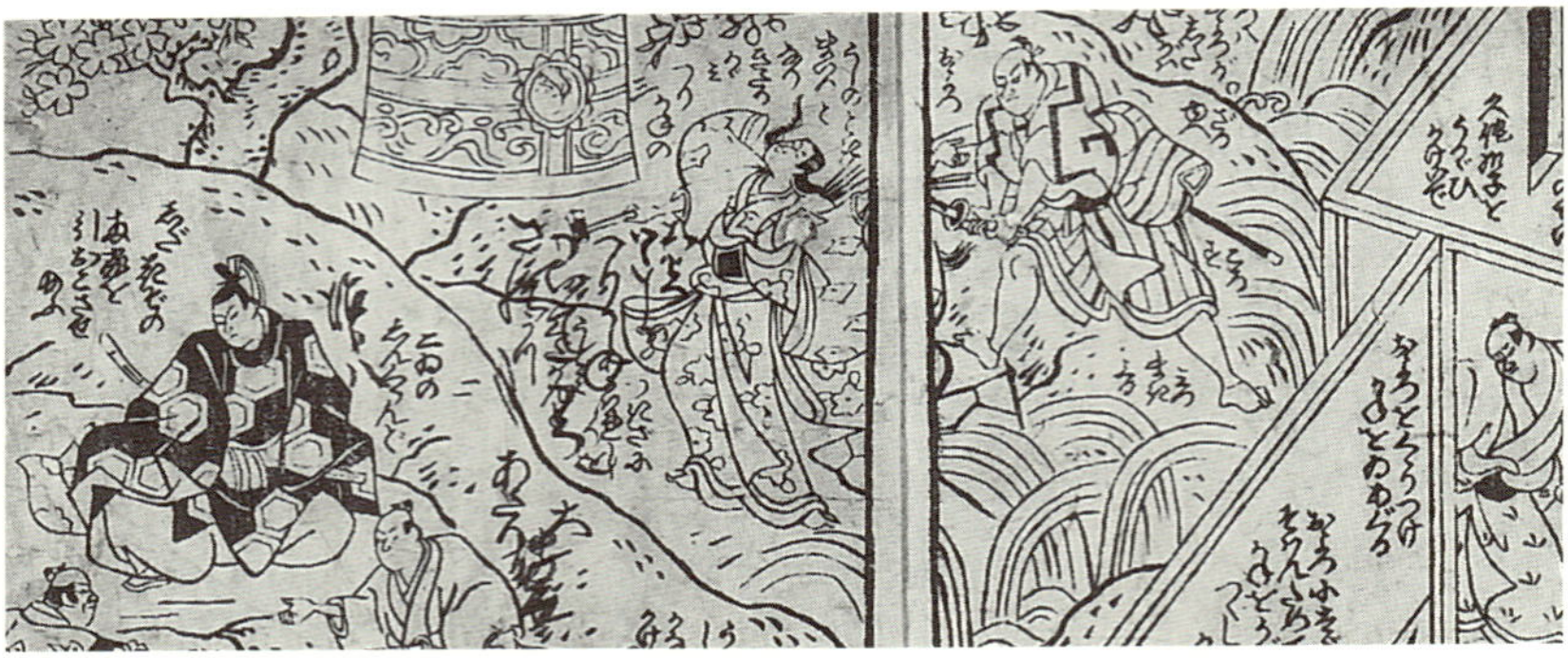

図2

事の手はずを整えていた鉄八の制止も聞かず鐘を打ち、お四は切り殺される（図2）。「肩さきすつぱと切込れ、うんとのつけにそり返り、血汐とばしる釣鐘の、燃ゆるはお四が嗔恚《しんい》の猛火、空すさまじく風吹て、又も稲妻はたゝがみ、震動するにちつ共恐れぬ不敵の鉄八、こなたは一心突坐のかゞみ、つかせじつかんといどみしは修羅の苦患を今爰に、見るやと計あさましゝ、されども次第によはり行、お四を引寄せ乳の下へ、ぐつと突込刃物をおさへ、檜山の火はひの木を出て檜をやく、我も嫉妬の心より、人をのろひし其報、却て此身が刃にかかる……」と、富十郎の口書きの歌が用いられる。

「九州釣鐘岬」の兄灘八を鉄八という名の悪人にし、おみつをお四つとしたのは、改作であることを示す意図であろう。なお、菊之丞の「百千鳥娘道成寺」（寛保四年春、江戸中村座）では、女の名はおろくであったから、富十郎の道成寺も菊之丞のそれによったことを暗示していると思われる。

道成寺に無間の鐘伝説が結びついたのも、菊之丞の演じた「けいせい福引名護屋」の三番目「無間鐘新道成寺」（享保一六年三月三日、江戸中村座）からになる。無間の鐘を突いた葛城（菊之丞）が死に、中山寺で亡霊となって踊ったのが、傾城道成寺である。葛城亡霊の道行では、無間地獄へ堕ちた葛城の責めが六段に構成される。菊之丞は、三年前の「けいせい満蔵《まくら》鑑《かがみ》」（四条南側芝居市山座）に道成寺とは無関係な「無間の鐘」を演じており、親のために身を売って傾城となった娘が、手水鉢と柄杓を鐘と撞木に見立てて打った。「この芸はたちまち京都中の評判となり、京都の色街ではこの菊之丞の『無間の鐘』の真似が座敷の余興になって大流行した」と渡辺氏は記す。この時の小判を袖で包む菊之丞の演技は、浄瑠璃「ひらかな盛衰記」（元文四年＝一七三九初演）の梅が枝の所作に取り入れられている。

鏡を蹈鞴へ投げ込む仕内は、「石居太平記《ずゑ》」（寛保三年一一月、市村座）の中で、菊之丞の弟菊次郎扮するおらんが、正木への嫉妬から鉄漿付けの道具を火鉢へ打ち込む仕内によったのかもしれない。おらんには、真名子の庄司の娘の魂が乗り移っており、これも道成寺の前段の物語である。

累物との関連では、江戸浄瑠璃「新板累物語」（寛延三年）に、信田家の宝鏡「譲葉の御鏡」を見た累が自分の醜さを知り、鏡を絹川に投げ込んだために与右衛門に殺されるという設定がある。およそ安永期にいたるまで、江戸の累物において、鏡は不可欠の趣向である。(9) ただし、鏡を見た時に十握の剣の威徳により、清姫の蛇体が映るという設定が半二の旧作「日高川入相花王」にあり、そこからの拡大とみるべきかもしれない。

そのほか、大坂の歌舞伎にも、本作と共通する仕内がある（左記傍線部）。宝暦二年（一七五二）一二月一一日（角の芝居、三枡座）の「三河国照田姫むかし物語」（並木正三作）である。

嵐小六の照田姫、次郎作が方へ帰り、新七、お花が祝言を支へ、お熊につらひ目に合はされ、顔をふすべられ、嫉妬の恨み。百日紅の花を散らし、かきつばたの色変じ、一念の思入。（中略）お熊に見付けられ、田へ追込まれ、宝の鏡を得てお熊と奪合ふ。(10)

このように、いくつもの嫉妬の前段を連結しながら巧みに再構成し、近年の富十郎の演技を重ねるという手法が本作から見えてくる。このことは、嫉妬の物語を離れたところにも見出せる。

四　「けいせい比叡山《みやこのふじ》」からの趣向取り

前節では、半二の嫉妬の前段のドラマを対象に考察してきたが、今度は場当たり的な趣向を対象に、富十郎の芸の影響について若干の指摘をしたい。

明和三年（一七六六）正月京小川座初演の「けいせい比叡山」からは、次の二つの趣向を襲っている。それぞれについて対応箇所を挙げる。

(1)藤の棚の趣向

藤棚を伝う演技は、浄瑠璃では享保八年（一七二三）二月竹本座初演「大塔宮曦鎧《あさひのよろい》」（竹田出雲・松田和吉作）第四にみられ、歌舞伎でもすでに宝暦一一年（一七六一）一二月大坂三桝大五郎座の「秋葉権現廻船語《かいせんばなし》」（竹田治蔵作）に用いられている。[11]後者は東山殿三津姫役中村久米太郎が、関所の切手を持たないため、藤棚を伝って関を破り、恋しい初之助を慕い行く仕内で、「てもかるい事じや．きりんも及ばぬ〳〵」（宝暦一二年刊『役者手はじめ』）と評される軽業の見せ場である。

「けいせい比叡山」でも、富十郎が身の軽さを生かしてこの役で評判をとった。藤棚の上に夫の探す名剣があることを知った元岩井新介女房おきぬ（富十郎）が、敵である客と争いながら刀を奪い合って藤棚へ上るくだりである。藤棚には人の重みで一段落ちる仕掛けがしてあり、最後には富十郎が藤棚から平舞台へ飛び降りるけれんの演技がある。

次にかばね塚よりほのふ出るより蛇がへしの太刀此所に有ル事をさとり．藤の棚へ上り．じやかへしの太刀

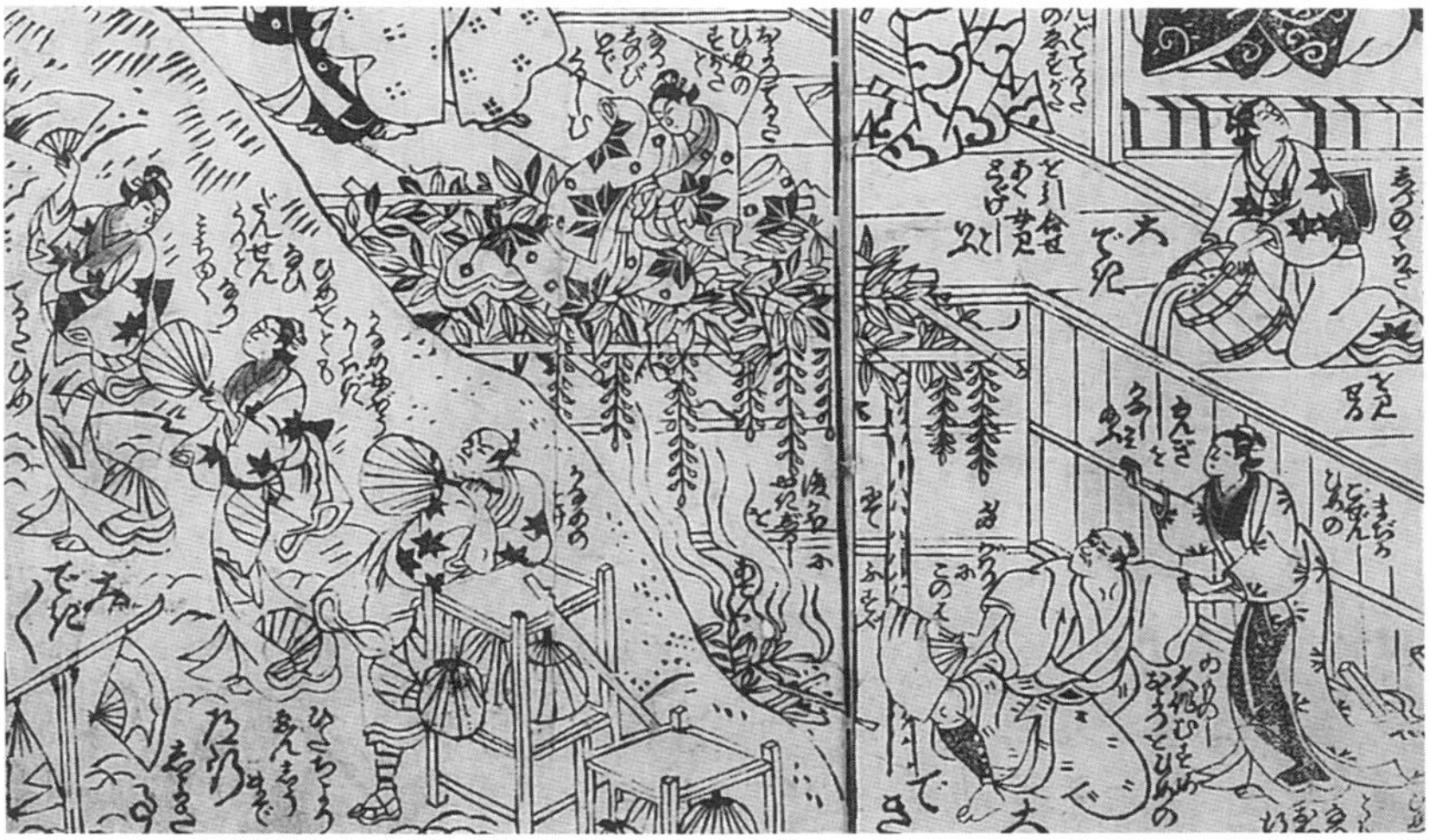

図3

をからかさの中より取得て悦び．飛おりての幕迄大出来く（明和三年刊『役者雲雀笛』）

半二はその四カ月後、先述の「小夜中山鐘由来」の第三段花園館の段で、この演技をはめ込んでいる。

夜更け、照田姫に変装したお四が藤棚を伝って歩むと、父久作が、あたりの木の葉を燃やし、くすべたてる。逃げることもできず、雪の肌も黒々となるほどいぶしたてられたお四は、苦しみのあまり、藤棚から落ちる（図3）。

お四が棚に上ったのは、嫉妬心からのように見せかけてはいるが、藤の棚を伝わねば抜け出せないという事情はなく、あくまでも趣向としてこれを取り入れたもので、そこから落ちるところまで、富十郎の軽業を意識したものに違いない。一方で、そこに女の悋気を描くのは、「秋葉権現廻船語」の影響があるかもしれない。[12]

棚の上でお四が顔に傷をつけられる仕内は、富十郎の芸とは無関係である。お四は、一生殿御を持たぬという心固めのために（名も知らぬ大名を好きになり、忘れようとしても忘れられないわが身に愛想が尽きて）、わざと燃杭を擦り付けられたと語るが、第八段では、父が姫の恋の邪魔になるから自分に焼き金を当てたのだろうと邪推して恨む。ここには、先に鏡と嫉妬との共通性について触れた「三河国照田姫むかし物語」が、影響を与えているようである。その他、お四の母の名お六御前は、菊之丞の「百千鳥娘道成寺」のおろくを想像させ、道成寺の世界とも重ねられている。

嫉妬の前段でも述べたように、いくつもの作品を取り込んで重層的な作品世界を形成しているのが「小夜中山鐘由来」の特徴であるが、富十郎の演技を二作から用いていることは特筆すべきことと思われる。

(2)惣稼場

「けいせい比叡山」三つ目には惣稼場がある。

夫岩井新介に離縁され、惣稼となったおきぬが、藤の棚で客を取りながら、身の上話だけで客を泣かせて稼いでいる。その内にやって来た客は、我が娘おぬいを連れた元の家来関内であった。逃げようとしたところを引き止められなじられたので、おきぬは夫に会ってほめてもらいたさに金を貯めたのだと明かし、抗議する。

この所で、関内から渡された銭を手から落とす富十郎の演技の細やかさ、操を守っていることを訴えての愁嘆は評判記に絶賛されている。

[芝居好曰] 次に夫新介にさられ．惣嫁と成客を見てはづかしき思ひ入よし．夫より諸客に身の上のはかなき事を物語．小玉銭をもらひ．いぜんの身の上を云出し．今あさましき辻君と成ゐるを．くやみてのくどき．当時無双の仕内感心〳〵

[見功者曰] 此時に関内にいけんに逢．我本心をあかしたく思ひ．関内か渡せし銭を手よりふるひ〳〵落してのしうたん．いやはやきつい事．夫レよりもらひ溜し金を出し見せ．我本心をいひ聞してのしうたん．此場の

仕様一向言語に絶してどうも〳〵
頭取曰当二のかはりは狂言評よろしく．次第に能評判廻り．日を追ての大入全慶子殿の惣稼の仕内大当り故．大入にてぶたい中は山のごとく．のぼりかゝつて見ると申ス物は．きついお手がら〳〵（『役者雲雀笛』）

これだけ受けた愁嘆場を、浄瑠璃が捨て置くはずはなく、つとに『歌舞伎年表』が指摘する通り、半二は同年一〇月一六日初演「太平記忠臣講釈」第六「七條河原の段」に嵌め込んでいる。

七条の材木小屋、矢間重太郎の妻おりえが惣稼たちに混じって、病気の舅と子供を抱え、生活のために稼いでいる。親切な客、乳飲み子を抱いた哀れな老人とのやりとりで、同情を誘って銭をもらう。そこへ重太郎の妹で、祇園から逃げ出した浮橋がやって来て、互いの身の上を嘆きあう。つぎに、河原に金を埋めて行った非人が戻っておりえと争いになるが、見合わせた顔は夫であったので、互いに驚き、別れ去る。

前半に登場する客がみな「けいせい比叡山」と別人に置換えられているのは、翌年これを焼き直した歌舞伎「けいせい睦玉川」（中村歌右衛門座二の替）でも同様である。滑稽な場であるから、その時々の変化があった方が面白いためであろう。後半で出会うのも、家来に替えて義理の妹とし、さらに非人となった夫との謎の遭遇の場を加えて、次の展開への期待をつないでいる。

終わりに

以上、宝暦・明和期の富十郎の演技が近松半二の浄瑠璃に取り入れられたと判断できるものを挙げてみた。「京鹿子娘道成寺」の嫉妬の前段の運びを襲用したものとして「九州釣鐘岬」からの影響を、趣向を嵌め込んだものとして「けいせい比叡山」からの摂取をみた。つまりは、物語と趣向の両面において、半二は同時期の歌舞伎に想を得ていたことになる。時代浄瑠璃に伝奇性を付与する手段として、伝説や物語の利用に手腕を発揮した半二にとって、人口に膾炙した道成寺の伝説は、女の嫉妬のドラマを創作する際に、すぐれて利用しやすい素材であったと考えられる。それを当代人気随一の役者の芸に重ねることで、さらに話題性が増し、観客の楽しみともなる。人形で表現する浄瑠璃は、肉体を持たないために「京鹿子娘道成寺」の所作事で魅了することができない代わり、本来の物語性を増幅することで、ドラマ性を高めている。

現在においても上演頻度の高い半二の「妹背山婦女庭訓」のおみわが、菊之丞の「女鳴神」を踏まえた役名であることも、水田氏が指摘されている。恋しい求女を追いかけ、橘姫との祝言を聞き、疑着の相となって殺される運びは、嫉妬の前段そのものである。さらに、おみわの形成には、「大和国井手下紐」をはじめとする複数の作品からの嵌め込みがあることも、河合眞澄氏によって明らかにされている。[13] 本論では、「日高川入相花王」の清姫だけでなく、以後、同じ半二の手で生み出された幾人かの嫉妬に身を焼く女性たちも、おみわの影に重なっていることを述べてきた。ことに、「蘭奢待新田系図」の嫉妬事が七夕の出来事として描かれたものである点は「妹背山」へのつながりを濃厚に感じさせる。(そのほか、「大和国井手下紐」より早く三輪山伝説を利用し、夫の裾に糸を付け、後を慕って嫉妬に及ぶという「石居太平記」も、蘭奢待の薫りを媒介に半二の「蘭奢待新田系図」につながっている)。

これまで、半二の作品を分析する際には、先行作からの趣向取り、嵌め物という観点から論じられることが多く、役者の芸の摂取という視点は乏しいようである。しかし、これほど積極的な取り込みがなされたのは、作者を含めた上方人の圧倒的な富十郎贔屓によるものであろう。嫉妬の前段においても、筋立や趣向の襲用というよりは、芸の当て込みとしての意味合いが勝っており、役者の人気を借りて斜陽の浄瑠璃を活性化させようとの目

残したものは、女形舞踊の名品「京鹿子娘道成寺」ばかりではない。

譜』)、その他はおおむね成功し、すぐに歌舞伎に移入されたり、再演を重ねたりしている。三都を制した女形の

論見であったと考えられる。「小夜中山鐘由来」のように興行としては不入と伝えられるものもあるが(『浄瑠璃

年)。以下、水田氏の説はすべてこの論文による。

(1) 『娘道成寺』(駸々堂出版、一九八六年)。

(2) 古井戸秀夫「京鹿子娘道成寺」(『舞踊学』一一号、一九八九年)。

(3) 「道成寺物における地芸と所作事――富十郎による『嫉妬の前段』確立まで――」(『演劇学』二九号、一九八八

(4・8) 引用は『近松半二浄瑠璃集』(続帝国文庫、博文館、一九〇九年)による。

(5・6) 引用は阪口弘之編『近松半二浄瑠璃集』二(叢書江戸文庫、国書刊行会、一九九六年)による。

(7) 現存する番付では、大坂が九月一二日より、京が一〇月朔日より。『並木正三一代噺』には、「投頭巾北浜育」上演が予定されていたのを、障りがあって急遽本作に変更したとの記事がある。

(9) 東晴美「累狂言の趣向の変遷――『伊達競阿国戯場』以前――」(『早稲田大学大学院文学研究科紀要』別冊第二〇集、一九九三年)。

(10) 引用は『歌舞伎年表』第三巻(岩波書店、一九五八年)による。

(11) 河合眞澄氏「『秋葉権現廻船語』――宝暦期の上方歌舞伎と浄瑠璃――」(『芸能史研究』第九九号、一九八七年)。

(12) この作品には、主要人物の人名のほか、第七段にも「秋葉権現」からの影響が認められる。

(13) 「お三輪の成立――歌舞伎と浄瑠璃の交流――」(『文学』第五六巻第八号、一九八八年)。

なお、歌舞伎評判記の引用は『歌舞伎評判記集成』第二期第三巻~第八巻(岩波書店、一九八八~八九年)によった。

〔図版出典〕

図1 注(5・6)掲出書所収「蘭奢待新田系図」

図2・3 「小夜中山鐘由来(浄瑠璃絵尽)」(阪急学園池田文庫蔵)

娼妓と遊客——近代京都の遊郭——

横田冬彦

はじめに——その前史——

本稿は、京都橘女子大学女性歴史文化研究所が所蔵する、近代遊郭関係史料の中から、京都の七条新地と宮川町遊郭の『遊客名簿』を紹介するものである。

京都において、遊郭といわれる、売春行為を公的に管理する特定の地区が設定されるようになったのは、豊臣秀吉が洛中都市計画として二条柳町においたことに始まる。のち徳川家康の時期に六条三筋町に移転され、さらに寛永一八年（一六四一）、西新屋敷、通称島原に移転された。島原は一七世紀を通じて繁栄したが、市街から離れた不便さもあって、茶屋・煮売屋・宿屋などが茶立女・舞芸者などの名目で遊女をおくようになった、祇園社・北野社・清水寺の門前などに、次第にその地位をとってかわられるようになる。島原の訴えで、宝暦一一年（一七六一）には「洛中其外茶屋惣年寄」の地位を認められ、寛政二年（一七九〇）六月には町奉行所によって茶屋の「隠売女」一三〇〇人の摘発がおこなわれ、その身柄が島原に預けられたが、結局同年一一月、祇園町とそ

図1　京都の遊郭変遷図

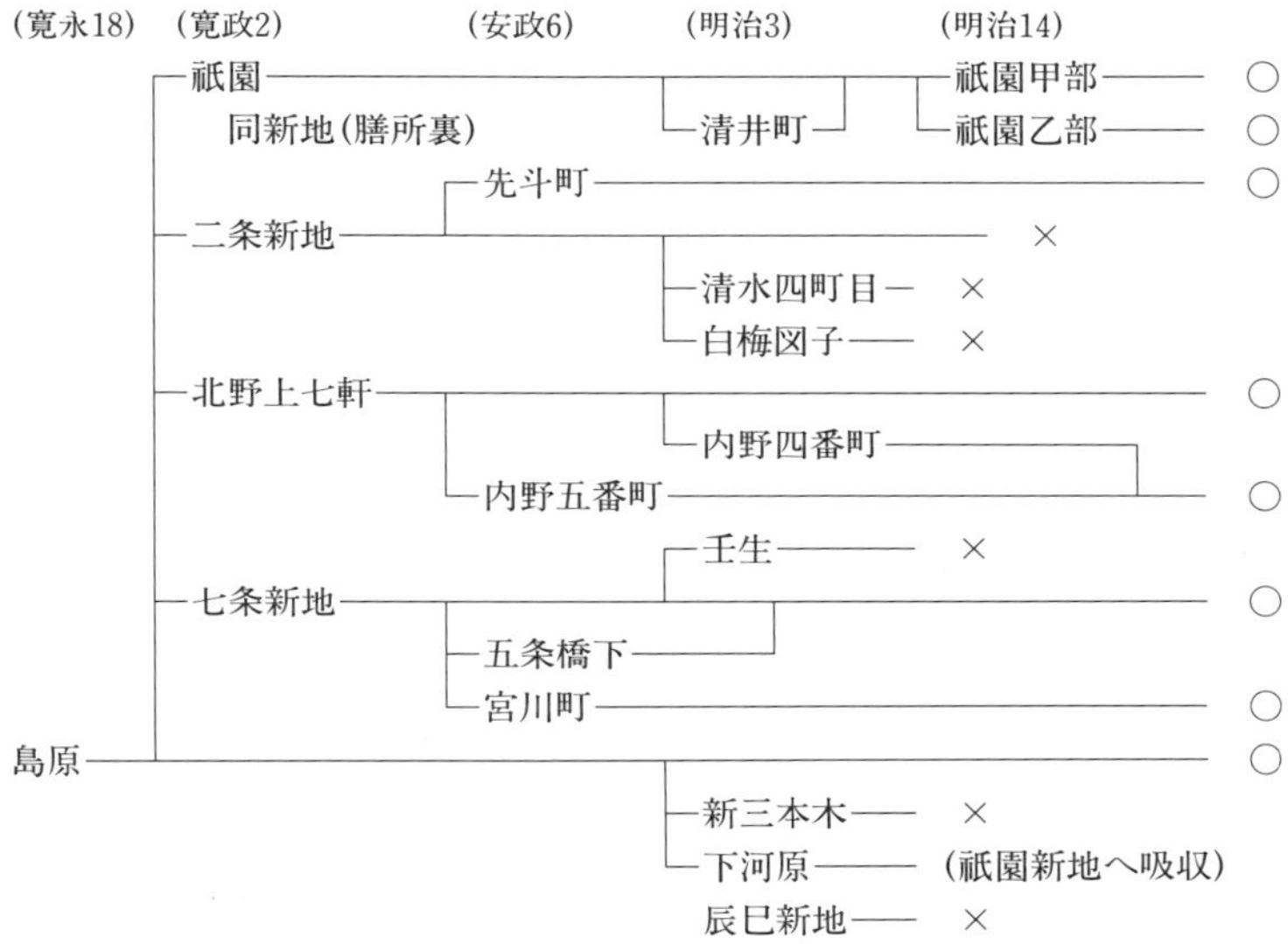

の新地・二条新地・七条新地・北野上七軒の四カ所に対し、遊女屋二〇軒ずつ、一軒に一五人ずつの遊女をおくことが認められ、島原はその「差配取締」として「口銭」を徴収することになった。その後、天保一三年（一八四二）には再度これら四カ所での遊女商売が禁止され、嘉永四年（一八五一）に「京都潤助」のために再び許されるといった紆余曲折を経るが、安政三年（一八五六）にはさらに祇園など四カ所からの「移住又ハ出稼」という名目で四カ所以外でも認められるようになり、同六年には新たに先斗町・内野五番町など四カ所が、明治政府になって明治三年（一八七〇）四月にはさらに八カ所が、同様の名目で公認されることになった（図1参照）。

しかし同年閏一〇月、京都府はこれまでの島原からの「差配」を全面的に否定して、各業者にそれぞれの町組ごとに「茶屋商社・遊女商社・芸者商社」を作らせるとともに、京都府がこれを直接官轄し、「鑑札」およびそれまで島原から与えられていた暖簾・行灯印を交付することとした。

明治五年一〇月、明治政府は諸外国からの非難に応じて、遊郭における人身売買を禁止する「娼妓解放令」を布告するが、売春行為そのものは全く禁止されておらず、同六年に施行された「貸座敷渡世規則」「検黴規則」によって、娼妓と前貸金による自由契約を結んだ「貸座敷」と名を変えただけであった。しかし、そのことによって娼妓の「自主廃業」が法的に認められることとなり、後ちの廃娼運動に一つの根拠を与えることになった。また京都府は、島原への「口銭」を廃止して、芸者・娼妓・貸座敷業者それぞれから税を徴収した。

以上のような、島原を中心とした株仲間的組織の廃止による京都府直轄化、「娼妓解放令」、そして西洋医学にもとづく性病予防対策、これらによって近世遊郭は近代国民国家にふさわしい公娼制度へと再編されたのである。

その後、東京奠都などによる京都経済の停滞の中で、清水をはじめ小さな地区は次々と衰退、陶汰されていったが、後述するように大正期には、格式を誇る島原、上京の北野上七軒と内野五番町、下京の祇園甲部・乙部、先斗町、宮川町、七条新地が残った(なお念のために付言すれば、これらの地区内がすべて「貸座敷」関連業者で占められていたわけではなく、「外商売」や「平商売」も混在していた)。

こうした京都の遊郭の歴史については、かつて京都府の直轄化に際して、明治五年二月に京都府参事(後ちに府知事)槇村正直が府勧業部に命じて府下遊郭の沿革と区域を調査させた「京都府下遊郭由緒」(1)をその嚆矢とすることができる。その後、昭和三三年(一九五八)に、売春防止法全面施行による「赤線廃止」に際して田中緑紅が『亡くなった京の郭』(2)を著わし、『京都の歴史』(3)編纂にともなって一定の叙述がなされ、また京都新聞・読売新聞記者であった明田鉄男によって『日本花街史』(4)が著わされている。しかし近世部分については「京都府下遊郭由緒」に負うところ多いものの、近代部分については実態などを示す一次史料に乏しく、東京の吉原などに比して取り上げられることはほとんどなかったというのが現状である。

一　貸座敷業者

(1)『遊客名簿』

本稿で紹介する次の三点の史料は、奈良県大和郡山市の遊郭「松月楼関係史料」に付随して含まれていたものであるが（郡山松月楼については別に紹介する機会を持ちたい）、その経緯については不明である。

・宮川筋二町目、鴨菊Y家『遊客人名帳』、大正一〇年七月二三日〜同一一年二月一六日、一五〇丁
・七条新地岩滝町、貸座敷業S家『遊客人名帳』、大正一三年一一月五日〜一四年八月八日、三〇〇丁
・嶋原仲之町、貸座敷業N家『遊客人名簿』、昭和一五年六月一九日〜同二一年一月二日、三〇〇丁

宮川本と七条本は大正期後半の、島原本は昭和一五〜二一年までの、いずれも貸座敷業者によって作成された『遊客名簿』である。

宮川本には「京都府松原警察署」、七条本には「京都府十条警察署」、島原本には「京都府堀川警察署」の印が、帳の最初と最後の綴じ目、小口などに押されている。また宮川本には、数箇所に異筆で次のような記事がある。

九月五日□検分、然ルニ遊客之住所相違問合、(5)□□発見セリ、依テ注意し置きたり、上村刑事
十一月十六日□検分、上村刑事
十一月三十日監検□□

島原本にも、昭和一六・一七年頃はほぼ毎月「○月○日検疫本」の書込み記事があり、時々「瀬崎刑事検」など担当刑事の自筆署名がある。なお昭和一七年九月以降は、数カ月に一度となり、一九年六月で途絶える。戦後

復活するのは昭和二四年九月以降で、年二〜三回である。

　このように、この『遊客名簿』は、治安上の必要から警察の指導で作成が義務付けられ、随時警察の点検を受けるようになっており、記載事項はかなり正確なものであったと考えられる。

　記載項目は、三冊とも、遊客一人に半頁を宛て、「遊興日時、族籍住所、職業、氏名、相貌、年齢、相方、費消（ママ）金額」の欄があらかじめ印刷されている。なお宮川町本だけは「相方」の欄がないが、理由はわからない。また「相貌」欄は、宮川本や七条本では「身丈（背）・色・肉・特徴」とあるだけであるが、島原本ではさらに「頭髪・顔・鼻」が加えられ、たとえば肉は「肥・仲肉・痩」から選択させるようになっており、さらに「服装」の欄が追加されるように、記載様式はそれぞれに若干の違いがあり、丁数も違う。これを三冊の時期的な変化とみることもできるが、たとえば島原本の表紙が

（表表紙）

昭和拾五**年**六**月**十九**日起**
遊客人名簿
此紙数参百枚

（裏表紙）

嶋原仲之町一二三
貸座敷業
「（N家）」

と、ゴチ部分があらかじめ印刷されていること（宮川本・七条本の表紙はすべて墨書）、七条本の裏表紙の住所記載が「七条新地区域岩滝町」となっていることなどから考えて、「区域」ごとに作成されていたと思われる。

　ちなみに、島原本と同時期の昭和一五・一六年の大和郡山松月楼の『遊客名簿』四冊は、表表紙に「昭和　年　月　日／遊客名簿」と印刷されており、「紙数弐百枚」。各頁には四人分の欄があり（版型も少し大きい）、前掲記載欄のうち消費金額欄がさらに「花代・台物・税」の三つに分けられている。各丁の柱に「貸座敷業組合」

表１　島原Ｎ家の月別遊客数

	1月	2	3	4	5	6	7	8	9	10	11	12	計	月平均
昭和15年						4	12	10	9	11	7	12	65	10.2
16年	8	4	9	5	10	1	10	7	6	4	7	8	79	6.6
17年	13	5	7	12	14	8	4	11	6	15	14	16	125	10.4
18年	16	18	4	8	11	7	3	4	8	8	12	9	108	9.0
19年	11	3	4	3	3	7	5	2	2	6	0	0	46	3.8
20年	4	0	1	2	1	1	1	2	0	2	2	2	18	1.5
21年	6	5	3	3	4	4	6	5	4	2	5	4	51	4.3
22年	4	2	3	1	7	3	0	4	2	3	2	7	38	3.2
23年	12	11	7	10	5	1	2	3	2	7	7	12	79	6.5
24年	11	2	1	3	3	3	4	1	4	0	3	3	38	3.2
25年	1	3	2	2	3	2	3	1	3	1	2	1	24	2.0
26年	2	2	4	0	4	2	1	0	1	2	1	1	20	1.7
27年	6	5	4	3	3	2	2	1	2	0	2	0	30	2.5
28年	1	0	0	0	0	1	0	0	0	0	3	0	5	0.4
29年	2	2	1	0	0	0	0	0	0	3	1	0	9	0.8
30年	1	2	0	0	0	0	0	0	0	0	0	0	3	0.3
31年	1	0	0	3	2	0	1	0	0	1	0	0	8	0.7
32年	1												1	1.0
総　計													747	

図２　遊客数の変遷

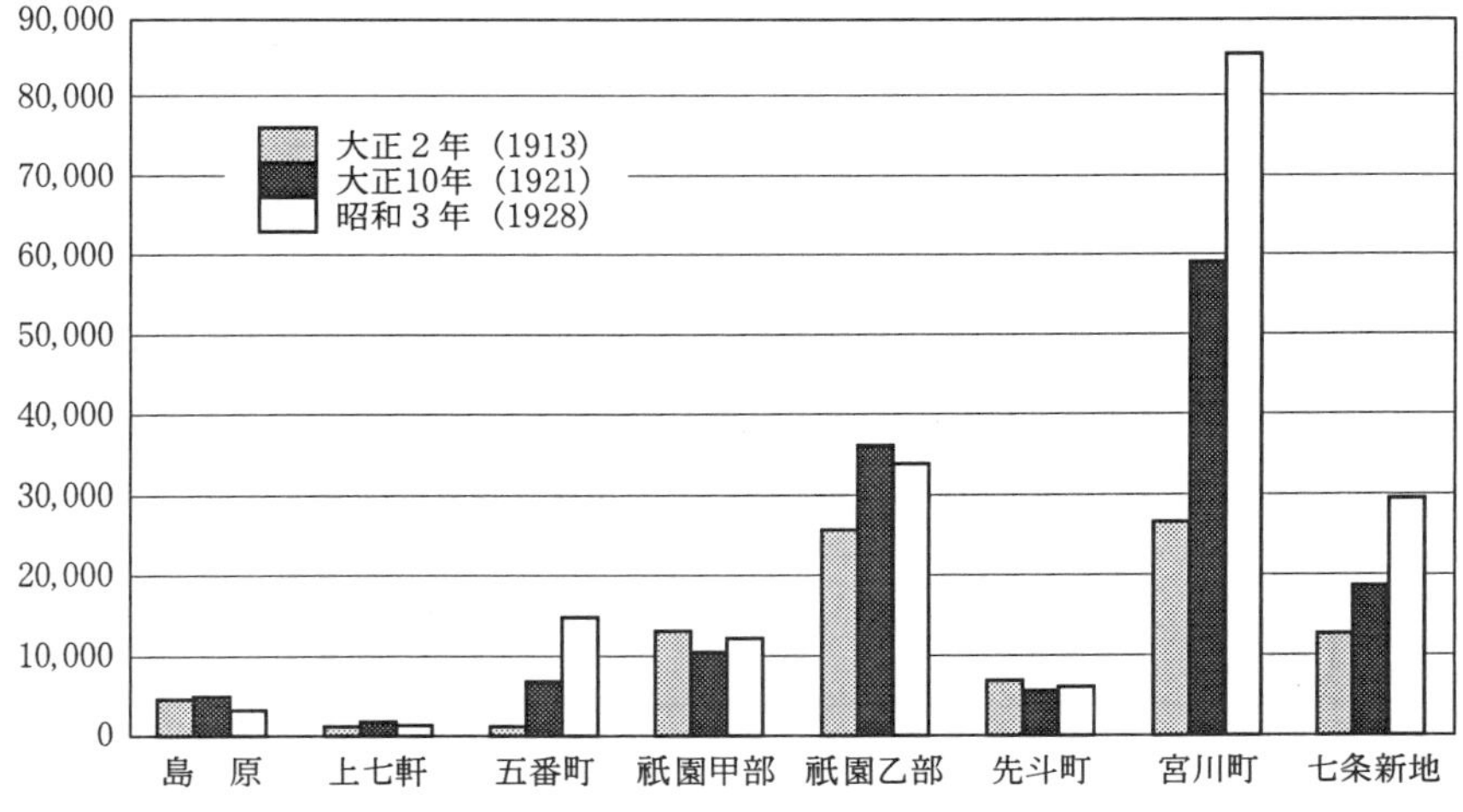

と印刷され、内表紙の下欄に小さく「印刷［郡山福進堂］」とあって、ここでも、基本的な記載項目については警察の指導があったものの、実際の帳は、各地域の貸座敷業組合ごとに作られていたことが確認される。

さて、島原本は時期が昭和一五年から戦後、「赤線廃止」前年の昭和三二年まで続くが、表1のごとく、月平均遊客数は、戦中期は一〇人程度であるが、戦後はそれにも達しない。戦中期に特別な統制があったからではなく（同時期の郡山松月楼は毎月三〇〇人以上を維持している）、前述したように近代に入って決定的となった島原の凋落傾向の、その最終局面を物語るものである。従って島原本は、京都の近代遊郭の主流的動向を知る上では、適切な素材とはなりえない。

これに対して、七条新地と宮川町は、後述のように近代京都における中心的な遊郭であり、七条本と宮川本はいずれも大正一〇年代で、同時代としての分析が可能である。ただ、宮川本には「相方」としての娼妓の名前が記されていないので、七条本を中心的分析史料とし、宮川本をその比較分析素材として利用することにする。

(2)各地区の盛衰――「京都府警察史料」から――

次章以下の分析に入る前に、それぞれの地区の性格を知るために、ここで大正期の京都遊郭全体の状況をみておこう。先のような貸座敷業者から提出させた資料に基づくとみられる、京都府警察の統計資料である。(6)

図2は大正二年（一九一三）、一〇年（一九二一）、昭和三年（一九二八）の地区別の遊客数の変遷を示したもので、京都全体での遊客総数はそれぞれ九一万人、一四三万人、一八六万人と倍増している。(7)時代は第一次大戦後の好景気の時期で、昭和二年の金融恐慌、四年の世界恐慌へと移っていく直前である。

地区ごとに見ると、島原と上京の上七軒・五番町は規模が比較的小さいこと、全体の四～六割を占める宮川町を中心に、近接する祇園甲部・乙部、七条新地、先斗町が、年間一六六万人、毎日四五〇〇人以上の遊客を吸収する、東京の吉原に匹敵する巨大な公娼地帯をなしていたことがわかる。

また、地区ごとの増加には二つの型がある。一つは宮川町をはじめ、七条新地・五番町の急増型で、これが全体の増加を支えていることがわかる。祇園乙部もこれに加えていいだろう。これらに対して、祇園甲部・島原・先斗町・上七軒はいずれも停滞している。

表2は、大正一〇年における各地区の諸データを整理したものである。

遊郭には芸者と娼妓がいるが、その娼妓の割合を示した娼妓割合と、業者一軒当たりの芸者・娼妓数の欄を見てみると、三つのタイプを見ることができる。すなわち①娼妓の比率が八〇%を越え、一軒当たりの人数も五人近い娼妓型の遊郭である五番町・七条新地、②逆に娼妓の比率は一〇%以下、つまり芸者の比率が九〇%以上で、一軒当たり人数が二人以下という芸者型の遊郭である上七軒・祇園甲部・先斗町、③娼妓比率が五〇%前後、人数が二〜三人で、両者の混在型である宮川町・祇園乙部、および島原（娼妓割合の高さについては後述）となる。

次に、遊客一人当たりの消費金額（芸者・娼妓の揚代プラス酒肴代金）を見ると、芸者型では祇園甲部の二五円を最高に、先斗町・上七軒が一四円、娼妓型の五番町・七条新地は六〜七円であり(8)、両者の差は明瞭である。そして、混在型のうち一七円の島原は前者の、四〜五円の宮川町・祇園乙部は後者の比重が高いと考えることができよう。

すなわち、芸者型は業者の抱える芸者数は一〜二人で少ないかわりに、一回当たりの揚代が娼妓型の三〜六倍と高いのに対し、娼妓型ではその安さを、抱える娼妓を五人程度に増やすことで補っているように思われる。なお島原の場合、娼妓の比率は高いのに芸者型に近いのは、この時代でもなお太夫号を称しうるのは島原だけであ

祇園甲部	祇園乙部	先斗町	宮川町	七条新地	合計
438	222	178	386	229	1,746
696	254	266	426	27	1,918
59	313	23	397	1,083	3,664
7.8	55.2	8.0	48.2	97.6	
1.7	2.6	1.6	2.1	4.8	
708	344	101	278	281	1,996
103,518	360,384	55,164	592,682	186,981	1,434,692
2,591,117	1,633,737	809,860	3,244,367	＊1,270,000	11,174,650
2,319,272	679,350	692,908	1,337,950	11,827	5,642,199
148423	901588	43172	1810322	＊1,180,000	3,806,997
83,164	529,193	25,903	1,331,119	＊ 878,000	
65,259	372,395	17,269	479,203	302,860	
56.0	58.7	60.0	73.5	＊ 65.5	
123,422	52,700	73,780	96,086	80,332	547,475
3,332	2,675	2,605	3,141	438	
2,516	2,880	1,877	4,560	＊ 1,090	
25.03	4.53	14.68	5.47	＊ 6.79	
5,916	7,359	4,550	8,405	5,546	
236	1,623	310	1,535	817	
137	636	191	720	168	

「勤務」日数(日)					1日平均客数(人)	消費金額(円)	
長欠日	「勤務」可能日	無客日	客2人	客3人		総　額	客1人平　均
	177	21	13	2	0.98	618.50	3.58
	177	19	18	2	1.02	678.10	3.77
42	135	2	21	1	1.16	742.55	4.76
15	162	27	4		0.86	412.45	2.97
	76	18	4		0.82	194.50	3.14
	52	6	4		0.96	175.70	3.51
						2.50	2.50
						3.50	3.50
						3.50	3.50
						2.50	2.50
						3.00	3.00
						2,836.80	

表2　大正10年の各地区の業者・娼妓・遊客

		島原	上七軒	五番町
業者数	A	119	37	137
芸者数	B1	58	86	105
娼妓数	B2	308	7	547
娼妓割合%	B2/(B1+B2)	84.2	7.5	83.9
業者当り芸者娼妓数	(B1+B2)/A	3.1	2.5	4.8
傭人数	B3	129	16	139
遊客数	C	50,820	17,041	68,102
消費金額合計	D＝D1＋D2＋D3	876,169	238,550	510,850
芸者揚代	D1	149,318	192,555	259,019
娼妓揚代	D2＝D21＋D22	670,318	5,004	228,170
娼妓取分	D21	435,707	3,753	159,719
業者取分	D22	234,611	1,251	68,451
娼妓取分割合%	D21/D2	65.0	75.0	70.0
酒肴代金	D3	56,533	40,991	23,631
芸者当り揚代	D1/B1	2,574	2,239	2,467
娼妓当り揚代	D2/B2	2,176	715	417
遊客当り消費金額	D/C	17.24	14.00	7.50
業者当り消費金額	D/A	7,363	6,447	3,729
業者当り遊客数	C/A	427	461	497
芸者・娼妓当り遊客数	C/(B1+B2)	139	183	104

＊：大正10年のデータには七条新地の娼妓揚代の内の娼妓取分の数値D21が欠落していた。娼妓の揚代D2の内の娼妓の取分割合(D21/D2)を算出すると、地区ごとに一定の数値が出るので、その平均をとり、そこから逆算して娼妓取分や消費金額合計などを推定してある。なお実際に娼妓の手元に残るのは、その取分から、前貸金の利息や食費などの諸経費を引いた残りである。

表3　七条新地Ｓ家娼妓の「勤務」状況

娼妓名	遊客数(人)						
	11月(5-30)	12月(1-31)	1月(1-31)	2月(1-28)	3月(1-31)	4月(1-30)	合計
八千代	26	30	32	27	30	30	173
初之助	32	33	34	26	29	26	180
清　子	32	34	37	13	33	7	156
出　雲	23	30	28	22	20	16	139
初　丸		21	26	15			62
梅　次					21	29	50
良　子		1					1
島　子			1				1
増　子			1				1
野　村				1			1
日の丸						1	1
合計	113	149	159	104	126 ＊[131]	109	760 ＊[765]

＊：遊客１人で娼妓２人を相手にした例が５回あるので、合計は実数よりも５増える。

るという如き格式の高さを誇っていたからであろう（島原本の「相方」に若太夫・高砂太夫・玉袖太夫などがいる）。

また、たとえば祇園甲部が娼妓比率を明治四四年の一三・八％から大正一〇年の七・八％へ減少させてきたように、両者の分化はさらに進む方向にあり、昭和初年には、五番町では芸者のみの東部地区が娼妓のみの西部地区から分離し、また上七軒は芸者のみの地区に、七条新地は娼妓のみの地区となった（ちなみに昭和三三年の売春防止法全面施行によって、娼妓のみであった五番町・七条新地が廃止となり、他が芸者街として残ることになったのは、その結果でもある）。

大正期の急増型に対応していたのは、まさに娼妓型の五番町や七条新地、そして混在型ではあるがそれに近い宮川町・祇園乙部であり、芸者型の祇園甲部・先斗町などは停滞型に対応しているといえよう。業者一軒当たりの遊客数についても、祇園甲部・先斗町が年間二〇〇人以下で一日一人に満たず、祇園乙部・宮川町・七条新地などの八〇〇～一六〇〇人、一日三～五人との間に格段の開きがある。すなわち大正期における遊客の急増は、安価で多くの娼妓を抱える娼妓型遊郭の巨大な発展に結果していったのである。

本稿で取り上げる七条本・宮川本はともに、大正期の急増をになった娼妓型公娼地区にある貸座敷業者の『遊客名簿』である。また、宮川本の宮川筋二町目Y家は、同じ宮川町地区でも、芸者型の典型である祇園甲部に最も近いところにあり、祇園乙部などと同じく、揚代の高さなどの点でその影響が見られることになる。

二　娼　妓

(1) 七条新地S家の娼妓たち

七条本の場合、記載のある一〇カ月間の遊客の総のべ人数は一一九七人。月別では一〇四人から一五九人となるが、以下の分析では、そのうち前半の大正一三年一一月~翌年四月までの六カ月間、七六〇件について分析したい。この間、このS家にいた娼妓は、八千代・初之助・清子・出雲、および途中から雇われた初丸・梅次の六人である。彼女たちが客を取った「勤務」状況を示したのが表3である。

この間総日数一七七日のうち、たとえば八千代の場合、客の無かったのが二一日、客二人を取ったのが一三日、三人を取ったのが二日で、合計一七三人の客を取ったことになり、ほぼ毎日一人となる。一日客二人というのは、たとえば一一月二五日に午後八時から九時までに一人、深夜一二時から翌朝六時までに二人目という場合で、同じ時間帯に二人というのもたまにある(記載の誤りかもしれない)。初之助の場合も同様で、客の無かったのが一九日、二人が一八日、三人が二日あり、総数一八〇人である。

出雲の場合は総数一三九人、清子の場合は一五六人とやや少ないが、出雲は三月二六日から四月九日までの一五日間、清子は二月一二日から三月二日までの一九日間と四月八日以降(五月一二日までの三五日間)客を取っていない。これはおそらく、病気などの事情があったものと思われる。清子の場合、これらの連続して客の無い日数(長欠日数)を除く「勤務」可能日数一三五日でいえば、客の無かった日はわずか二日で、客二人を取ったのが二一日、三人が一日で、複数の客を取ったのが「勤務」日数の一六%に達することがわかる。

また一二月八日から二月二一日までの七六日間だけ初丸が雇われており、六二人の客を取っている。しかし初丸が二月二一日にいなくなると(理由は不明)、三月一〇日からは新たに梅次が雇われており、以降この五人でやっていくことになる。一二・一月に比べて二~四月の総客数が減少するのは、出雲や清子の長欠と初丸のあと梅次が雇われるまでの一六日間が大きい。全体としてS家は、遊客数が急増しているこの時期、ほぼ連日、抱えている娼妓をフル稼働させる状況であったと見られる。

また良子・島子など一日だけ見える娼妓は、たとえば一月一日に、既に午後一二時時点で八千代・清子・初之助に客が来ている中で、京都織物会社の社員四人（二一歳・二二歳・二四歳・二五歳）が一緒に来たため、残る出雲・初丸に加えて、増子・島子が加わっているような場合で、その時だけ近隣の業者の娼妓が応援に来たものと見てよいだろう。こうした事例が半年で四回あったが、通常は抱えの娼妓に客が付くと、それ以上は断ることになるのであろう。

表2にみられたように大正一〇年の調査では、七条新地全体の業者一軒当たり平均では娼妓四・八人、遊客八一七人、また娼妓一人当たり年間遊客数一六八人であった。S家の場合をこれと比較すると、娼妓数はほぼ五人であるが、年間遊客数はおそらく一五〇〇人を越えると見られる（六カ月分を単純に二倍すると一五二〇人）。娼妓一人当たりの客数も二八〇〜三六〇人に達すると思われる。つまりS家は、娼妓数ではほぼ平均的な業者ではあるが、娼妓の稼働率は二倍になっており、そうした状況が一人当たりの遊客数の限界までの増大を生み出し、病気などの常態化を生み出していたものと思われる。(9)

また、遊客の消費金額は、最も多い午後一二時から翌朝六時までで、一人当たり二円五〇銭か三円五〇銭が最も多く、二円から五円まで差がある。基本的に一緒に来た客には同値段であるが、同一客が複数回来ても異なる場合があるし、娼妓ごとに固定した金額があるわけでもなく、その場その場で決められていたような印象を受ける。時間単位の客では一円というものもある。丸一昼夜だと九〜一五円になっている。しかし、表3で、娼妓別の客一人当たり平均揚代は清子の四円七六銭以下、清子―初之助―八千代―梅次―初丸―出雲の順になるが、これがそれぞれの一日平均客数の順にほぼ完全に対応しており、そこには明瞭に、客数の多いものほど平均揚代も高くなるという相関関係が見て取れる。

客の食事代は揚代とは別に記載されており、総数七六〇人のうち食事をしたのが一九人、一円五〇銭から三円五〇銭程度が普通で、平均二円七三銭、総額は五一円八〇銭で、総消費金額の一・八%にしかならない[10]。半年間の総消費金額（S家の総収入）は食事代も含めて二八八八円六〇銭で、年間では五七〇〇円ほどになるが、これは七条新地全体の業者当たり平均値五五四六円にほぼ対応している。しかし、遊客一人当たりでは平均三円八〇銭で、これは全体の平均値六円七九銭の半分ほどでしかない。その分、娼妓の稼動率を二倍にしなければならなかったのである。

表4　宮川町Y家の1日当たり遊客数

客数	1	2	3	4	5	6	7	8	9
日数	1	2	3	9	6	7	1	4	2
計35日（7/22〜9/30）　遊客総数179人									

(2)宮川町Y家の場合

ここで宮川町Y家の場合を比較的に検討しておく。宮川本に娼妓の名前が記載されていないことは既に述べたが、遊客の滞在時間はほぼすべて午後七時以降で、半数が宿泊を伴っており、基本的に娼妓型の業者とみてよいと思われる（島原本にはほとんど宿泊がない）。しかし、遊客一人の揚代一五円以上という場合が全体の一〇%程度みられるので、芸者クラスを一定抱えていたかもしれない。

経営上の最も大きな違いは、ここでは一日おきにしか記載がなく、記載の無い日は店を休んでいると考えられることである。帳の最初の七月二二日〜九月三一日の七一日間をとってみると、総日数七一日の内三五日だけ記載がある。その一日当たりの遊客数は、単純平均を取ると五・一人となるが、表4のごとく四〜六人が普通で、八〜九人の場合は時間帯から見ると、夕方と宿泊のように一人の娼妓が客二人をとることが可能な場合も多く、おそらく六〜七人程度

35	36	37	38	39	40	41	42	43	44	45	46	47	48	49	50-	55-	60-	65-
9	5	5	20	3	8	1	0	4	1	6	0	2	3	1	7	1	2	2
		42(8%)					14(3%)					12(2%)			7	1	2	2
2	0	1	2	0	0	0	0	1	1	1	0	0	0	1	1	0	0	0
		5					2					2			1	0	0	0
1		1	1					1										
			1						1					1				
										1								
1										1								

の娼妓を抱えていたものと思われる。

また、一カ月当たりの遊客数は九月以降は九〇人程度で安定し、年間では一〇〇〇人を越えると見られるが、七条新地S家の三分の二程度である。しかしY家一七九人分の消費金額は一五二六円一〇銭で、一人当たり平均は八円五三銭（宿泊で五円から二〇円程度である）。S家の三円八〇銭の二・二倍で、年間では八五〇〇円ほどとなり、S家の五七〇〇円を大きく超える。この揚代の高さが、一日おきでも十分に経営を成り立たせているのである。また、一日おきという「勤務」条件は娼妓にとって、S家の場合よりはるかに改善された条件であり、ここでは揚代の高さが、むしろ彼女たちの取る客数の減少をもたらしたのである。

三　遊客

(1) 七条新地S家の遊客

七条本で大正一〇年一一月から翌年四月までの六カ月間の遊客総数はのべ七六〇人であったが、このうち複数回通っている客もいるので、名前・住所・年齢・職業などから同一人物と見られるものを確定していくと、実質上の客数は五一一人ほどになる（同一とみられても、年

表5　七条新地S家遊客の年齢構成等

年　齢		18	19	20	21	22	23	24	25	26	27	28	29	30	31	32	33	34
総人数	511	2	1	9	9	28	48	76	35	58	35	44	14	44	5	9	8	6
	(100%)	3(1%)		170(33%)					186(36%)					72(14%)				
2回以上計	77	0	0	1	1	3	6	15	6	17	4	6	1	5	1	1	0	0
	(15%)	0		26					34					7				
2回	38				1	2	2	8	3	7	2	2	1	4	1	1		
3回	12						3	3		2		1						
4回	11			1				2	2	2	1	2						
5回以上	11							1	1	4	1	1		1				
10回以上	4					1		1		2								
20回以上	1						1											

齢や名前の一部などで二カ所以上異なる場合には別人物とみなしているので、実際にはさらに一〇人程度少なくなると思われる)。

表5は、それを年齢別にし、また二回以上来た客数を示したものである。これによれば、年齢別では、一〇代がほとんどいないこと。圧倒的に二〇代に集中しており(もう少し正確にいうと二二歳から三〇歳)、三〇代・四〇代以降はかなり少ないということがわかる。また二回以上来た客は、二〇代後半を中心に七七人おり、総遊客数の一五%に達している。そのうち、半年で五回以上、つまりほぼ毎月来ている客が一五人で、月二回以上になるのは次の五人である。

一二回―二六歳、電気工、東九条変電所方
一五回―二六歳、按摩、高瀬五条下ル
　　　　二二歳、自動車会社通勤、二条烏丸
一六回―二四歳、伸銅工、大和大路五条下ル
四六回―二三歳、菓子屋・農業、向日町

表6には遊客の職業を、表7には住所分布を示した。また、同一の工場や会社・宿所から三人以上来ているような特徴的な事例もあげておく。

吉田下阿達の京都織物工場の社員四人(二一歳・二一歳・二四歳・

二五歳）
東九条村の市電宮川宿舎の電車や三人（二〇歳・二一歳・二五歳）
東九条変電所方の電気工三人（二四歳・二六歳・二七歳）
東九条札の辻京都製鉄所方の通勤（二七歳）
大和大路五条下ル村上伸銅方の伸銅工・鉄工・通勤一三人（二三歳・二四歳四人・二五歳二人・二六歳二人・二七歳・二八歳二人・四〇歳）
七条千本西入ル奥村電気社宅方の電気や四人（二三歳二人・二四歳・二六歳）
宮川町二丁目目白方・白匂方・山川方の車夫一六人（二七歳三人・二八歳二人・三〇歳三人・三二歳・三四歳・三五歳二人・三八歳四人）
新フヤ町仁王門下ルミドリ屋方の車夫四人（二〇歳・二四歳・三八歳・六八歳）
綾小路フヤ町の車夫四人（二四歳二人・二八歳・三〇歳）
木屋町六角下ル㋣方の車夫三人（二五歳・二八歳・三〇歳）
二条川東停留所前大谷方の漆器や・塗や五人（二五歳・二六歳二人・三六歳・三七歳）
千本綾小路下ルの塗や三人（二五歳二人・二七歳）
高瀬五条下ル森島方の按摩九人（二四歳三人・二六歳二人・二七歳二人・二八歳二人）
田中野神町の美術工三人（二一歳・二四歳・二五歳）
新京極出雲や方・かね与方の料理人五人（二四歳・二六歳・二八歳・三〇歳・三三歳）
新京極寿座・富士館方、第二京極八千代館方の道具方四人・表方四人（二三歳・二四歳・三〇歳二人・三五

表6　七条新地S家遊客の職業構成

学　　　生　1	
軍　　　人　7(1%)	
通　　　勤 194(38%)	通勤168、会社員26
職　　　人　66(13%)	大工23、伸銅工・鉄工11、電工・電気や14、製本・印刷・美術工・画工10、職工6、鍛冶や1、工業1
自　営　業　74(14%)	染や・友仙や・小紋や30、塗や8、陶器や5、綿や4、菓子や4、扇子や3、張籠や3、洋服や3、呉服や2、毛布や2、箔押や1、指物や1、御簾や1、化粧品や1、履物や1、袋物や1、晒や1、紙や1、饅頭や1、氷や1
商　　　業　29(6%)	魚や6、車や・自動車や4、酒や4、八百や3、材木や3、小間物や・雑貨や2、古着や1、金物や1、薬や1、米や1、洋酒や1、新聞や1、商人1
農林業関係　21(4%)	農業13、水車6、畜産業1、土や1
交通関係　57(11%)	車夫50、電車や3、鉄道員3、牛馬車1
サービス業　49(10%)	料理人・料理や18、西洋料理4、うどんや4、按摩10、宿や3、東西や3、理髪や2、運送や2、洗濯や1、植木や1、紙屑や1
芸能関連　14(3%)	表方7、道具方4、芸人1、興行師2
不明・無記載 4　　総数511人(100%)	

表7　七条新地S家遊客の住所

京都市内 386(76%)	
京都府下　85(17%)	
市周辺　65	東九条村42、太秦3、吉祥院4、一乗寺1、山の内村1、下鴨村1、田中村6、伏見4、伏見堀内村1、宇治1、醍醐1
郡　部　20	向日町11、相楽郡2、綴喜郡1、八幡町1、桑田郡2、八木町、福知山2
近　　畿　33(6%)	大阪市30、他3(奈良市1、神戸市1、有馬1)
全　　国　6(1%)	徳島1、静岡1、山口1、宮崎1、鹿児島2

図3　七条新地Ｓ家遊客の居住地分布

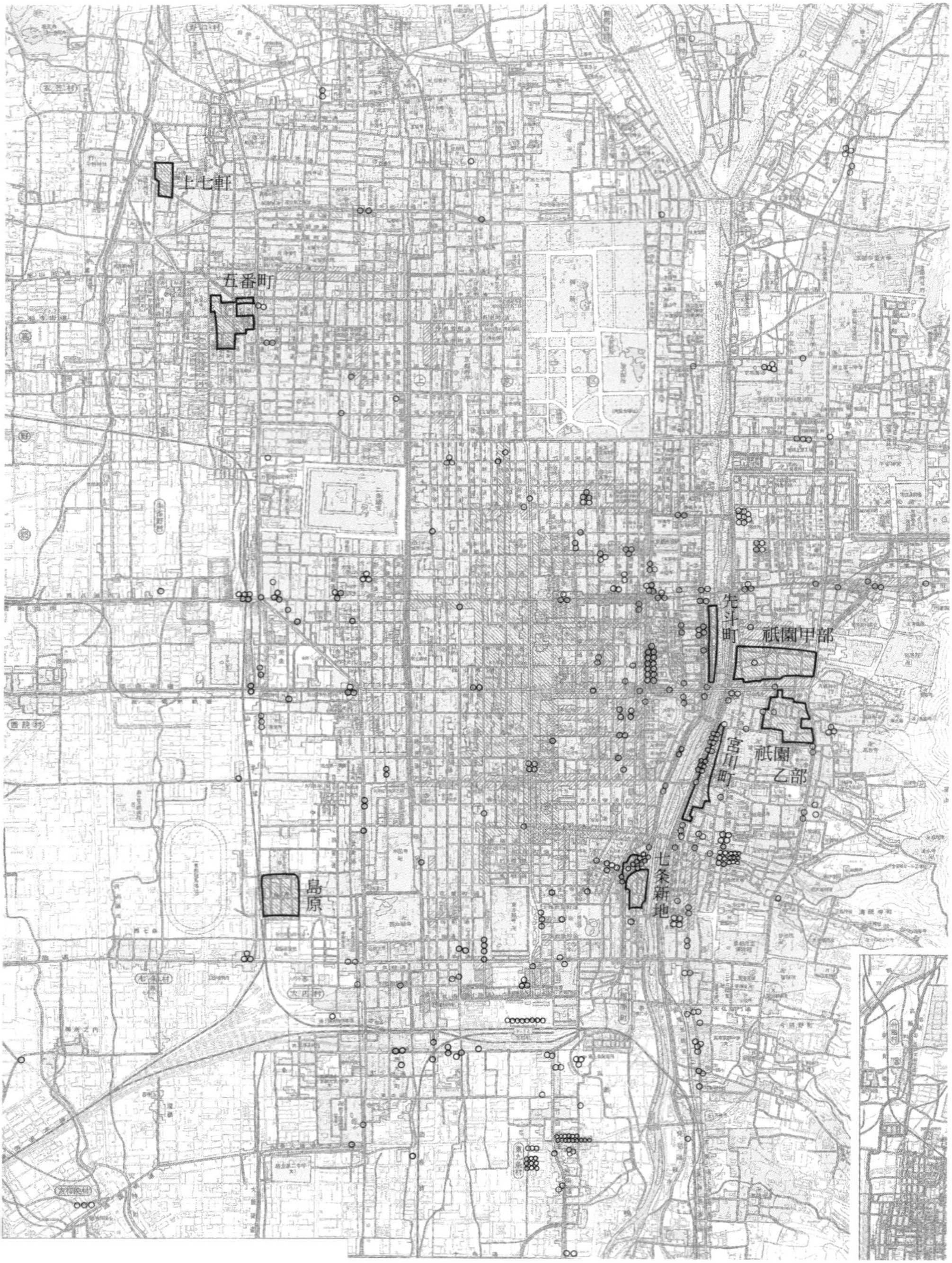

注：下図には『京都の歴史』８巻付図を利用した

歳・三八歳二人・四〇歳）

疏水秋日橋白井水車方の水車や五人（二五歳・二六歳三人・二八歳）

大阪市北区大□町鉄道従業員宮川宿方の鉄道員三人（二三歳・二五歳・二六歳）

大阪歩兵三七連隊の歩兵三人（二二歳三人）

表6の職業別では、学生は一人、軍人・水兵・歩兵は七人と、いずれもほとんどいないことがまず指摘できる。歩兵三人は大阪の第三七連隊で、京都市南部に駐屯していたはずの第一六師団の兵士は全く現れない。

次に、通勤・会社員などと記載されるホワイトカラーが、一九四人と全体の三八％を占める。大工・鉄工・職工・電気工・印刷工など、はっきり職人・熟練工場労働者とわかるものは、六六人で一三％である。しかし、たとえば染物屋と染物職人、菓子屋と菓子職人などを記載から見分けるのは難しく、製造販売を小営業としておこなう場合も多いので、あわせて自営業とし、一応商業とみられるものと区別して分類したが、このあたりの区別は便宜的なものである。またたとえば大和大路村上伸銅方の工場からは「伸銅工」と「通勤」とが区別されているので、職工と事務系の社員とは基本的に区別して書かれているように思われる。ただ同一人が両様に書かれている場合も皆無ではなく、本人申告であるから曖昧さは免れない。

全体として、農林業関係はわずかに二一人、四％に過ぎず、都市の中小営業者、および「通勤・会社員」とされるような都市勤労者が圧倒的多数を占めていること、そして工場労働者とともに、非熟練交通労働者である車夫（五〇人、一〇％）など比較的下層が多いこと、按摩が忌避されていないことなどに注目しておきたい。

表7の居住地分布では、京都市内が三八六人、七六％で、図3に示したように、七条新地周辺の下京区を中心に分布している。また東九条村は、七条新地のすぐ南で、東九条変電所や市電宮川宿舎、京都製鉄所などもあり、

当時は市街地化もすすんでいて、これら市周辺部も含めると四五一人で、その比率は八八％に上り、七条新地が基本的に京都地域を対象とする遊郭であったことを示していると考えられよう。大阪を始めとした他府県の遊客は三九人、八％である。

また、七条新地の周辺部は東九条村など多くの来郭者があったにもかかわらず、同じく隣接する被差別部落の地域が全くみえないことも注意しておくべきであろう。『遊客名簿』に「族籍住所」欄があったことは既に述べたが、七条本と島原本には住所しか記載されておらず、宮川本ではすべて「平民」と記載されている。近代遊郭において身分差別がどのようにあったかは、なお今後の課題である。

(2) 宮川町Y家の遊客

宮川本についても、大正一〇年七月から九月の遊客のべ一七九人を、同様に重複を整理すると一一五人が知られる。その年齢構成、回数分布を示したのが表8で、職業構成が表9、住所分布が表10である。

年齢では、一〇代がほとんどいないことは共通するが、七条新地では二〇代に集中し、三一歳以降になるとかなり少なくなるのに対し、ここではむしろ二〇代後半から三〇代を通してピークがあり、四〇代まで一定の比重をもって存在していることに注目したい。

職業では、銀行員二人、官吏二人、薬種貿易商、医者、僧侶などがいるほか、職人系が少なく、非熟練労働者である車夫が全くいないことにはっきりとした特徴が現れている。また学生も六人（五％）であるが含まれる。

このように宮川町Y家の遊客が、七条新地S家に比べて、年齢的により高く、また職業階層としてもより上位の階層に特徴があることは、遊客の平均消費金額が二・二倍になっていたこととも関連しよう。両者の間には、

表8　宮川町Ｙ家遊客の年齢構成等

年　　齢		-19	20-24	25-29	30-34	35-39	40-44	45-49	50-	不明
総人数	115 (100%)	1 (1%)	9 (8%)	26 (23%)	19 (17%)	32 (28%)	14 (12%)	10 (9%)	2 (2%)	2
2回以上	31 (27%)	4	4	5	10	6	2			

表9　宮川町Ｙ家遊客の職業構成

学　　生　6(5%)	
通　勤　等　27(23%)	通勤13、官吏2、会社員5、電気株式会社1、銀行員2、都ホテル通勤1、株式や3
職　　人　4(3%)	大工2、銀細工1、諸工業1
自　営　業　30(26%)	自転車や5、呉服や3、菓子商3、薬や3、悉皆商2、織や2、メリヤス商1、張物や1、かざりや1、蚊帳商1、友仙さらさ1、御召や1、醤油商1、傘や1、三味線や1、紙函商1、図案や1、井戸や1
商　　人　28(24%)	八百や7、書物商・読物商3、雑貨商3、材木小2、古手商2、諸器械商1、工業用品商1、栄屋商店1、製菓卸1、薬種貿易商1、砥粉商1、花や1、小間物商1、商人1、酒や1、土木商1
農　林　業　2(2%)	農業2
サービス業　9(8%)	宿や・旅館2、医者1、僧侶1、運搬業1、料理や1、すしや1、行司1、席貸1
不明・無記載 6　　総数115人(100%)	

表10　宮川町Ｙ家遊客の住所

京都市内　71(62%)	
京都市周辺　5(4%)	御所之内村1、伏見3、向日町1
近　　畿　30(26%)	大阪市18、他12(堺1、奈良1、滋賀4、和歌山1、兵庫5)
全　　国　9(8%)	東京4、他5(名古屋2、岐阜1、札幌1、敦賀1)

「北野上七軒は西陣の旦那衆の行くところ、職人衆は内野四番町五番町へ出かけました」(11)というような階層性があったのである。

また、居住地では、京都市内と周辺を合わせて七六人で六六%であるのに対し、他府県が三九人で三四%に達しており、他府県が八%であった七条新地S家の場合と顕著な差を見せている。このことは、宮川町がたんに京都地域の中・上層向けの遊郭であるにとどまらず、より広域的・全国的な性格をもつことを意味しており、おそらく祇園に近かったことにもよると考えられる。

おわりに

以下、近代京都の遊郭について本稿で明らかにしたことを小括しておきたい。

①京都の遊郭は、地区によって、芸者型(芸者一~二人で揚代が一四~二五円)と娼妓型(娼妓五人ほどで揚代が四~六円)に分化しつつあること。

②大正期、第一次大戦後から金融恐慌・世界恐慌までの時期に、遊客が急増すること。その増大は主として娼妓型の地区(宮川町・七条新地・祇園乙部・五番町)の拡大によってになわれたこと。

③娼妓型の営業形態にも、一人当たりの揚代が安いかわりに娼妓が一日平均一~二人の客をとるタイプと、一日平均〇・五人程度にして揚代を高くするタイプがあり、前者は娼妓に過酷な労働を強いることになった。

④七条新地S家は、京都地域の都市勤労者・工場労働者・非熟練労働者など中・下層(二〇代中心)を対象としたものであったが、宮川筋二町目Y家は、京都地域の中・上層(三〇代中心)とともに、より広域的な近畿圏および全国からの遊客が三分の一を占めた。

⑤すなわち遊郭地区どうしの階層性（上七軒と五番町、宮川町と七条新地）とともに、都市間の階層性もまた存在し、東京や京都などの巨大遊郭は、その地域を越えた広域的な基盤をもっていた。

ところで早川紀代の研究[12]によれば、昭和二年の福岡県久留米連隊区の壮丁調査（満二〇歳の徴兵検査の際の調査）や大正一四年の東京歩兵第三連隊の入隊後の初年兵調査などの数値から、①彼らの性経験率は、地方（久留米）ではなお三四％程度であり、農村部＝郡部のほうが都市部より高いが、東京ではそれが逆転すること、②初交の相手は、地方では娘四七％、公娼・酌婦（私娼）あわせて三四％であるのに対し、東京では娘三六％、酌婦・公娼・芸妓五八％と逆転することなどが明らかとなる。すなわち、若者組や夜這いなどの民俗慣行をもっていた農村部[13]に対して、都市部ではそうしたシステムが早期に崩壊していたが、大正期の好況下における都市人口の増大と都市生活の展開は、こうした都市部の男性を巨大な遊客人口に転化させ、そのことが都市の遊郭、特に娼妓型遊郭の発展に結果した（そしてまた農村部における民俗慣行もまた変容し始める）のである。

本稿で紹介した『遊客名簿』は、そのような状況の一端を具体的に示すものであったといえよう。更にいえば、都市部男性の初交経験の半数以上が売娼によるという社会の成立は、彼らの性意識にどのような歪みをもたらすのであろうか、そうした問題領域もまた今後の課題である。

（1） 京都府立総合資料館所蔵、『新撰京都叢書』第九巻（臨川書店、一九八六年）所収。
（2） 田中緑紅『亡くなった京の郭』（京を語る会・緑紅叢書二―二・五、一九五八年）。
（3） 『京都の歴史』七・八・九巻（学芸書林、一九七四～六年）。
（4） 明田鉄男『日本花街史』（雄山閣、一九九〇年）。
（5） 一名について、「室町通五条上ル」を「建仁寺町四条下ル」に、「通勤」を「三味線や」に五カ所訂正したことを指す。

(6) 明田前掲書所収「大正・昭和京都府警察部遊郭史料」(四八七〜四九四頁)による。

(7) 東京の吉原は、明治三一年(一八九八)で、既に娼妓二九二九人、遊客総数一二四万人であった(吉見周子「売娼の実態と廃娼運動」、『日本女性史』第四巻、東京大学出版会、一九八二年)。

(8) 芸者当たりの揚代は祇園甲部・祇園乙部・宮川町・先斗町・島原・五番町・上七軒の順となる(七条新地は極端に低い)。娼妓では宮川町・祇園乙部・祇園甲部・島原・先斗町の順で、七条新地・上七軒・五番町は低い。

(9) 大正一二年に大阪の娼妓は、一カ月で八一人、一日平均二・七人の客を取り、二三五円五〇銭を稼ぎ、そのうち四割が業者の取分で、残りから諸費用を引かれ二九円八七銭を受け取ったとされる(草間八十雄「芸娼酌婦の実状」、『郭清』一六―七、一九二六年)。客一人当たりの金額は二円九〇銭で、S家よりもさらに低い。一日二・七人はそうした最下級の娼妓を示すものであろう。また郡山松月楼でも、娼妓一人当たり一日遊客数は二〜三人になっているから、S家はまだ良い方である。

(10) 食事代は、表2の酒肴金額欄にも示されているが、通常は消費金額の三〜六%で、上七軒の一七%、先斗町の九%は特に多く、芸者型の中でも食事に比重のある型を示しているようである。S家の一・八%は逆に下級娼妓型の実態を示している。

(11) 田中前掲書。

(12) 早川紀代「軍隊と性」(『歴史評論』五七六号、一九九八年)。

(13) 岩田重則「日本人男性の性行動と性意識――一九一〇〜三〇年代を中心に――」(同右)参照。

〔付記〕遊客データの入力には、田中澄子(京都橘女子大学大学院歴史学研究科修士課程)・井上桐子(同文学部文化財学科卒業)の協力を得た。

京都大学最初の中国人留学生——「女性の権利」の訳者馬君武——

小野和子

一　女医の草分け張竹君

張竹君に贈る詩　　　馬君武

推闡耶仁療孔疾　　耶《イエス》の仁を推闡《おしひろ》め　孔《こうし》の疾《やまい》を療《いや》さんとして
嫂婷亜魄寄欧魂　　嫂婷《きみ》の亜　魄《アジアたましい》は　欧　魂《ヨーロッパしそう》に寄す
女権波浪兼天湧　　女権の波浪は　天にも兼《とど》けと湧きあがり
独立神州樹一軍　　独り神州に立ちて　一軍を樹つ

詩は、馬君武の著した「女士張竹君伝」(1)の末尾に付せられたもの、日本横浜で発行されていた雑誌『新民叢報』（七号）に発表された。馬君武は、先駆者としての彼女の業績を称えていう、君はキリストの博愛を推賞し孔子の病いを癒そうとした、君はアジア精神を以てヨーロッパ思想を摂取し、天にも届けと女権の波浪を呼び起こす、独り中国に立ち、女性解放の隊伍を樹立したのだ、と。

この伝によれば、張竹君（一八七九～?）は広東番禺の人、清末、広東で医療活動に従事した女医の草分けであった。幼いころ脳炎を患って半身麻痺になり、アメリカ人医師で宣教師のカー・ジョン・グラスゴウの治療を受けたが、この時、西洋医学の優秀さに触れて医学の道に志し、長年の研鑽を経て医師免許を獲得した（当時、中国に近代医学の医師免許はなく、キリスト教系の病院で医師として働く資格を得たのであろう）。そして広州に病院を開業し、貧しい人々に施療するとともに女性の医学教育にも乗り出した。彼女はキリスト教の福音を説くとともに男女不平等の不合理を社会に訴え、天下国家を論じて女性の覚醒をうながした。馬君武はその講演のさまをいう、

彼女は講演のたびに時事を論じ国難を嘆いて、胸をたたいて悲憤慷慨するのだった。キリスト教が中国に入って以来、中国で壇上に登って福音を説く女性はまだいなかった。こんなことが始まったのは彼女以来だ。私は辛丑（一九〇一）の年の秋、広州で彼女のことを知って訪ねて行ったが、この時、彼女は、男女不平等が中国にどれだけ弊害をもたらしているかを縷々述べ、これからの方針と道筋を語った。私はこれを讃え同志たちに宣伝した。以後、彼女の日曜説教には数十人の聴衆を加えることになった。

と。

彼女はクリスチャンだったが、バイブルに載っている神話の類を信じなかった。天父エホバのもとで衆生は平等である。君主は人民に奉仕するに過ぎない。パウロが女性に信仰を説いても無駄だ、というのは誤りだ。男女は平等でなければならず、女性だけが除外される理由はない。イエスの、人間は自分で衣食を求めずともよい、鳥雀同様、上帝が衣食を与えて下さるというのも誤りだ。厳しい帝国主義の世界にあって、人間として生きていく以上、自分で食っていける学問を身につけねばならぬ、と主張した。

また彼女は、政治改革の必要をつよく感じていたが、当時の革命家たちの性急な政治主義には不満で、革命のためにより根底的な思想基盤を確立せねばならぬ、と考えていた。

今日、革命を主張するのは誠に豪傑だ。しかし世間のすべての事物、すべての現象には常に相互に関係しあうものがあり、すべてに原因というものがある。原因がなければ結果は期待できない。今日革命を主張する者は、いたずらに（革命という）結果だけを期待し、（その思想的基盤になった）原因を作ろうとはしていない。みな華盛頓《ワシントン》や拿破侖《ナポレオン》のような英雄になろうとして、福禄特爾《ボルテール》・盧梭《ルソー》（の如き思想家）に甘んじようとしない。これでは革命という結果を期待できるはずがない。

彼女は病院の収益をつぎ込んで女学校を創設し、学生たちに男女平等の理論を説いた。権利は与えられるのではない。女性が自ら奪い取らねばならない。女子教育はそのための人材を創出するものであった。この学校の二人の教師の一人に採用されたのが馬君武の母だった（そうではなくて彼のすすめで学生になったのだ、という説もある）。

宣教師たちは張竹君の活動を軽蔑の眼で見たが、馬君武は彼女に非常な尊敬と共感の念を覚えた。日本留学後の彼の著作活動は彼女によって一つの確かな指針を与えられた、といってよい。彼は、この時、自らボルテールやルソーとなって、来るべき革命のために広く深く思想の準備をしよう、と決心したのである。弱冠二〇歳、彼はこの年、日本に留学し、東京で活動してのち、やがて京都帝国大学に入学、工学を学ぶことになる。

二　馬君武　新学を学ぶ

以上、張竹君について述べてきたが、本稿の主題は「張竹君伝」の作者馬君武の方にある。彼は、この文章を発表したと同じ一九〇二年、スペンサーの「女性の権利」を抄訳し、J・S・ミルの『自由論』の翻訳を手がけた。また同じくミルの『女性の隷従』を紹介し、女性の権利獲得のために大いに気を吐いた。あたかも中国の女権宣言ともいうべき金天翮《きんてんかく》の『女界鐘』発刊とほぼ同時期、中国近代における女性解放思想の発展を考える上での、一画期をなす時期であった。

馬君武(2)（一八八一―一九四〇）は広西桂林の人。本名馬和。曽祖父は進士で広西の府知事だったが、父の代には逼塞し、知事の幕僚つまり官僚の私設秘書になってようやく生活できる程度だった。父は温厚な人柄だったが、母の諸氏は厳しかった。「鉄は打たれねばいい鋼《はがね》にはならぬ。子はぶたれねば立派にはならぬ」と鞭をふるって彼を勉強に駆り立てた。この母と祖母が馬君武に与えた影響はきわめて大きい。

当時は「才能のないのが女性の徳だ」といわれた時代だったが、祖母と母は唐詩や小説も読める教養を身に着けていた。祖母はベッドのなかで彼に『聊斎志異』や『水滸伝』などの小説を読んで聞かせたし、母は塾から帰った彼に「書経」や唐詩の暗唱をさせた。内職の裁縫をしながら、彼の暗唱を聞き、一字でも間違おうものなら、たちまち鞭を浴びせた。「書経」の盤庚篇と李白の「蜀道難」は暗唱できず、何度ぶたれたか知れない、と回想している。

馬君武は一二歳で、やはり幕僚だった伯父のもとに身を寄せ、儒教の経典の外、『雍正上諭』『東華録』『大清律例』など清朝の政治書を読ませられた。むろん科挙合格を目標とするが、そうでなくても幕僚くらいには、と期待されたのであろう。ついで桂林で科挙受験の勉強をしたが、既に八股文《はっこぶん》の時代は終ろうとしていた。康有為らの変法運動が始まり、政治改革とともに科挙の改革が日程にのぼっていたからである。

日清戦争が起こったのは、彼が一四歳のときであった。

中国は敗れて、下関条約で台湾と遼東半島を割譲することになって、若い彼らは憤懣やる方なかった。この時、日本の占領に反対する台湾人が台湾民主国をつくり、馬君武と同郷で台湾巡撫だった唐景崧《とうけいすう》を大総統に推した、という話が伝わって、彼らは大いに興奮した。台湾民主国は、わずか四二日で崩壊し、唐も帰郷することになったが、その後、人びとは唐を見ると「あれが抗日の英雄伯里璽天徳《プレジデント》唐景崧だ」と呼んで尊敬した、(3)という。君主のいない国など想像もできなかった旧中国にあって、短期間とはいえ台湾で共和国が生まれ、君主ではないプレジデントが誕生したのだ。これは当時の人びとにとって驚天動地の体験だったに違いない。話としては頗る面白いが、プレジデントという呼称、時期から見て少し早すぎるという気がしないでもない。そのような呼称を以てしたのは或いはもう少し後のことであったか。

桂林はもともと思想的に保守的な地域であった。しかし日清戦争後、康有為がここに滞在して講学活動をするに及んで、変法思想が広まり、思想が一変することになった。康有為には「桂学答問」というこの地方における講学のレジュメがある。

変法派は、政治改革の実現のために、その主体となるべき組織を作り、人材を育成するために各地に学会をつくったが、ここ桂林でも康有為は唐景崧らとともに聖学会を組織した。聖学とは孔子教のこと、孔子は制度を改めた変革者であって、これを崇めることによって変革の必然を宣伝し、運動のエネルギーを結集しよう、とするものだった。改革実現の暁には、学会は地方議会へ移行すべきものと予定されている。

聖学会は、『広仁報』という雑誌を発刊し、変法思想を宣伝するとともに、広仁学堂という私塾を創立した。康有為は、ここで孔子改制を語るとともに、のちに『大同書』としてまとめられる大同思想について熱っぽく語ったらしい。馬君武はこの講学に加わった、というが、これについてはまだ若く加わっていないという説もある。(4)

しかし聖学会のメンバーには彼が親しく交わった龍澤厚・況仕任・龍応中らがいたわけで、いずれにもせよその影響を受けたことは間違いない。「大同」から一字をとって、自ら馬同を名乗り『広仁報』に投稿した、というから、相当に康有為に共鳴するものがあったのは確かだ。後に発表された康有為の『大同書』は、女性解放を全体のモチーフとし、大同社会実現への第一着手に男女革命を主張していて、康有為の、いささか過激な思想の片鱗に触れる機会があったかも知れない。

当時、康有為は光学や電気工学などにも深い関心を寄せ、西洋の自然科学の成果を紹介した。たんに知識として教授したのではない。雷が鳴ると、飛び出していって、雨に濡れながら、学生たちとともに自然現象の摩訶不思議を身を以て体験した、という。こんなことも馬君武の自然科学への関心をかき立てるものになったであろう。

一八九八年、戊戌変法は西太后のクーデタによって完全に失敗した。しかしその眼目の一つであった新しい学校制度の導入については若干の成果が残された。北京大学の前身京師大学堂の設立もその一つである。桂林でも九九年には新式学校である体用学堂が開校した。この学堂は中学と西学の二学科から構成されており、中学科の主任は、馬君武の、憧れのプレジデント唐景崧であった。彼は、この学校の第一期生として入学し、数学と英語において抜群の成績を示した。唐景崧を尊敬し「我が恩師」と呼んでいる。

しかし政変後の厳しい弾圧にもかかわらず、西太后の光緒帝幽閉を批判した文章を書いたことを理由に馬君武は放校処分を受けねばならなかった。この時、シンガポールに赴いて、当時亡命中であった康有為と弟子の徐勤らに会っている。自立軍の蜂起に当たって馬君武は広西での活躍を期待されていたが、蜂起は失敗に終わった。

その後、広東に帰って丕崇学院でフランス語を学び、さらに上海に赴いた。語学的な才能に恵まれ、自らも相当な自信をもっていたらしい。このころ、その語学力を生かしてヨーロッパの政治思想や社会思想に関する文献を原典で読み始める。

三 「女性の権利」

一九〇一年、日本の年号で言えば明治三四年、彼は日本留学を決意する。英語、フランス語に堪能であった彼が、なぜ日本を選ぶことになったのか、いつどこで日本語を勉強したかは、明らかではないが、当時の日本留学ブームからすれば、距離が近く、費用が安く、且つ同じ漢字の使われている日本へ行って近代的な思想を学ぶ、というのは欧米留学に代わる手っ取り早い手段だった。費用はどうしたのか、官費留学であったのか、私費留学であったのかは今のところ不明である。

彼はこの年の冬、香港経由で横浜に着き、横浜大同学校に同郷の湯叡を訪ねる。大同学校は、華僑の子弟のための学校で、当時、日本における改革派の一拠点をなすものであった。校長は当時、シンガポールで会った徐勤、この学校で彼は日本亡命中の梁啓超と会い、『訳書彙編』・『新民叢報』の編纂を手伝いながら、精力的な翻訳活動を展開することになった。この時期、彼は康有為・梁啓超ら改革派の影響下にあったことは疑いないが、改革と革命が未分化のなかで、思想的にはむしろ革命の方に傾いていた、といってよい。フランス革命の歴史は彼のもっとも関心を寄せるところであった。留学後、『法蘭西今世史』（福本誠、原名『現代欧洲』、出洋学生編集所発行、一九〇二、未見）を翻訳している。

来日後まもなく留学生界には大きな思想的変動が起こる。改革派の人びとが主張する、清王朝の下での政治改革は期待できぬ、という状況下で、清王朝打倒をめざす革命運動が始まったのである。

その発端は、一九〇二年四月、東京で開かれたシナ亡国二四二年紀念会[5]であった。この集会には著名な革命家章炳麟ら十数人が発起人になったが、馬君武もその発起人に名を連ねた。集会は、明の崇禎帝が北京で自害した三月一九日に開催されるはずであった。シナという国は、二四二年前、明の亡命政権とともに滅亡してしまった、その後の清朝支配はシナとは認めない、というのだから、これは明らかに革命への意志表示である。当然のことながら清王朝は日本政府を通じて弾圧の挙に出、上野の精養軒に集まった留学生数百人は解散を命じられた。この時、梁啓超ら改革派の数人は手を引いたが、馬君武は発起人に止まって、改革派との思想的分岐が明確になり始めている。

翌一九〇三年春、さらに革命への動きを加速する事件が起こった。留学生たちがロシアの領土的野望に抗議し、義勇軍を組織した、という事件である。当時、義和団鎮圧に派遣されたロシアの軍隊は、東北(旧満州)に居座ったままであった。そのなかでロシアは撤兵の条件として清朝に新たな七項目の条件をふっかけたのだ。日本の新聞は、ロシアが断固として「満州」をその版図に入れようとしている、というロシア側の挑発的な談話を報道した。この談話は後に取り消されたものの、ロシアの野望と清朝の屈従的な対外姿勢が、在日留学生たちの危機感を煽った。東京神田の錦輝館では留学生五〇〇人を集めた抗議大会が開かれ、ロシアに抵抗するために義勇軍を満州に派遣しよう、という提案が満場の支持を得た。この時、下田歌子の実践女学校に留学していた女学生たちも、これに加わって傷病兵看護に当たることを決議している。下田はこの頃から本格的な中国の女子留学生の受け入れを始めていた(6)。

この事件は、同時期、上海で起こった『蘇報』事件とともに革命運動発展の大きな契機をなした事件であった。『江蘇』『浙江潮』など留日学生たちの雑誌も創刊され、且つ「女学論文」などの女性欄が設けられて、国家存亡の危機のなかで女性たちの奮起が求められた。

馬君武がスペンサーやミルの翻訳と紹介に当たるのは、まさにこの時期、一九〇二―三年のことである。以下彼の訳業について述べよう。

梁啓超は、横浜で『清議報』（一九九八―〇一）を発刊し、世界情勢をふくめて中国の時事を論ずるとともに、日本経由でのヨーロッパ近代思想の紹介をはじめた。これに書いた「盧梭《ルソー》学案」（『清議報』九八―一〇〇冊）は、ルソーの『社会契約論』の紹介としてもっとも早い時期のものである。次いで一九〇二年、横浜で『新民叢報』を発刊、梁啓超の主導のもとで本格的な思想的啓蒙運動が展開される。この雑誌は一九〇七年まで続き、後に革命派とのあいだに、革命か改革か、をめぐって激しい論戦を展開したが、中国の将来を展望しつつ、近代西欧思想を摂取する上で果たした役割はきわめて大きい。

梁啓超は、『新民叢報』第三号（〇二年三月）において「政府と人民の権限を論ず」という論文を発表し、J・S・ミルの『自由論』を援用しながらも、国権にやや重点をおく独特の議論を展開しているが、これが明治期の中村正直『自由之理』（一八七一）に拠ったものであり、「日本的なデフォルメ」を経ていること、この時期の梁啓超には、後にブリュンチュリの国家学説を吸収し「開明専制論」を展開することになる、その萌芽が見えることは土屋英雄氏によって指摘されている。(7)

馬君武の穆勒《ミル》『自由論』の翻訳『自由原理』（『馬君武集』所収）は、梁啓超のこの論文執筆と深く関係するものと思われるが、序文は翻訳の経緯について次のように述べている。

二年前、私はミルの自由論の原本を読み、読みながら総論一章を翻訳したが、他事にまぎれて中断してしまった。その後、槐特《ホワイト》（M. Jupont-White を英語読みしたものであろう）のフランス語訳本“La liberté”と日本人中村正直の日本語訳本『自由之理』を見る機会を得た。〇二年一一月に（一時帰国していた）上海から日本に戻り東京上野の陋屋に住んでいて、北風が吹きつのり寒さが厳しいなかで、一人住まいの退屈しのぎに再びミルの翻訳を続けることになり、一五日かかって訳了した。前後併せても二〇日かかったに過ぎぬ。

これによれば、馬君武が最初に『自由論』を読んだのは、梁啓超の前記論文の発表よりも早く、一時期の中断を経て、梁啓超の督促をうけこれを訳了した、と思われる。参照したのはフランス語訳と中村正直訳(8)であった。梁啓超はこの訳本を見て喜び、序文を書いて「厳復の天演論に次ぐ訳業である」と絶賛した。抄訳であるとはいえ、中断をはさんで二〇日で訳了した、というから、彼が当時としては抜群の英語力(或いはフランス語力)をもっていたことは間違いない。このミルの原本とフランス語訳を彼はいったいどこで入手したのであろうか。関心が持たれるが、それはともかく彼の中国語訳『自由原理』は〇三年二月、上海の開明書局から刊行された。

つづいて馬君武は『新民叢報』(二九・三〇・三五号)に「ジョン・ミルの学説」と題する論文を〇三年三月から八月にわたって連載した。これは『自由論』のほかに、『論理学』などもふくめて、ミルの思想を全体として紹介したものだが、その第二章で『女性の隷従』('The Subjection of Women' 原文では『女人圧制論』)を引用して女性解放について論じている。このばあい興味深いのは、ミルの女性解放論を紹介するとともに、第二インターナショナルの女権宣言などを引用して、専制主義と女性の地位について論じているくだりである。

これによれば、ヨーロッパが今日の文明を発展させたのは、君民革命と男女革命によるものであり、その理論的基礎をなしたのは、前者についていえばルソーの『社会契約論』、後者についていえばミルの『女性の隷従』であった。

彼は『女性の隷従』の要旨を以下の五点にまとめている。

(1)女性は、能力において未完成の児童とは異なる。政府を監督し政府を組織する権利が認められて然るべきである。

⑵女性は、私権においては財産を管理する権利が認められているのに、公権においては政治参加（政治権）が認められていない。女性に税金が課せられる以上、公権を認められるべきである。

⑶とりわけ奇異に思われるのは、イギリスでは女性が国王の地位に就けるにもかかわらず、高等の職業さえ女性に開放されていないことである。

⑷家庭は国家の背骨である。その家庭において女性が父や夫と同等の権限をもつとすれば、選挙権においても、夫と妻、父と娘は同等であるべきだ。

⑸公理が明らかになり女子教育が行われれば、野蛮な風俗・習慣がなくなり、女性も国民としての責任を果たし得るであろう。男女平等は社会の利益に貢献し得る。

彼によれば、ミルは女性解放の主張をしたばかりではなかった。議会で男女平等を争い、実践に移したのであって「誠に女権革命の偉人である」といい、さらにブルンチュリの『国家学』を引き合いに出して「その無力さでは、とうていミルの敵たり得ない」と評している。上述の如く梁啓超によってブルンチュリの国家学説が既に紹介され、且つ彼には国権主義への傾斜が見られたのだが、女性解放の理論に関する限り、馬君武ははっきりブルンチュリを否定する立場に立つ。

ミルの『女性の隷従』を上記馬君武のように要約するのは、あまりに大雑把に過ぎるであろう。ミルは男女平等の正当なる所以を説くとともに、女性が結婚によってどのように男性に隷従を余儀なくされているか、その女性に平等の権利を回復させるならば、人間の自由という正義が実現するばかりでなく、いかに人類の進歩と発展にとっての障碍が除去されるか、など、これについてのさまざまな反論を予想しながら、歴史と女性の心理から、綿密な論証を重ねているのであって、その内容は、馬君武がいうほど単純明快ではない。しかしともかくこのような形でミルの女性論ははじめて中国に紹介されたのであった。

さらに馬君武は、ここで一八九一年ブリュッセルにおける第二インターの宣言、及び同年ドイツにおける社会民主党のエルフルト綱領(9)を引用し、以下のようにいう、

女性は男性と同権であるべきだ。なぜなら一個の人間である以上、人権を有するのは、社会が公認する所であり、法律の保護する所であるからだ。そうでなければ人間とはいえぬ。人間があらゆる特権と義務を持つのは、生得のものであって、人類本然の道徳に根ざしている。人間が下等動物と区別されるのはこの点においてである。独立不羈、完全な人権を有するはずの女性が、奴隷として屈従するというのでは、天職が尽くせないばかりか、その能力を衰えさせ労働（原文は工事）を無駄にすることになる。これはだれでも分かる道理だ。

ここで、社会民主党のいう、教育権、経済権、政治権、婚姻権、人民権を列挙するのだが、これまた非常に羅列的であって、これらの権利要求が、社会民主主義的変革の一環として主張されていることの意義は不問に付せられている。馬君武には社会民主主義そのものに対する関心はまだそれほど深くなかった、ということであろう。

女性の権利を挙げてのち、それらの権利獲得のもつ意味を以下のように述べて締めくくる。

およその国が専制国家であるならば、その国の家庭は必ず専制的である。およその国の人民が君主の奴僕であるならば、その国の女性はきっと男性の奴僕である。二つは影の形に沿うが如く決して離れることはない。人民が君主の奴僕であり、女性は男性の奴僕であれば、その国には人民は存在しないことになる。人民の存在しない国は国ではない。これを国にしようとするならば、革命より始めなければならない。必ず革

命よりはじめ、男性も女性も国中の人に同等の公権を有せしめることから始めねばならない。

馬君武のミルについての要約はあまりに大雑把に過ぎる、といったが、このエルフルト綱領を敷衍するについては明らかにミルの思想の読み込みがある。しかもここでは女性の隷従が国家の専制、家庭の専制と「影の形に沿うように」不可分裡に語られていて、五四運動時期、『新青年』に掲載された、かの有名な呉虞の「専制主義は家族制度の根拠である」まで思想的にほんの一歩だ、ということは注目に値するであろう。

じつは呉虞と妻曾蘭共著「弥勒《ミル》・約翰《ジョン》女権説」（もと『女界報』に発表、『呉虞集』所収）はこの文章をほとんどそのまま引用している。筆者も『五四時期家族論の背景』（同朋舎出版、一九九一）においてこの文章を紹介したのだが、これが馬君武のこの論文に拠ることを今回初めて知った。呉虞は、日本留学から帰国してのち、モンテスキュー・ジェンクス・ミル・スペンサーなどを読んだというが、そのなかにはこの『新民叢報』も含まれていたのであって、この雑誌のもった息の長い啓蒙的な役割をあらためて認識することになった。

なお日本[10]では、深間内基が『女性の隷従』の抄訳を密爾《ミル》『男女同権論』（東京・山中市兵衛、国立国会図書館蔵）として一八七八年（明治一一）に刊行しているが、馬君武がこれを見たかどうかは明らかでない。また社会民主党の宣言などを何から引用したかは、これまた関心が持たれるところだが、確認できていない。フランス語の原綴をわざわざ付していることからすれば、案外フランスの文献からであったかも知れない。なお同綱領・宣言全文の邦文訳は見つけることができなかった[10]。

これより前、馬君武は『斯賓塞《スペンサー》女権篇達爾文《ダーウィン》物競篇合刻』（一九〇二、上海、少年中国学会）を刊行していた（少年中国学会については不明）。スペンサーの『社会静学』一六章のうちの「女性の権利」とダーウィンの『種の起源』の一部を合刻したものである。

周知のように、当時、中国では厳復の翻訳した『天演論』即ち進化論が、思想界に大きな影響を与えていた。これはダーウィンの進化論そのものではなく、ハクスリーの「進化と倫理」(Evolution & Ethics and Other Essays)を翻訳したものであって、生物界における進化の法則を人類社会に適用し、生存競争の存在を明らかにしたものだった。中国では義和団以降、帝国主義列強の侵略が深まり、優勝劣敗・生存競争の世界を如何にして生き残るか、が焦眉の急であって、以後進化論は、思想界に圧倒的な影響をもつことになった。[11]

厳復は非常に早い時期からスペンサーに注目し、『天演論』でも、ハクスリーとの対比においてスペンサーを引用しているし、〇三年には『群学肄言』(社会学研究)を翻訳している。馬君武がスペンサーを読むことになったのはごく自然なりゆきであったが、これをダーウィンの『種の起源』と合刻した所以については、馬君武の進化論受容とともに今後検討する必要がある。

スペンサーの数多い著作のなかで、『社会静学』(Social Statics, 1850)は初期のもので、のちに彼自身の思想の変化によって、自己批判することになったものだが、馬君武はそのなかでもスペンサーがとりわけ不満に思っていた「女性の権利」に関する章を翻訳することになった。その選択のなかに、当時の中国と彼自身のおかれた思想状況が強く反映されている。中国には改革或いは革命が必要であり、そのためには女性の力をも結集せねばならぬ、という認識であろう。もっと身近なことでいえば、冒頭に紹介した「張竹君伝」の執筆が同じ〇二年であって、彼女の活動に大いに刺激を受けつつこの翻訳がなされた、ということも考えられてよい。

スペンサーは、この著作においてベンサム流の功利主義を批判した。人間の道徳的感覚こそが社会進化の重要な要素であって、「平等自由の法則」があってはじめて人間は自らに具わる諸能力を発揮し、社会進化を推進し、完成社会に到達できる、という。ここで平等自由の権利として主張される内容は、生命と身体の権利、土地使用の権利、財産権、著作権、人格的名誉権、交換の権利、言論の権利、女性の権利、子供の権利などきわめて広範にわたる。

この『社会静学』（特に第二部の「平等自由の法則」の適用と各種の権利）は、ミルの『自由論』とともに、明治の自由民権運動においてきわめて注目された文献であった。(12) 早くも明治一〇年（一八七七）には尾崎行雄の手によって斯辺鎖《スペンサー》『権理提綱―同権本論・男女同権論・父子同権論』（丸屋善七発売、京都大学法学部蔵）として初版の一部の意訳がなされ、さらに一四―一七年（一八八〇―八四）には松島剛によって再版の抄訳が『社会平権論』（報告堂、京都府立図書館蔵）として刊行されている。この抄訳は当時の自由民権運動家たちによって非常な歓迎を以て迎えられた。竹越与三郎は、その様子を「先ず之れが為に最初の洗礼を受けたるものは板垣退助なりき。此大首領が一たび此書を手にしたりとの報あるや、社会活気の口火たる果敢有為の好青年挙って此書を翻きしかば、社会平権の精神は浩浩滔々として社会に注入しきたり」と述べ、訳者松島も、「発行と同時に出版社には注文が殺到し、原稿料が約束の二五円からはね上がって二五〇〇円に至った」という。ベンサムやミルの功利主義よりも道徳感情から人間の自由を説き起こしたスペンサーの方が、武士の教育を受けた当時の人士に受け入れられやすかった、ことも当時指摘されていた。(13)

この『社会平権論』のうち、馬君武「女権篇」と同じ「女性の権利」の部分のみを抄訳したものに、井上勤『女権真論』（明治一四年＝一八八一、思誠堂、国立国会図書館蔵）がある。馬君武がこれにヒントを得たかどうかはわからないが、抄訳の内容をみるかぎりでは一致せず、むしろ松島の『社会平権論』のうちの当該部分の方が馬君武訳に近い。

因みにいうならば、植木枝盛の「男女同権ニ就キテノ事」（明治一二年）、『東洋之婦女』(14)（明治二二年）は明らかに上述のミルとこのスペンサーの「女性の権利」を下敷きにして書かれたものであった。『東洋之婦女』には中嶋（岸田）俊子ら十数人と土佐女子興風会の序文が添えられている。岸田俊子は、京都出身の著名な自由民権の女闘士、このとき既に中嶋信行の妻であった。また序文に同じく名を連ねる清水豊子は、京都の第一女学校に学び、のち上京して『女学雑誌』の編集に当たった清水紫琴である。清水の序文は、

冀くはこの書を以て婦人社会航海の灯台と為し、其の指示する所に従ひて十九世紀文明の婦女となり、（中略）大いに東洋の歴史を一新せしめ、大いに東洋の天地を一変せしめば、快も亦快ならずや。

と、植木のこの書物に大いに期待を寄せている。自由民権運動期の女性にとって、スペンサーは、植木を介して「民権の教科書」とりわけ「女権の教科書」としての役割が期待されたのであった。民権を論ずる場合、女権が突出し、或いは女権がセットになって登場する、というのは興味深い現象に思われる。

しかし馬君武が来日した二〇世紀初頭についていえば、民権運動は既に退潮し、ミルもスペンサーも顧みられなくなって久しかった。スペンサーについていえば、自由民権を弾圧した明治政府の側がその保守的な面を利用するようにさえなっていた。そのような時期に、馬君武はこれらを中国の「民権の教科書」として翻訳し直したのである。それらが中国の革命運動、或いは女性解放運動においてどのような意味をもったか、については、夏暁紅が論じており（註2参照）、筆者もいつか日本の場合と比較したいと考えているが、ここでは馬君武のミルやスペンサーの紹介が、来るべき五四運動の家族制度批判につながったものであったことだけを確認しておきたい。

四　京都帝国大学へ

馬君武はこれらの翻訳をした直後、一九〇三年の秋九月には京都帝国大学理工科大学に入学する。これについては、しばしば「京都帝国大学工業化学卒業」と書かれたり、「東京帝国大学製造化学卒業」と書かれたりしていて[15]、確かな伝記的事実は確定していなかった。幸い京都大学文書館には当時の資料が保存されていて、それらを見る機会を得たので、ここで可能なかぎり事実関係を明らかにしておきたい。

京都帝国大学は一八九七年（明治三〇年）に創立され、同年理工科大学が、九九年法科大学と医科大学が、一九〇六年文科大学が開設された。馬君武が入学することになる理工科大学は九七年九月に第一回入学式が行われ、一九〇〇年、最初の卒業生を出している。

同大学は開設以来、毎年『京都帝国大学一覧』（以下「一覧」と略称）という便覧を発行していて、これには、在学生と卒業生の名簿が収録されている[16]。

これによれば確かに「一覧」（明治三七―三八年版）の理工科大学学生姓名のなかに、馬君武の本名馬和がある。馬君武の君武というのは、もともとペンネームとして用いていたもので、京都帝国大学入学時は、馬和を名乗っていた。この「一覧」による限り、馬和は京都帝国大学最初の外国人留学生であった。当時、理工科大学は、理科・製造化学・機械工学・電気工学・採鉱冶金の各学科に分かれていたものの、外国人留学生についていえば学科に分属する、というのではなかった。理工科大学の各学科学生の末尾に外国人学生としてまとめられているからである。年度ごとに在学生名簿のその部分を示すならば以下の如くである。それぞれ三月発行、前年末現在の資料である。

明治三七年（「一覧」三七―三八年版）明治三八年三月一〇日発行（馬和の名はこれが初出）

三六年入学　馬和　清国

三七年入学　アンビカ・チャラン　印度（なおこの外、法科大学に三七年入学として清国学生二人の名が見える）

明治三八年（「一覧」三八―三九年版）明治三九年三月三〇日発行

三六年入学　馬和　清国

三七年入学　アンビカ・チャラン　印度

（なおこの年度から法科大学に三八年度入学として清国学生四名、医科大学に一名の名が加わる）

しかし「一覧」の次号明治三九―四〇年版（明治四〇年二月二八日発行）には、もう馬和の名は見えない。三六年入学ということからすれば、順調にいけば三九年卒業のはずだが、卒業生氏名のなかにも見えず、以後「一覧」から馬和の名は姿を消す。つまり彼の在学が確認できるのは、明治三九年（一九〇五）年三月発行の「一覧」までであって、卒業の事実はない。馬君武すなわち馬和は一九〇三年九月入学、最初の中国人留学生。在籍は、一九〇三―〇五年で正式に卒業はしなかった、と結論してよい。このことは、一九〇五年八月の中国同盟会の設立に馬君武が参加し、その後帰国した、という事実とほぼ符合するものである。

なお理工科大学は当時、入学試験は行っていなかった。定員をオーヴァーした時にのみ、旧制高校時代の成績が参照され、選抜が行われたようである。入学はできても卒業はむつかしく、第一回卒業生についていえば、四九名中、三年で卒業したのは二九名のみ。[17] 因みに馬君武の一年後輩のインドのアンビカ・チャランは、明治四〇年に卒業している。

京都帝国大学在学中の馬君武の生活については、資料がほとんど存在せず、その学問研究についてはうかがい知るすべがない。何首かの詩が残されていて、孤独をかこつ詩もあり、いくらか当時の心境が想像できるのみである。ここで本書のテーマ京都と関係する詩の題名のみを挙げておこう。

十一月三日隠元和尚の誕生日に菊花と清酒をもってその墓に詣る(18)
京都寄宿舎
嵐山に桜を観る
京都荒神橋
京都

右の詩のうち最後の「京都」は丙午（一九〇六）三月の作とされる。

京都

山深三月猶微雪　山深うして三月猶お微雪あり
林密長宵覚峭寒　林は密《ふか》く長き宵　峭寒《しょうかん》を覚ゆ
図籍縦横忽有得　図籍は縦横して忽ち得るあるも
神思起伏渺無端　神思起伏して渺として端なし
百年以後誰雄長　百年以後　誰か雄長せん
万事当前只楽観　万事当前《とうめん》　只だ楽観せんのみ
欲以一身撼天下　一身を以て天下を撼《うご》かさんと欲す
須従平地起波瀾　須らく平地より波瀾を起こすべし

春三月、小雪の残る京都の長く寒い夜更け、輾転反側しながら、これからのことを考えているのであろう。書物を繙けばヒントはありながら、あれこれ思い悩んで結論がでない。百年ののち誰が勝つことになるのか、今は楽観して進む外はない。一身を捧げて天下を動かし、平地に波乱を巻き起こそう、というのである。一九〇六年春、学問の継続を断念して京都を離れる時の詩であろうか。或いは既に京都を離れて回顧しているのであろうか。煩悶を重ねながら、「天下」を動かそうと京都を去ったことを想像させる。

彼が京都帝国大学在学中、革命運動は新たな段階を迎えていた。一九〇五年、東京では清朝打倒をめざして中国同盟会が結成された。上京した馬君武は、黄興らと同盟会章程の起草委員に選ばれ、八月二〇日、坂本金弥宅で開かれた成立大会に出席した。ここで同盟会の秘書長、広西省の責任者、『民報』主筆に選ばれたが、学業の半ばである、ということで辞退した、という。夏休みの期間、東京にとどまって革命家たちに爆弾の製造術を教えたというが(19)、これについては確かな裏付けがない。

一九〇五年、中国同盟会の機関誌として発行された『民報』創刊号に、馬君武は「世界第一の愛国者フランス共和国の建設者甘必大《ガンベッタ》伝」、第二号に「帝民説」を書いた。ガンベッタは、フランスの第二帝政を打倒して第三共和制樹立に尽くした政治家であって、清朝打倒を宣言した『民報』の創刊号をかざるにふさわしい文章であったが、未完に終わった。「帝民説」は、ルソーの『社会契約論』に基づいて、帝権は皇帝個人のものではなく全人民によって構成されるもの、人民は帝権の一分子に他ならない、と主張する。これまでの翻訳（楊廷棟『路索《ルソー》民約論』、上海・作新社、一九〇二など）では、このルソーの学説を真に理解できていなかった、と彼はいう(20)。

ルソーの学説からいえば、帝権は個人の総体であり、個人は帝権の分子である。故に人民は即ち帝王、帝王は即ち人民であって、離すべからざるものである。我が国の旧政論家は帝王は天子、至尊といい、人民は庶民、下民という。ああ、至尊を冒瀆し、上を犯し乱を為すこと、その罪は死刑にしても足りない。

と主張して、真のルソー理解は自分からはじまる、と豪語している。君と臣の関係については、明末清初の思想家黄宗羲が「人民が主人であって、君主は客人である」（『明夷待訪録』）と喝破し、その「原君・原臣」篇が革命の宣伝パンフレットとして清末留学生たちにもてはやされたことは余りに有名だが、馬君武はルソーの学説を取り入れることによって、遂に人民即帝王、帝王即人民というところまで究極させ、事実上、君主権そのものを解体してしまった、といってよい。

残念ながら「帝民説」はルソー学説の由来をギリシャ哲学に尋ねようとして、未完のままに終わった。そして彼は十数年のちの一九一八年、『社会契約論』を原典から完訳して足本『民約論』を中華書局から刊行することになる。

さて革命派の機関誌『民報』に話を戻すならば、この雑誌は、女性解放については全く論文を掲げることをしなかった。一篇の論文もない、ということは、馬君武が「ミルの学説」で述べた政治革命と男女革命のうちの後者は、革命派の主流からは完全に忘れ去られた、ということである（女性雑誌は別としても）。そのことが後に中華民国臨時政府の下で婦人参政権をめぐっての女性たちとの激突となってあらわれる。

『民報』に寄稿して後、馬君武は一九〇六年、上海に帰った。そして前年、日本政府の留学生取り締まり規則に抗議して帰国した留学生たちを収容し、開校した上海の中国公学において、理化学を教授するとともに、広芸書店を創立して中国同盟会の連絡機関とした。しかし官憲の逮捕を避ける必要に迫られて、ドイツに官費留学し、辛亥革命までの五年をベルリン工科大学で過ごす。官憲に追われる者が官費によって外国留学をするのは一見奇妙なことだが、この間には鄭孝胥らの奔走があった、といわれている。この間の事情は明らかではない。

ドイツではベルリン工科大学で三年間学び、学士号を得て帰国。あたかも武昌蜂起の後、孫文を大総統とする中華民国が成立した時であった。

この時期には、革命運動に参加していた女性たちの果敢な参政権運動が起こり[21]、中華民国臨時政府は、婦人参政権問題と向き合うことになった。しかし彼がその起草に参与したという中華民国「臨時約法」に、女性の参政権が明記されることは遂になかった。当時、『民立報』に論陣を張っていた馬君武の、この時期の思想についてはいずれあらためて検討する必要があろう。またその後の、政治家、教育家としての活動、再度のドイツ留学についても、紙幅の関係があるので、ここでは省略したい。

むすび

有名な呉玉章の回想『辛亥革命』（人民出版社、一九六一）に辛亥革命の思想について語るくだりがある。

革命派は辛亥革命以前、多くの政治宣伝を行い、いくらかの啓蒙活動を行ったけれども、内容が余りに簡単すぎ、理論的に詳しく述べて封建主義の根拠地を陥落させることはできなかった。理論方面では創造的な活動に乏しく、西欧の十七、八世紀啓蒙学者の著作や十九世紀中葉の主要な著作が系統的に紹介されなかった。現在（解放後）、我が国では多くの外国の古典的著作が翻訳されているが、本来ならこれらは（ブルジョワ革命であった）辛亥革命においてブルジョワジーによって翻訳出版されていて然るべきものであった。強力な思想革命の存在しなかったこと、それが辛亥革命の大きな欠陥だった。

そもそも一八七〇年代、洋務運動のなかで始めて派遣されたアメリカ留学生は、保守派の反対と思想的な衝突によって第一回だけで中止されてしまった。近代思想を体得し、それを自国の当面する課題と結びつけ、翻訳できる人材が、中国にはまだ育っていなかった。中国固有の思想とのせめぎ合いもまたこれを妨げていた。このようななかで、弱冠二〇歳余とはいえ、馬君武は、この任を担い得る貴重な人材であった。彼は来日当初から、原典と日本語訳とを照合しつつ、ミルやスペンサーの紹介に当たった。その場合、翻訳の対象に選んだのが、明治三〇年代の日本では、既に過去のものになっていたミルやスペンサーであったことは注目してよい。それらは時間の空白を越えて、今世紀初頭の中国の知識人が求めていたものであり、その背後には明治一〇年代の日本と同様に、民権主義の理論を探求する人びとの熱いまなざしがあった。しかし馬君武自身は、京都帝国大学に留学して工学を学ぶ、という道を選び、革命派の雑誌『民報』も、民権思想の成熟を待つよりも清朝打倒の運動へと、当面する政治課題に忙しかった。前述の張竹君の言葉を借りるならば、「ワシントンやナポレオンのような英雄になろうとして、ボルテールやルソーに甘んじようとはしなかった」のである。清王朝を打倒することなしに、帝国主義との対決もあり得なかったこともまた歴史の事実であって、そこに半植民地中国の苦悶があった。

かくして呉玉章のいう思想的課題は、五四運動に持ち越され、一九二、三〇年代に持ち越され、さらには中華人民共和国以降に持ち越されなければならなかった。

二〇世紀初頭、京都帝国大学に留学した馬君武は、人間の基本的人権について、清末の中国で一定の啓蒙的な役割を果たした人物であり、女性の人権にも理解を示した数少ない翻訳家であった。彼が翻訳し、紹介した「民権の教科書」は、同時に明治一〇年代の日本の民権思想家たちのものでもあったが、しかしその民権、とくに女性の権利についていうならば、それが獲得されるのには、日中両国ともになお数十年の長い道のりを必要としたのであった。

(1) 馬君武の著作は、莫世祥主篇『馬君武集』(華中師範大学出版社、一九九一年)にまとめられている。以下、特に断らないかぎり、この文集による。

(2) 馬君武の伝記としては、註(1)『馬君武集』に収められた彼自身の「一苦学生の回想」、編者による「前言」「馬君武生平主要活動年表」などがある。また研究としては黄嘉謨「馬君武早期思想與言論」(『中央研究院近代史研究所集刊』一九八一・一〇)、梁一模「馬君武の進化論――天演と天戦」(『中国―文化と社会』一四)、劉人鵬「『中国的』女権・翻訳的慾望與馬君武女権説訳介」(『近代中国婦女史研究』七)がある。梁一模の論文は、馬君武の進化論について論じたものであり、劉人鵬の論文は、ポスト植民地主義フェミニズムという全く新しい観点から、「女権篇」の翻訳について論じたものである。また夏暁紅『晩清文人婦女観』(作家出版社、一九九五年)六八頁以下は「女権篇」の影響について論じている。

(3) 前掲「一苦学生の回想」。

(4) 湯志鈞『戊戌時期的学会和報刊』第六章「学会林立、報刊盛行」(台湾商務印書館、一九九三年)参照。湯志鈞は康有為の講学に参加したという説をとるが、前掲莫世祥「前言」は参加はしていないという説を採っている。

(5) 馮自由『革命逸史』初集「章太炎與支那亡国紀念会」。

(6) 下田歌子については拙著「下田歌子と服部宇之吉」(『近代日本と中国』上所収、朝日新聞社、一九七四年)参照。

(7) 土屋英雄「梁啓超の『西洋』摂取と権利・自由論」(狭間直樹編『梁啓超――西洋近代思想受容と日本』所収、みすず書房、一九九九年)。

(8) 以下、J・S・ミル、スペンサーなどの日本における影響については、外崎光広『明治前期婦人解放論史』(高知市立市民図書館、一九六三年)、金子幸子「明治期における西欧女性解放論の受容過程――ジョン・スチュアート・ミル『女性の隷従』を中心に」(『日本女性史論集』六、一九九八年)参照。

(9) 社会民主党のエルフルト綱領、及び男女平等が綱領のなかに取り入れられることになったいきさつについては、伊藤セツ『クララ・チェトキンの婦人解放論』(有斐閣、一九八四年)参照。

(10) エルフルト綱領の邦訳はないようだが、註(9)伊藤セツ前掲書、カウツキー『エルフルト綱領解説』(『世界大思想全集』社会・宗教・科学一四)に関連する一部項目についての邦訳がある。

(11) 小野川秀美「清末の思想と進化論」(『清末政治思想研究』所収、みすず書房、一九六九年)。

(12) H・スペンサーの日本における影響については山下重一『スペンサーと日本の近代』（お茶の水書房、一九八三年）という大著があり、これを参照した。

(13) 同右。

(14) 『植木枝盛集』第二巻及び第三巻（岩波書店、一九九〇年）。

(15) 人名辞典の類では「京都帝国大学工業化学卒業」とするものが多い。前掲註(2)「馬君武生平主要活動年表」は「東京帝国大学製造化学卒業」とする。

(16) この「一覧」には、在学生・卒業生名簿の外に「京都帝国大学大学院及分科大学学生学科入学年別人員表」が付録されていて、当然のことながら、この表にも外国学生の項に三六年度、一人として、馬君武（馬和）の在学が確認される。参考までに、明治年間、この名簿に見える清国人の入学者名を列挙すれば以下の如くである。

明治三六年度　理工科大学　馬和
明治三七年度　法科大学　廉隅　程明徳
明治三八年度　法科大学　曽儀進　顧徳鄰　黄徳章　朱献文
　　　　　　　医科大学　蒋履曽
明治三九年度　法科大学　盧籍剛　陳爾錫
　　　　　　　文科大学　夏錫祺
明治四〇年度　理工科大学　厳恩棫　張景先
明治四一年度　法科大学　范熙壬　屠振鵬　席聘臣
　　　　　　　理工科大学　胡濬済　馮祖荀
明治四二年度　法科大学　周作民
　　　　　　　理工科大学　范鋭
明治四三年度　理工科大学　郭鴻鑾　傅鋭

(17) 『京都大学百年史』総説編（一九九八年）一三六頁。

(18) この詩は、隠元禅師の来日が、滅びた明王朝の復興を支援するための援軍要請であった、として、その墓に詣でた感慨を述べたものであることについては、拙稿「隠元禅師にあてた一通の書簡」（永田英正編『中国出土文字資料の基礎的研究』所収、一九九三年）参照。

(19) 前掲註(2)「馬君武生平主要活動年表」参照。

(20) 中国におけるルソーの受容及び翻訳の系統については、狭間直樹「ルソーと中国」（『思想』一九七八年八月号）及び「清末民初の民族主義に関する若干の考察——排満と五族共和をめぐって」（河内良弘編『清朝治下の民族問題と国際関係』所収、一九九一年）参照。

(21) 拙稿「辛亥革命時期の婦人運動——女子軍と婦人参政権」（『辛亥革命の研究』所収、筑摩書房、一九七八年）。

小笛事件と山本禾太郎

細川涼一

一　小笛事件の発端

一九二六年（大正一五）、一二月には昭和と改元されることになる年の六月三〇日のことである。京都市内の北白川西町（当時は上京区、現左京区）八五番地、京都帝国大学農学部（農大）正門の東横に建つ長屋の平松小笛《こふえ》（四七歳）宅で、小笛の養女である精華女学校四年生の千歳（一七歳）、小笛の知人・市内出町柳の大槻太一郎の長女喜美代（五歳）、次女田鶴子（三歳）の三人が絞殺され、さらに小笛が鴨居に首を吊って縊死しているのが発見された。

第一発見者は、遊びに行っている子供を迎えに行った、喜美代と田鶴子の母、大槻しげのである。六月二七日の日曜日の午前九時ごろ、平松小笛が大槻宅に来て、これから植物園方面に新しい借家を探しに行くので、喜美代を貸してくれと言って連れて行き、さらに午後三時ごろに小笛の養女千歳が遊びに来て、妹の田鶴子を連れて行った。小笛は喜美代・田鶴子姉妹を可愛がり、これまでも自宅に泊めることがたびたびあったが、この日も小笛は、二人の子供を連れ出したまま帰さなかった。しげのは二九日に子供を迎えに行ったが、小笛宅には錠がかかっていたので、どこかに子供を連れて遊びに行ったのであろうとその日は帰った。

しかし、翌三〇日午前一〇時ごろに再び行ってみると、相変わらず錠が下りていた。出町通（東今出川通——出町柳から東に、京大を経て北白川・銀閣寺に至る通り）から、その北側の京大農学部正門に至る道路の東横に、杉の植え込みを隔てて平行した路地がある。小笛宅は、この路地の東横に建てられた木造瓦葺き二階建ての五軒長

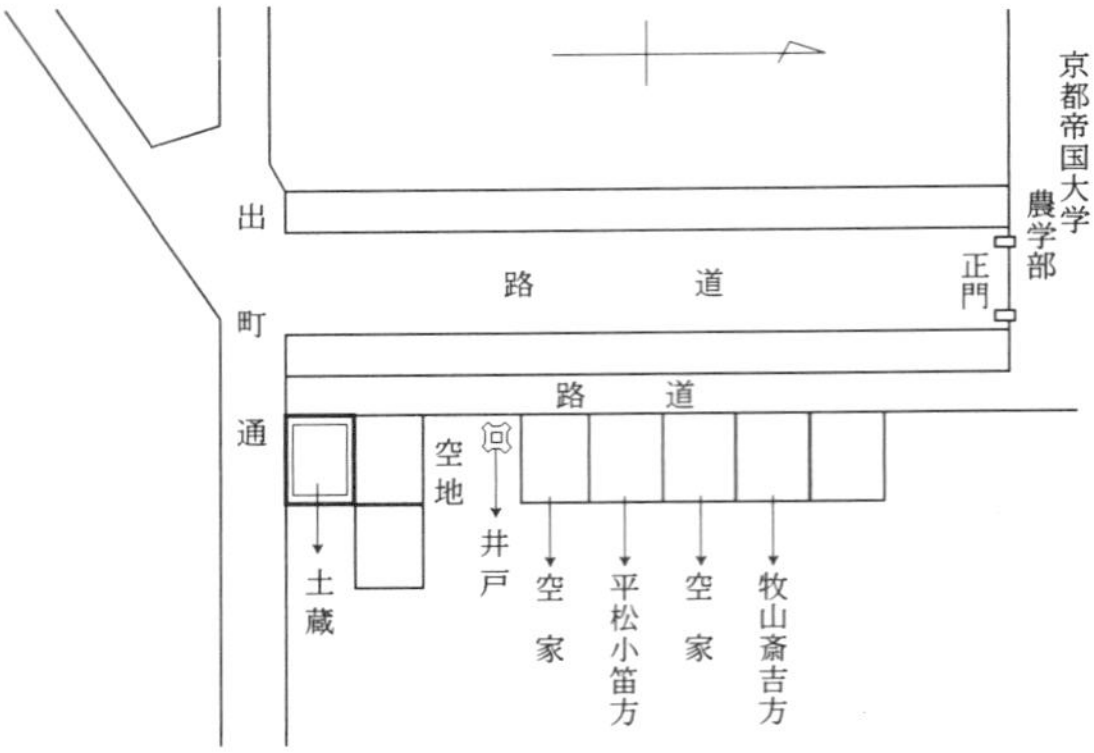

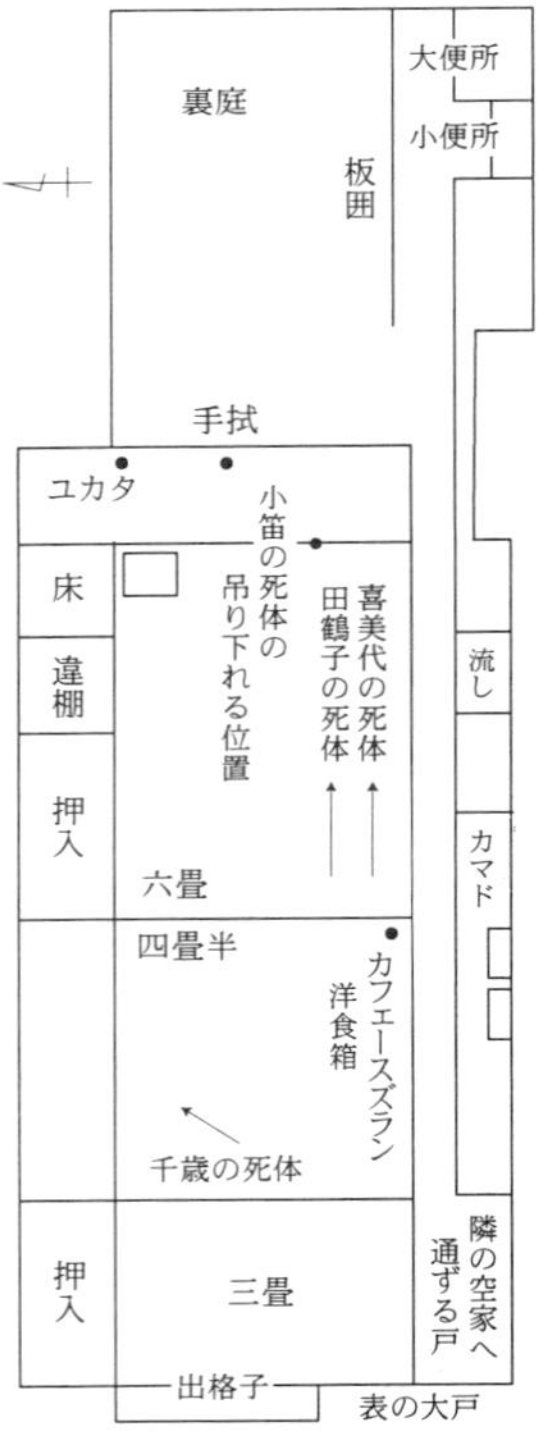

図1（上）　平松小笛宅
図2（下右）　事件の現場見取図
図3（下左）　小笛の縊死死体

屋の、南側から（すなわち、出町通の入り口から数えて）二軒目にあたる借家であった。他の四軒はすべて空き家であったが、惨劇が発見された当日の三〇日に、又隣りの入り口から四軒目に、蚊帳の紐製造業の牧山斎吉という人が引っ越してきた。

しかし、小笛宅の南隣りの一軒目は空き家であったので、しげのは知人とともにそこの板戸の隙間から小笛宅をこわごわ覗いたところ、蒲団をかぶって横になっている足が見えた。そこで、下鴨署の巡査立ち会いのうえ、錠を引き抜いて中に入ってみると、三畳の表の間には蚊帳が吊ってあるだけであったが、四畳半の中の間に千歳が蒲団に入ったまま、頸を手拭いで絞め、さらにその上を絹紐で締めて殺されていた。

死体となった千歳の身体は、三畳の間の蚊帳の中から、蒲団に乗せたまま四畳半の間まで引っ張ってきたようであった。掛け蒲団を取り去ると、千歳の死体は長襦袢を右胸側に、猿股は足関節の近くまで引き下げ、腹胸部から下を露出してほとんど裸であった。この千歳の死体の衣服の乱れが、犯人が男性ではないかと疑われる一因になったが、しかし、京都帝国大学法医学教室の小南又一郎教授が鑑定したところ、「情交」の跡はなかった。しげのが隣りの家から覗いて見えたのは、掛け蒲団からはみ出した千歳の死体の足である。

そして、六畳の奥の間は、敷きっぱなしの蒲団や座布団、脱ぎ散らかした衣類でめちゃくちゃに取り散らかされていたが、その蒲団の中で、しげのが捜していた二人の娘が、やはり日本手拭いを頸に絞めて、殺されていたのである。二人の幼女はいずれも裸で、うつぶせで殺されていた。

さらに、奥の間の縁側の梁に、黒兵児帯で頸を吊った小笛の縊死死体がぶら下がっていた。死体の下には火鉢があり、小笛は両足でそれを挟むようにして、尻を後方に突き出し、肩をいからせた奇妙な格好で死んでいた。すなわち、小笛は火鉢を踏み台にして、足のつかえる高さで縊死したのである。死体はいずれも腐乱して異臭を放っていた。

事件報道当時は「農大前四人殺し」と呼ばれ、のちには「小笛事件」と呼ばれるようになったこの事件は、結論から述べるなら、愛人の心が離れたことを悲観した小笛が、三人の少女を殺して自らは縊死した、あまりいい表現ではないが、いわゆる「男女の愛情のもつれ」が原因の、ありふれた事件の一つであった。

しかし、はじめは三人の少女を道連れにしての小笛の無理心中と思われた事件は、小笛の自殺と見せかけて四人を殺したとして、小笛の愛人であった元京都帝大経済学部生の広川条太郎（二七歳）が逮捕されたことから、無実を主張する広川の冤罪事件に発展した。

事件の焦点は、小笛の喉の二条の索溝が自殺によるものなのか、自殺を偽装した他殺によるものなのかをめぐってであり、他殺説をとる京都帝国大学の小南又一郎教授、自殺説をとる東京帝国大学の三田定則教授、長崎医科大学の浅田一教授など、六大学の法医学者を動員した鑑定論争になった。このように、小笛事件は法医学の鑑定史上でも有名な事件となり、たとえば古畑種基が一般向けに書いた法医学の入門書『法医学秘話 今だから話そう』でも一章を割いて言及されているほどである。(1)

無罪を主張する広川条太郎の弁護に当たったのは、友愛会の労働運動を経て弁護士となった高山義三（のち、戦後に京都市長）であるが、高山弁護士と親しかった探偵作家の山本禾太郎が、高山から事件の調書を借覧し、戦前のノンフィクションとしては最大の収穫といえる、事件の発端から広川が裁判で無罪を勝ち取るに至るまでを記した『小笛事件』（一九三六年）を発表した。(2)

高山は戦後に京都市長としての回顧録『わが八十年の回顧』を出版しているが、小笛事件については、「二十五年間という長い刑事弁護士としての年月を振りかえって、どの事件にもそれぞれに思い出やエピソードがあるが、何といっても一生忘れられないのは、いわゆる「小笛事件」である」としながら、「(小笛事件について——引用者)もっとも事実に忠実で良心的に調べられているのは、山本禾太郎氏著「犯罪事実小説小笛事件」であろう。以下この「事実小説」によって、稀代の怪事件「小笛事件」のあらましと公判の模様を紹介しよう」と述べ、かつて禾太郎への資料提供者であった高山が、回顧録ではかえって禾太郎の『小笛事件』に全面的に依拠して、小笛事件について回顧しているほどである。[3]

しかし、禾太郎の『小笛事件』があるにも関わらず、小笛事件については、戦後、正確に伝わっていない一面もある。

たとえば、毎日新聞社の『一億人の昭和史1・満州事変前後　昭和元年~10年』は、その冒頭で小笛事件を取り上げ、「凶行のあった長屋」「女学生の養女千歳」「犯人の広川条太郎」の三枚の写真を掲げて、「京都市内で、女性ばかり一家四人(ママ)の絞殺死体が、六月三一日、発見された。容疑者は、すぐに浮かんだ。女主人の平松小笛(四七)と一七歳の養女、京大出のかつての下宿人との三角関係が、その原因だった」と述べている。[4]このキャプションでは、『一億人の昭和史』の読者には、広川条太郎への殺人罪が冤罪であり、裁判の結果無罪となった経緯は伝わらないであろう。

また、山本禾太郎の『小笛事件』は、「戦前随一と言っていいノンフィクション・ノヴェルの傑作」と評価され、[5]戦後、探偵小説雑誌『幻影城』一九七七年九月号(三四号)、創元推理文庫版日本探偵小説全集11『名作集1』で翻刻されて広く読まれる機会を得た。しかし、その一方で、「この『小笛事件』なるものが、読み返せば読み返すほど、新たに多くの疑問が生じてくる」と述べ、「禾太郎の関心は最初から大向うをねらった厳窟王的裁判劇にあったとしか思われない。道理で、鉄窓裡に呻吟する未決囚の心理的描写が浪花節的で泣かせるわけだ」と、その中味を揶揄する山下武氏の意見もある。(6) 山下氏は山本禾太郎の『小笛事件』の構成を揶揄するだけではなく、広川条太郎が無罪となった裁判の結論それ自体を疑問視し、事実上の広川犯人説すら展開しているのである。

しかし、山本禾太郎の『小笛事件』は、山下氏が「浪花節的」と揶揄した部分を含めて、禾太郎自身による創作はほとんど加えられていない。山下氏が『小笛事件』を「巌窟王的裁判劇」「浪花節的」と揶揄するのは、「事実を並べただけでは小説にならない。そこで、（禾太郎は――引用者）未決監の独房の中で「絞首台の死穴」の恐怖と直面しつつ、冤罪の身を嘆く広川の悩みや怒りを浪曲調で点綴する必要があった」と述べるように、禾太郎が獄中にある広川の心理描写を行ったことを、「浪曲調」の創作と考えたからであった。

しかし、山下氏が揶揄した『小笛事件』における獄中の広川の心理描写は、広川自身の手記にもとづくものであり、禾太郎が「浪花節的」創作を加えたわけではない。『小笛事件』の出典を充分に調査しなかった点も含めて、山下氏の『小笛事件』に対する評価は一面的にすぎる、と私は考える。もとより、山下氏の論稿が、権田萬治氏の「漆黒の闇の中の目撃者――山本禾太郎論」(7) とともに、山本禾太郎論として書かれた数少ない労作であることは評価されなければならないが、実在する事件に取材したノンフィクションを論評するなら、新聞を中心とする当時の資料にあたるのはその第一歩ともいうべきではないか。

そこで本稿では、事件の経緯を当時の新聞報道(8)と、禾太郎の『小笛事件』に先だって刊行された、大阪朝日新聞記者の鈴木常吉『本当にあつた事(続篇) 謎の小笛事件その他』(『週刊朝日』連載のものに加筆)に引用蒐集された裁判記録や鑑定書、および同書に別編として書き下ろし収録された広川の手記「冤囚断想」(9)を中心として述べることにし、ついで山本禾太郎の『小笛事件』のノンフィクションとしての特徴を明らかにすることにしたい。

ことに、事件に至る経緯については、小笛の周囲の人びとの証言から復原する方法を取りたいと思う。

二　平松小笛の生涯と事件の経緯

この事件がはじめは平松小笛による無理心中と見られたことは、事件の一報を伝える『京都日出新聞』六月三〇日夕刊（当時の夕刊は翌日の日付で発行されており、日付は七月一日付。以下、新聞記事の引用は、朝刊については日付のみ記し、夕刊については、実際に発行された日付の夕刊として記す）にも、次のようにあることにうかがうことができる。

市内北白川西町農大正門前平松小笛（四七）は、養女精華女学校四年生千歳（一七）と、兼て懇意である出町柳大槻太一郎長女喜美代（五つ）次女田鶴子（三つ）の三人を殺し、自分は縊死せる事、三十日午後喜美代の実母しげのが同家へ子供を迎えに行つて発見、大騒ぎとなつた。所轄下鴨署府刑事課から急行、目下取調べ中であるが、或は他に犯人があつて平松が殺した如くに見せかけてゐるのではないかとの説もある。

この第一報によるならば、事件ははじめ平松小笛による無理心中と見られており、一方で他殺説も取り沙汰されていたことがわかる。

しかし、小笛は農大前に移転する以前、出町柳（田中下柳町）に住んでいた時に下宿屋を営んでおり、その時の下宿人、元京都帝大経済学部生（当時は神戸市に住んで、神戸信託勤務）の広川条太郎と愛人関係にあったことから、翌七月一日朝刊では、小笛を縊死したように見せかけた広川の犯行とする報道がなされた。そして、一日午前零時半、広川は京都駅で逮捕されたのである（広川逮捕の報道は夕刊）。

すなわち、『京都日出新聞』では、「犯人の手によつて自殺と見せかけた」「醜関係を続けてゐた元帝大生が犯

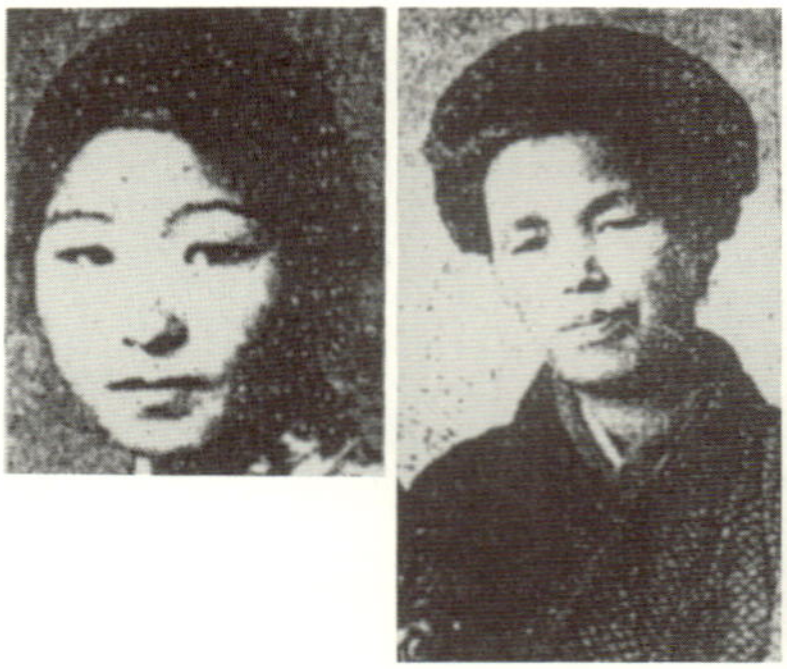

図５　平松小笛（右）と平松千歳

図４　惨劇のあった家。平松小笛宅は５軒長屋の右から２軒目

人か。離縁話から奥の手を出し、手古摺つて遂にこの凶行に及ぶ。二少女は発覚を怖れ絞殺?」などの見出しを掲げ、『大阪毎日新聞』も「母とその養女と下宿人の三角関係。京大出の情夫の仕業か」との見出しを掲げている。

ここで、平松小笛の履歴と、事件に至るまでの経緯を述べることにしたい。

平松小笛（一八八〇—一九二六）は、一八八〇年（明治一三）八月、瀬戸内海の愛媛県越智郡の島嶼では、大三島についで二番目に大きい、大島の西南部にあたる大山下村に生まれた。父親の石中仁一は石炭採掘業者であったが、七歳の時に小笛の母が死に、継母に虐められたため、一五歳で山口県都濃郡下松町の某家に女中として奉公した。ところが、一七歳ごろ、その町の下駄製造職武××歳と同棲し、一八九九年（明治三二）に男の子を生んだ。しかし、小笛は生まれて百日にしかならない赤ん坊を夫の不在中、縁側に放ったまま家出した。この子が小笛と義妹千歳の遺体を引き取った森田友一である。

森田友一については、『大阪朝日新聞』京都滋賀版七月二日（Ｂ版）が次のようにその半生を伝えている。

絞殺された平松小笛の実子、洛北修学院村字高野（叡山電鉄三宅八幡停留所西隣）に住む叡山電鉄保線係森田友一（二十八）は、（中略）妻ふで子（二十三）との間に二人の子供がある。小笛は山口県下の某町に住んでをるとき、前夫との間に出来た子供が友一であるが、友一は生れて五十日もたつたかたゝぬころ、小笛夫婦のために捨てられたのを同町の森田家に拾はれて成育したのである。爾来友一は生みの親といふものを知らずに成長して来たがその後京都に移住し風の便りに生みの親が京都大学の附近に居るといふので友一は日夜捜し歩いた上、漸く出町柳で下宿屋を営んでゐた小笛を捜し出し一昨年彼男が二十六歳の暮、生れてはじめて小笛と親子の対面をしたのであつた。（中略）二十有余年生みの親を知らなかつた友一は、小笛を愛慕し子としてのなすべきことを怠らなかつた。しかし小笛の実子とはいへ、生れて間もないころ捨てたほどなので友一に対して母性としての愛情は薬にしたくともなくたゞ路傍の人としての交際に等しいものであつたといふ。

当時の新聞の論調は、広川条太郎を犯人として報道する一方、そうであるなら事件の被害者であるはずの小笛については、「悪女」「淫婦」としての言説でイメージしようとする、被害者に対するプライバシー的配慮を欠いたものであった。しかし、小笛が再会を果たした友一に冷淡であったことは事実らしい。というのも、発見された小笛の遺書らしきものに、自分の死後、友一には箸もやるなという次のような一節があるからである（この遺書は禾太郎も引用しているが、禾太郎が「一部不明」とした箇所も、鈴木常吉は解読しているので、鈴木の解読に従って全文を掲げておく）。

フクダ《（福田）》サン（田中樋口町の福田かつ。小笛が田中下柳町に住んでいた当時の隣人で、小笛が惨劇のあった家を借りた時の保証人でもあり、大槻しげのに同行して事件の発見者の一人ともなった人物——引用者）ニタノ《（頼）》ム、アル《（有）》シナモノ《（品物）》ワ、ヲテラ《（お寺）》（小笛の亡夫平松慎一の骨が納めてある東山知恩院——引用者）ニアゲテクダサイ、トモイチ《友一》ニワ、ハシ《箸》モヤラナイデクダサイ、ヒロカワ《広川》サンカイキテ《生》ワソワセ《添》マセンデ、フタリ《二人》ガシ《死》ンデシマイマス、福田サンニ大島一重トモンチリメン《木綿縮緬》トヲ三枚アゲマス、チトセ《千歳》ガカワイ《可愛い》ガ、マルタマチ《丸太町》（丸太町の心霊治療師——引用者、この点は後述）ニ、コノコ《この子》ワタシ《私》ノタメニワナライト、イ《言》ワレタノデ、ナンニモタノ《楽》シミワナイ、ソレデヒロカワ《広川》サント、フタリ《二人》デシ《死》ニマス、

コフエ《小笛》

ショタロ《条太郎》（印——印文広川）

シ《死》ヌイ《言》ウテウソ《嘘》ユウタライカヌヨ、チトセ《千歳》ワアナタガコロ《殺》スノデスネ、ワタシ《私》ワサキ《先》ニシ《死》ニマス、チトセ《千歳》ヲタノ《頼》ム、

この遺書は、「ショタロ」の署名も含めてすべて小笛の自筆であり、全文中、中央約三分の一は赤鉛筆で、前後の各三分の一は黒鉛筆で書かれていた。したがって、禾太郎も「なにがために二色の鉛筆が用いられたか、用いねばならなかったか」と疑っているように、[10]この「遺書」は、遺書として一度に書かれたのではなく、三回に分けて書かれた可能性が高い。しかも、小笛が事件の数日前の二六日に訪れた、神戸の広川条太郎の下宿には赤鉛筆があったのに対して、小笛宅からは赤鉛筆は見つからなかったのである。

しかし、事件発生当時、二色の鉛筆が用いられた疑問は等閑視され、遺書に小笛とともに条太郎の名前が連署され、かつ「千歳わあなたが殺すのですね」の一文があることから、広川が千歳と二人の幼女を道連れに小笛と心中すると見せかけ、結局、小笛を含む四人ともに殺害したと疑われる証拠になった。

さて、小笛の履歴に戻ろう。小笛は赤子の友一を捨てたあと故郷に帰ったが、そこで家の番頭と関係ができ、二人で津山・呉と移り住んだ。しかし、貧乏所帯に二人の関係は長続きせず、この男性とは相談づくで別れた。

そして、岡山で一人針仕事で生計を立てているうち、一九〇七年（明治四〇）、二八歳の時に平松慎一と知りあって結婚し、夫婦で朝鮮の仁川に渡った。仁川では雑貨兼質商を営み、相当の暮らしができるまでになった。一九一一年（明治四四）、二歳の千歳を養女にしたのも、仁川でのことである。ところが、夫が大病にかかり、一九一六年（大正五）ごろ総督府病院に入院して死去した。

この総督府病院で、同じく病院で妻を失った軍曹の村尾歌次郎と知り合い、小笛はその内縁の妻となって龍山で暮らした。そして、村尾が一九一九年（大正八）に京都に帰り、京都府相楽郡祝園村（現精華町）字菅井の綾部製紙の木津分工場の職工監督になるのにともない、小笛も一緒に同地で暮らしたが、村尾は他に若い女性が出来て出奔した。

そこで、困った小笛は、一九二一年（大正一〇）、村尾の朝鮮時代の軍隊の上司であり、二人の結婚の仲人でもあった木本教信が京都市吉田本町で雑貨商を営んでいるのを頼って、京都に出てきたのである。木本は千歳の精華高女入学に際しての保証人にもなった。この間の経緯を木本教信は次のように語っている。

学校では私が「叔父」となつてゐるかも知れません。が実は叔父でもなんでもない、大正五年ごろ私が朝鮮龍山の歩兵第七十八連隊に特務曹長をしてゐたころ部下の軍曹に村尾歌次郎といふ京都三十八連隊から来た人がありました。平松小笛といふ人はその村尾氏の内縁の妻であつた。そのころ既に千歳といふ娘の子を連れてゐた。そして小学校に入るのに保証人がないとのことで私が保証人になつた。そして千歳といふ娘の子は龍山の小学校に入学した。爾来京都に来てここで偶然にめぐり会つた。依然として私が保証人になつてゐたが実はかく〳〵の事情ある保証人だと学校の方へもいつておいた次第で全然叔父でも何でもない。――然し彼の千歳といふ娘の子は気の毒なんです。母親の小笛といふ人は村尾氏との縁談も年齢の相違から破れ、その後村尾といふ人は何処へ行つたか消息もありません。そんなことから私も平松一家とも交際してゐませんが小笛といふ人の評判は娘と反対によくありませんでした。(『大阪朝日新聞』京都滋賀版七月二日A版)

木本は村尾歌次郎の消息はわからないと述べているが、村尾は小笛と別れてのち、奈良刑務所の監視の仕事につき、事件当時は退職して奈良市奈良坂町に居住していたようである(『大阪朝日新聞』京都滋賀版七月六日)。

こうして京都に出てきた小笛は、木本の世話で田中下柳町の田中くにの下宿屋を下宿人ともに譲り受けて下宿屋をはじめた。一九二一年七月ごろのことである。このときの下宿人の一人が京都帝国大学の経済学部に入ったばかりの広川条太郎であり、また、離れ座敷を借りていたのが子供を殺された大槻太一郎(元京都帝大工学部助手)・しげの夫婦である。

大槻夫婦は、一九二二年(大正一一)に喜美代を初産する際に小笛の世話になった。以後、喜美代は小笛に懐《なつ》き、大槻夫婦は二人の子をたびたび小笛宅に一、二泊して遊ばせる慣習ができて、今回の奇禍に至ったのである。

この経緯について、大槻しげのの実母で、しげのの故郷の京都府何鹿郡小畑村(現綾部市)に住む大槻いさむ(四五歳。大槻太一郎は大槻正雄・いさむ夫妻の娘しげのの婿)は次のように述べている。

私らにはしげの(二十七)と正一(二十三)の二人の子しかないのでしげのを分家さし隣村の吉美村相原俊治さんの弟で早大工科を出た太一郎(三十六)を養子に迎へたのであの孫らはみな京都で生れました。あの平松小笛さんたちはよく知つてゐます。太一郎が園部から京都へ転じた際家がなかつたので当時下宿屋をしてゐた小笛さんの裏座敷を借つてからごく親密になつたので孫らもそれからよく連れて帰り遊ばしてくれたものです。また小笛さん母娘も私の娘の家へよく食事にきました。小笛さんは下宿屋をしてゐたときの借金が五、六百円あるとか、娘の千歳さんと情夫の神戸のある人を争奪してゐたが結局娘をその人にやり神戸で同棲までさしたがこの春また取り戻したとかきいてゐました。小笛さんはよつほど大酒のみで実子の森田友一さんと酒を飲んではあとは喧嘩になるといふ始末だつたさうです。小笛さんも金に不自由をしてゐたので神戸の男に千円貰はねば手を切らないといふてゐたのです。小笛さんも借金にせつぱつまつたものでせう。何分海千、山千のした丶か女でした。（『大阪朝日新聞』京都滋賀版七月三日）

さて、小笛が下宿屋をしていた当時の下宿人で、小笛と愛人関係となった広川条太郎は、一八九九年（明治三二）七月四日、新潟県北魚沼郡小千谷町に広川利兵衛の長男として生まれた。父の利兵衛は素封家で、町の郵便局長や病院の事務長を長くつとめ、事件当時は町会議員にもなっていた。一九二一年（大正一〇）三月に小樽高商を卒業してただちに京都帝大経済学部選科に入学、下宿した出町柳の下宿屋を同年七月に小笛が買い取ったため、小笛が家主となった。一九二四年（大正一三）三月に京都帝大を卒業後、神戸信託に就職し、小笛の下宿から神戸市北野町三丁目の小泉宅の下宿に移った。

小笛と肉体関係が生じたのは、小笛が下宿屋を営んでいた当時、卒業前の冬休みのことである。そして、神戸に就職後も、他に結婚話もあったので小笛との関係を清算しようとしながら断り切れず、週末の土・日に京都の小笛宅に来て泊まる、といった関係がずるずると二年にわたって続いた。

小笛は広川の卒業後、ほかに下宿人がなく、借金もできて経営難から下宿屋を手放した。そして、事件の約一年前、一九二五年（大正一四）年の五月ごろ、惨劇のあった長屋に移るとともに、吉田神社の前で「満月亭」というどん屋をやったが、これもはやらないので事件のあった年の三月には止めた。事件当時は収入もなく、家賃も滞る苦しい経済状態であった。

この間の小笛と広川の関係について、当時の新聞報道は、小笛を「淫蕩な毒婦」という言説で物語ろうとする偏向したものではあったが、近所の人びとの証言から次のように述べている。

小笛は愛媛県の生れで岡山県邑久郡大泊村平松家に嫁して良人にわかれて以来、満洲朝鮮を流れあるき京城で千歳を当時二歳で貰ひ受けた。大正五年ごろ京都歩兵第三十八連隊から龍山歩兵第七十八連隊に転じた軍曹村尾歌次郎と内縁を結んでゐたが長つゞきせず千歳を連れて大正十一《（ママ）》年の冬京都に来り田中下柳町三番地の一で下宿屋（その下宿屋は二児を殺された本件の関係者大槻太一郎の隣家の裏の離れ）を営み学生さへみれば顔をあからめるやうな話を平気で試み色仕掛に怖しがつて学生達は一人去り二人去り最後は広川一人になつた。（『大阪朝日新聞』七月三日夕刊）

疑問の死をとげた小笛の夫は、四五年前死亡しその後は出町下柳で細々と古物商を営み当時京大経済学部専科に通学する広川条太郎と今一人京都予備校に通学する二人の学生を二階に下宿させてゐた。小笛は男勝りで酒も飲み、煙草もすふといつた調子の女で、生活はゆたかではないが世間への自慢の養女千歳（一七）を精華女学校に通学させてゐた。彼女は夫の死亡後操行悪く近所でも評判となり薄化粧した姿は年よりも若く見え、いつか下宿人である前記広川と関係し最初娘にも気兼してゐたが日のたつにつれおほぴらとなり広川と夫婦気取で散歩することもあつた。その後広川は大学を卒業し神戸市三宮一四三神戸信託に勤めるやうになり、小笛も前記（京大農学部前の惨劇のあった長屋——引用者）のところに移り羽織の紐組を手内職にしたり、去年冬から今年正月にかけ吉田神社横でうどん屋を開いたりしたが失敗し今日は殆どなにもしてゐなかつた。広川との関係は依然継続され、しかも広川は去年正月頃から養女千歳とも私通し千歳の愛情が募るにつけ小笛は見苦しくも嫉妬の炎を燃やし、こゝに恋の三角関係を画き近所界隈の噂の種となつてゐた。（中略）しかしこの関係はまた一面小笛にとつては好都合で、この正月も小笛は広川に向ひ「娘を嫁に貰つてくれるか」と膝詰談判をした結果、広川はきつぱり断つたので小笛は憤慨しつひに広川は五百円を提供して一先ず落着したが、関係は依然続いて土曜日の晩から日曜日にかけわざ〳〵京都に来て小笛の家に泊るを常とし、ある時は小笛の目を盗んで千歳と手をとり散歩に出かけることもあつた。かくてこの三人は表面平静に見えたが心の中では悩みといふよりも互に嫉妬に狂うてゐたことは近隣の者の目にもよくうつゝてゐた。

(『大阪毎日新聞』七月一日)

小笛と肉体関係が生じたことについて、広川自身がどう考えていたのかは、公判記録および広川の手記を見ても具体的にはわからない。広川はその手記(11)で、小笛との生活をめぐって、「思へば私の過去の生活は、全くだらしのない、無反省の、醜い、而も爛れたものであつた。恥しい限りである」「私は実際、無反省な生活をしてゐたのだつた。馬鹿な人間であつた。(中略)彼女とても生れ乍らの悪人ではない。彼女の自棄的な、悪魔的な性格を造り上げたのは誰の責任であらう。その全てではなくとも、確に、かなりの点迄は私の責任でないと、どうしていはれよう。私は此の悲惨なる事件に就て、痛切に道徳的責任を感ずる。死の直前に恐るべき悪魔になつた(小笛が三人の少女を殺し、同時に広川に殺人の疑いがかかるよう「遺書」を残したことを指す——引用者)彼女は寧ろ哀れむべきではないか。私には彼女を恨む資格などはないのだ。私は自分の意志の弱さと心の醜さに、自責の念と、限りない羞恥を覚える」と抽象的に述べている程度である。少なくとも、広川には小笛との関係が生じたことをめぐって、自責の念と羞恥心を感じる以上の、小笛との愛情で結ばれた精神的な絆があったようには思えない。

この点をめぐって、山本禾太郎は、広川の立場を弁護して「なんと云っても広川は、良家の子息である、そして、所謂(遊び)と、云うものを知らぬ謹直な学生である、謹直、と云うことはその夜(小笛との肉体関係ができた一九二四年の正月――引用者）以後には云い得ないかも知れないが、少くとも、小笛を知るまでの広川は、立派に謹直と云い得る青年であった。（中略）野暮な話しをするようだが、青年の性的心理の半面は感傷的な働きをもち、他の半面は官能的な働きをもっていると云えよう。幼年の時代から、母、姉、乳母、伯母と云ったような、自分を愛し慈しんでくれた婦人に対して抱いてきた感情の流れと、思春期以後に於て、集中されてくる愛欲衝動の力強い欲求は、その両面であると云える。小笛は、年長で経験に富んでいて、広川なぞは子供のように見下している。また小笛は広川にとっては最初の女であると云ってもいい。初めて識った（性的に）女と云うものは、その男に対して一種特別な力を持っているものだ。こう云う性的心理の力が、広川を二年半の間、良心の呵責をうけ、後悔をくりかえしながら、小笛との愛欲生活から離さなかったのである」と述べている。当時の新聞報道に偏向はあったにしても、「学生さへみれば顔をあからめるやうな話を平気で試み」た、あるいは「いゝかげんな下宿でおかみが猥談をする」（伊藤京都府警察部長談、『大阪朝日新聞』七月五日）といわれた小笛が、かの「津山三十人殺し」（一九三八年）の背景の一つとなったような、夜這い・夜遊びを是認する農山村の習俗(12)のもとで自己形成をし、広川を誘ったのが小笛の側であったことは事実であろう。

広川は自らもその手記で「意志が弱い」と自己分析しているが、彼がおとなしい気の小さい性格であったことは、広川が事件の容疑者として逮捕されたことを聞いた知人も認めるところである。たとえば、広川と同郷の友人で、京大文科三年の佐藤道太郎（彼は、のち広川の親友として彼が無罪を勝ち取る運動に奔走した）は、『京都日出新聞』の記者に対して次のように述べている。

私等の考へるところでは広川さんはこんな残酷なことの出来る性格ではないと思ひます。元来越後人の性格はおとなしいのですが殊に広川さんは特別におとなしい人で気の小さい人です。（中略）こんな事件の容疑者だなんて私はどうしても信じられません。あの人の性格として酔へば踊るくらゐが関の山だと思ひます。（『京都日出新聞』七月二日）

また、二人の子供を殺された大槻太一郎・しげの夫婦すら、事件直後に広川が犯人とは思えないと、『京都日出新聞』記者に次のように語っている。

広川さんは私共の考へではどうしてもこんなことの出来る人のやうにも思へませんが何分警察でもどんな証拠で広川さんを引かれたのか洩らして貰へませんから何とも申上げることが出来ません。（『京都日出新聞』七月九日）

しかし、広川は六月二六日、神戸に広川の下宿を訪ねた小笛母娘とともに京都に来て小笛宅に泊まった。そして、翌二七日の日曜日、小笛が植物園方面に家を捜すのにつき合い、来合わせた喜美代・田鶴子姉妹とともにもう一泊して、二八日の午前五時三〇分ごろに小笛宅を出て会社に出勤した。このことが、広川が容疑者として逮捕される理由になったのである。事件の焦点は、惨劇が起きたのが、広川が泊まった二七日晩から二八日未明にかけてのことなのか、広川が帰ったそれ以降のことなのかということになる。しかし、小南又一郎教授の執刀によっても、死体が腐乱していたため、四人の正確な死後経過時間ははっきりしなかった。

三　千歳のこと

当時の新聞は、広川と小笛および千歳の関係を「三角関係」として報じたが、広川と千歳（一九一〇―二六）の間に肉体関係が生じたのは、広川の学生時代ではなく、事件の一年半前の一九二五年（大正一四）一月のことである。しかも、小笛が千歳を連れて広川の下宿を神戸に訪ね、自分は芦屋に用事があるから千歳を泊めてほしいといって千歳を広川に預けての結果であるから、二人の間に男女関係が生じるように小笛が仕向けたふしもある。

広川は千歳について、公判における答弁で、「極く温順で内気な悪気のない真面目な女でした」と述べているが、「被告が千歳と関係した事について小笛から何かいふたか」との訊問に対して、「千歳が小笛に責められて話したものですから小笛は私に千歳を嫁に貰つてくれと申しましたが私は貰ふ気もありませぬでしたが、小笛がひどいヒステリーを起してをりましたので、承諾すると小笛はそれでは神戸へ連れて行つてくれと申したので、一旦神戸へ千歳を連れて帰りましたが、初めから私に貰ふ考へがありませぬから、また京都へ連れて戻りました。それが大正十四年正月ごろの事で同年二月ごろ小笛から私に話を有耶無耶にしてしまつてはいかぬから、千歳をもらつてくれぬのならば千歳が女学校を卒業するまで月々三十円をくれと申しましたが、私は一時に金を出すと申しますと、それなら五百円くれといひましたが、結局二百五十円なら出すと申し現金で二百円と着物と羽織等を五十円として小笛に渡しました」と述べている（一九二七年六月二七日の京都地方裁判所における公判[13]）。

広川と千歳の結婚問題の解消をめぐっては、小笛も生前の六月上旬ごろ、上七軒の結婚仲介業・山崎某に対して、「この頃に至り、広川は娘に顔突き合せても優しい言葉一つかけず、打つて変つたよそ〳〵しい態度を取つてをるのが癪にさわつてならぬ。広川が他から嫁を貰ふやうな話しが度々あつたが妾等親子の関係を聞き伝へてはその都度みんな破談になつてをる。（中略）是非とも広川の父親等に事の顚末を打ち明けて二千、三千の纏つた手切金を貰はぬことには承知が出来ぬ。この談判には昵懇の大学の某博士に頼まうかとも思つてゐる。とにかく親子二人をいゝをもちやにして逃げやうといふのだからこの目的を遂げるためには私は死物狂ひでかゝるつもりです」と語っていたという（『大阪朝日新聞』七月三日[14]）。

小笛との関係はともかく、広川がはじめから結婚する意思もなく、「兄さん」と慕っていた千歳と肉体関係を結んだことについては、道義的に責められても仕方ないであろう。現在よりも女性の結婚・出産のライフサイクルが早かったとはいえ、当時、千歳は数えで一六歳、今でいえばまだ中学三年生の中学卒業前の学齢であった。広川を弁護した高山義三も、この点をめぐっては、「これについて広川に弁明の余地はまったくない」と感想をもらしている。(15)

千歳はさきにも触れたように、平松慎一・小笛夫妻が朝鮮の仁川で二歳の時に養女にした娘で、小笛母娘の朝鮮時代を知っている木本教信が「千歳といふ娘の子は気の毒なんです」と述べているように、実父はひどい性病にかかって零落していたようである。千歳は幼少のころから病弱で、怜悧ではあったが内気で感傷的なところがあった。そのことは、発見された、千歳が友人に宛てた手紙とも遺書とも読める文章からもうかがえるが（これについては、山本禾太郎も鈴木常吉もその著書で全文を紹介しているので、ここでは引用を省略する）、それとは別に、千歳が精華高女の矢野教諭に宛てた絶筆の手紙があるので、ここに紹介したい。


一筆申上げます。

矢野先生を始め皆様御健康の事と存じます。

次に私こと毎年の様に心臓病にて非常に困つて居ります。

御先生様にも又母上にも色々と御心配をかけ真に相済みません。何とぞ御許し下されませ。この度心臓が大変苦しく又熱も少々出まして困つてをります。先生毎度の事、御無理を申しますがどうぞ二、三日ほど休ませていたゞきたう存じます。御許し下さいませ。

勝手ながらくれぐ〵もお頼みいたしますかしこ。

平松千歳

矢野先生御前に

（『大阪朝日新聞』京都滋賀版七月二日A版）

この手紙は、千歳が精華高女の友人に二二日に託したものである。一七歳の少女が書いた文章としては、まず整った内容のものといえよう。母の小笛はほぼ片仮名しか書けなかったが、高等女学校に通っていた千歳は、それだけの文章表現力と教養があったことがうかがえる（教員に宛てたこの手紙と違って、友人に宛てた手紙――山本禾太郎および鈴木常吉の著書参照――は、もう少し砕けた、かつ感傷的な「エス」めいた文章である）。実家を家出同然に出て女中奉公し、自らは勉強する機会がなかった小笛が、生計の苦しいなかで千歳を高女に通わせ、かつ自慢にしたのは、このような千歳の怜悧さに将来を頼む一面があったのかも知れない。

しかし、この手紙からもうかがえるように、千歳は心臓弁膜炎で長生きはできないと医者や熊野神社付近の心霊治療師（これが、小笛の遺書に出てくる「丸太町」である）にいわれ、このことが小笛を悲観させてもいた。千歳が病弱であったことは、精華高女の矢野教諭と井上主事が次のように述べていることからもうかがえる。

平松千歳は薄命の子でした。入学当初から心臓弁膜炎で無理なことをさせないやうにといふ校医からの注意もあり、取扱ひ上常に気をつけてゐました。その病気のために学校は欠席が多く従って学科の成績はよくありませんでしたが手芸は昨年末八点四年の一学期は甲でした。これといふ特長はなく平凡な性質で操行はよい方に認めてゐます。欠席しても無断で欠席したことは一度もありませんでした。

（『大阪朝日新聞』京都滋賀版七月二日A版）

また、大槻太一郎も「本年三四月かと思ひます。千歳が病気で、小笛が朝鮮時代から心安くしてゐた北白川辺にゐる某医者に診て貰ふたところ、重患であるといはれたとかで、それからあはてだして、あちら、こちらの医者にかゝり、果ては『折角これまで大きくしてから、もしものことがあれば自分は頼るものがない』と非常に悲観してをりました。ある時熊野神社付近の某心霊治療所に千歳をつれて行きましたところ『この子を学校にやるのは殺しにやるやうなものだ』と余ほど重くいふたさうです。こんなことから、近ごろはよけいに落ちつかないでゐたやうです」と証言している。(16)

このように千歳の病気を悲観し、かつ経済的にも行き詰まっていた小笛は、福田かつに対して、惨劇の少し前から「千歳は私が一所に死んでくれといふといやといふてきゝません。これが実子であるなら一所に死ぬることを承知するのでせうが」と話していた。一方、千歳は、事件の数日前の六月二五日朝、小笛の命令で福田かつに金を借りに来た際に、かつに対して「お母さんは二言目にはお前を殺して自殺するといふので恐ろしくてなりません」と話し、顔を曇らせて帰っていったという(『大阪朝日新聞』京都滋賀版七月九日)。(17) 小笛は千歳を可愛がり、女学校に通わせていることを周囲に顕示もしていたが、その愛情は、千歳の他人としての自立した感情を理解してのものというよりは、養女として育てた代償に千歳の人格を小笛の所有物として統制しようとする、自己中心的な一面があったのである。

小笛と千歳の母娘関係が必ずしも円滑でなかったことは、千歳の精華高女の学友の蜂須賀よし尾子(千歳が遺書らしき手紙を残した友人)も、『大阪朝日新聞』記者に対して、「千歳は平素から母が違ふのと、病身なのと、それに母と意見が合はぬとて非常に悲観し、死ぬ〳〵と口癖のやうにいつてをられました」と語っている(『大阪朝日新聞』七月二日)。

このように周囲の人びとの証言をつなぎ合わせてくると、千歳と広川の結婚問題から惨劇に至る事件の真相も見えてくるものがあると思う。

小笛の性格については、「一徹の人で、いひかけたらなんというても人のいふことなどに耳を傾けない」(家主の下京区西洞院松原下る山口某)、「内面が何か策を謀らすやうな性質で復讐心が強い」(一九二七年六月二七日の公判における訊問に対する広川の答弁)、「感情に激し易い」(大槻太一郎)といった証言がある。いささか小笛にとって酷ではあるが、「口先ばかり上手な一筋縄では手に負へぬ図太い婆さんだ」との近所の評判もあった(『大阪朝日新聞』京都滋賀版七月二日A版)。

「人のいふことなどに耳を傾けない」とあるように、幼児的な自己中心性を持ち、「口先ばかり上手」とあるように、言動が仰々しく自己顕示的で、「感情に激し易い」「復讐心が強い」とあるように、周囲の状況が自分の思うように運ばないと「自己愛的激怒」を示す、自己愛的性格であったことがうかがえる。(18)

一方、広川は「意志が弱い」と自己評価しているように、おとなしい気の小さい性格であり、千歳も内気で感傷的な性格であった。当時の新聞は、広川と小笛および千歳の関係を「三角関係」として報道したが、三人の関係は、自己愛的性格である小笛が、おとなしい広川と千歳を支配したり、統制しようと行動することで、むしろ「意志が弱い」二人は、小笛に操作されていたといっていいであろう。小笛が実子の森田友一を遠ざけたのは、友一は広川との関係をめぐって小笛に意見をするなどして、小笛が支配・統制することができなかったからであろう。

広川が千歳と関係を結んだことの道義的責任はともかく、小笛が広川に千歳との結婚を迫ったことは、「三角関係」というよりは、女学校にまでやって自分以上の学歴をつけさせ、小笛自身の将来をも託した千歳を、素封家の長男であり京都帝大の卒業生でもある広川の嫁にすることで、小笛母娘が経済的にも身分的にも「成り上がろう」とする行為だったのではあるまいか。

しかし、このことをもって、小笛の打算を責めるわけにはいかないだろう。成田龍一氏は一九二〇年代を、東京に出てきた人びとが世帯を形成し、東京生まれの子供が誕生することで、都市東京を「故郷」とする人びと、言い換えるなら、故郷喪失者が登場した時代としてとらえている。[19] 都市京都の一九二〇年代もほぼこれと同じことがいえるであろう。

小笛自身、家出同然に「故郷喪失者」として京都に出、母娘のみの零細な世帯を形成した（戸主は千歳になっていたようである——『京都日出新聞』七月一日夕刊）。そして、京都に生活の基盤を確保するために、下宿屋、うどん屋を営んだが、いずれも失敗し、亡夫と朝鮮で作った財産は喪失して、借金だけが残った。実家や亡夫の婚家とは音信が途絶えて経済的な援助は望めなかったし（事実、小笛の実父石中仁一は、事件当時も存命であったが、小笛母娘の遺体の引き取りには応じず、遺体は結局森田友一が引き取っている）、実子の友一は、かつて捨て子した子供であるという負い目から、「世話になれぬ義理」（小笛が大槻太一郎に語った言葉）があった。すなわち、小笛母娘は事件当時、援助を頼める係累はないに等しかったのである。この不運なめぐり合わせの中で、小笛が千歳と広川の結婚に将来の経済的安定と母娘の立身を期待したとしても、あながち責められないであろう。

しかし、「意志が弱い」広川も千歳との結婚は拒否し、しかも病弱な千歳は長く生きられないと医者に宣告されて、惨劇直前の小笛は全く追いつめられていた。そして、周囲には広川から手切れ金を取るのだなどと「図太く」振る舞っていた小笛も、実際には将来を悲観し、六月二八日午前五時半、広川を送り出したあと、破局へと向かったのである。それは、京都に流入してきた零細な都市生活者、ことに母子家庭の、経済的困窮と没落の一つの縮図でもあった。

四　法医学の鑑定論争

小笛ら四人の死体を直接に見て鑑定したのは、京都帝国大学法医学教室の小南又一郎教授であり、小南教授は小笛について「他為に絞殺されて死後懸垂して自殺を装はしめたるもの[20]」と結論した。もとより、小南教授はのちに「他殺にしたところで犯人が誰であるかは自づから別個の問題で、小笛が殺されたところで広川が犯人と決まらない」と語っているように（『大阪朝日新聞』一九二八年一二月一日）、法医学上の鑑定結果を出しただけで、犯人を名指ししたわけではないが、小南鑑定が広川が犯人として逮捕起訴される根拠となった。

小南又一郎は一九二四年（大正一三）九月二九日、洛東大統院に放火した舜海尼の精神鑑定を行うなど関西における法医学の権威として知られており、右の舜海尼放火事件を含む著書『法医学と犯罪研究[21]』は、当時ベストセラーになっていた。広川が小酒井不木の『殺人論[22]』とともに、小南の『法医学と犯罪研究』を自分が読んだ法医学の著書としてあげ、その知識によっても小笛は自殺だと思うと申し立てているのは皮肉であるが（一九二七年四月二日の予審廷での最終訊問[23]）、小南の著書は大学生が読む教養書にもなっていたのである。

この小南教授の鑑定に対し、一九二七年六月二七日の京都地方裁判所における公判で、高山義三・足立進三郎両弁護士は、小笛を自殺とする京大講師草刈春逸の鑑定書を提出するとともに再鑑定を申請し、これによって裁判長は東京帝国大学教授三田定則、大阪医大教授中田篤郎、九州帝国大学教授高山正雄の三教授に鑑定を命じた。この三教授の鑑定書は鈴木常吉の著書に引用紹介されているので、ここでは詳述することを避けるが、結論からいえば三田教授は自殺説、中田教授と高山教授は他殺説であった。

こうして、小笛が自殺か他殺かをめぐっては法医学上の鑑定論争になり、九大法医学教室で開催された一一月五日の第一二次日本法医学会大会では、「小笛殺し」が論戦の中心になった。小南門下の土井十二が「索条と索溝に関する観察」のテーマで講演を行い、三田定則の自殺説に反論した。会場には自殺説の草刈春逸が参加していたが、裁判進行中を考慮して反論には立たず、大会は終わった。(24)

一一月九日の第三回公判で仲塚松太郎検事が広川に死刑を求刑したのに対して、高山・足立両弁護人は無罪論を展開した。こうして、一二月五日、橘川喜三次裁判長は「東大三田博士の鑑定通り」広川に無罪の判決を下したのである。(25)しかし、検事局では直ちに控訴し、大阪控訴院渡辺為三裁判長はさらに東北帝国大学教授石川哲郎と長崎医科大学教授浅田一に再鑑定を命じた。両教授の鑑定書はともに、「小笛の死因は自殺」と結論するものであった。こうして、両教授の鑑定後の一九二八年一一月三〇日の大阪控訴院の公判でも、広川を無罪とする論告がでたのである。石川教授と浅田教授の鑑定書が自殺と結論したため、検事控訴の事件であったにもかかわらず、この公判では検事側が進んで無罪論を展開した。

このように、広川が無罪を勝ち取るについては、京都地方裁判所における公判では三田定則、大阪控訴院での控訴審では石川哲郎・浅田一の鑑定書が大きな役割を果たした。三人のうち、三田定則と石川哲郎は、三田の弟子の古畑種基によれば、たくさんの犬をつかって縊死や絞殺の実験をして窒息死の変化をよく知っており、その鑑定書はそうした実証的な裏付けをもとにしたものであったという。(26)

管見の限り、鑑定書を出した法医学者の著書では、三田定則が『法医学』で「窒息死論」として、(27)また浅田一が『犯罪鑑定余談』で「自殺か他殺か——小笛事件」として、(28)それぞれ一章を割いて小笛事件に触れている。

自殺か他殺かの論争の焦点となったのは、小笛が縊死していた紐の索溝とその下の方にあった索溝の、小笛の喉の二条の索溝の関係をどう考えるかであった。浅田一の要領のいい両説の要約が著書『医心放語』にあるので、

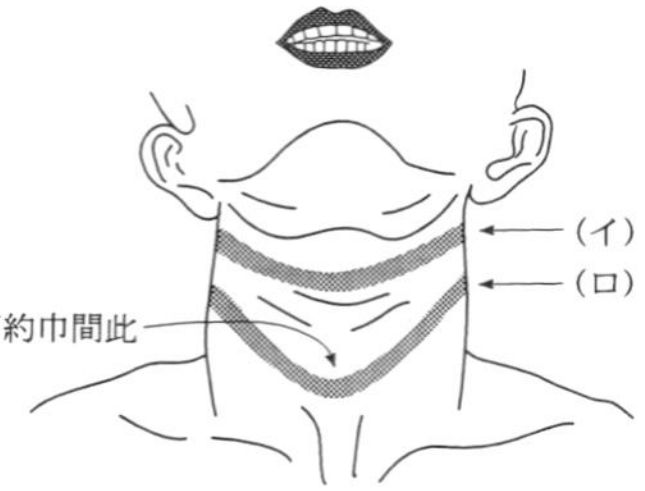

図6　小笛の喉の二条の索溝

それに従って説明すると、「甲の学者は小笛のブラ下つてゐる紐のあとに出血なく、却而其下の方にヒドイ出血があつたので、之で絞殺し、後ブラ下げたものとし、乙の学者は初め下の方の出血ある部で自殺したが足が下につかへて居る高さである上に窒息中の痙攣の為、飛び上り、紐が上の方に変位したものとした。此場合此女は左の手背と右の下腿とに一寸した皮下出血があるが、之は痙攣の際踏台及手の届く所に立つて居た障子の端に当つたものと考へると一つの自殺といふ原因で凡てが快刀乱麻を断つやうに解決出来るのである。他殺説ではこの手や足の打ち創が別々の原因で出来たものとせねばならぬから実相が益々紛糾して来るのである」[29]。いうまでもなく、浅田の説明にある「甲の学者」は他殺説をとる小南又一郎であり、「乙の学者」は自殺説をとる三田定則や浅田自身である。

三田の『法医学』は専門書であり、内容の要約は難しいが、右に掲げた浅田と同様の見解をより専門的に述べ、「小笛は、斯くして自縊によつて死亡したものであることは、明々白々の事実で一点疑を容るるの余地が無かりしものと称せなければならぬ」と結論している。

これに対して、小笛の死体を直接に鑑定し、他殺説をとった小南又一郎は、判決直後の一九三〇年に『法医学短篇集』[30]、三一年に『実例法医学と犯罪捜査実話』の二冊の著書を出しているが、このうち『実例法医学と犯罪捜査実話』で小笛事件に簡単に触れている。次にそれを引用しよう[31]。

この例は某女が自為的の縊死か、或は他殺後に縊死を装はせたかの疑問で社会のセンセイションを捲き起した事件である。当時、現場検証を行つた者は（私も実は共同責任がある）誰がみても、余りにも明に他殺である事が認識されたので、従つて他殺である事の証拠を蒐集するために奔命し、反証たるべき、自殺ではないと云ふ証拠を蒐めることがなされてはゐなかつたのである。ところが、さて愈々公判が開廷されることに成つて、其婦人が自殺したのかも知れないと云ふ疑問が起り、他殺であるらしい証拠はあつても自殺でないと云ふ証拠がない以上は他殺と解釈する事が出来ず、遂に証拠不充分として事件は崩解し、被告は無罪を宣告されるに至つたのである。此の例をみても、犯罪捜査に当つては、真正面の証拠と、その反証の証拠とを蒐めて置くことが如何に必要であるかゞ判ると思ふ。

必ずしも他殺説を撤回していないような微妙な言い回しの文章であり、そうであるなら反論すべき自殺説の法医学的な鑑定に言及していないことも気になる（この著書が刊行された時点で、すでに自殺説をとる浅田一の『犯罪鑑定余談』は刊行されていた）。しかし、小南も「私も実は共同責任がある」と述べているように、初動捜査の段階で他殺と決めてかかったために、事件に対する予断を招いたことは認めているといえよう。

五　山本禾太郎と『小笛事件』

山本禾太郎《のぎたろう》（一八八九—一九五一）[32]は、本名山本種太郎、一八八九年（明治二二）二月二八日、神戸市に生まれた。学歴は小学校卒業だけで、丁稚奉公、工員、神戸裁判所の書記などについた。浪花節の一座に顧問格で入り込んだこともあり、戦後は海洋測器製作所支配人となった。一九二六年（大正一五）、『新青年』の懸賞応募作に「窓」が夢野久作の「あやかしの鼓」[33]とともに二等当選し（一等はなし）、探偵作家としてのデビューを果たした。今日、その知名度には格段の差があるが、山本禾太郎は夢野久作と同年の生まれであり、デビューも一緒だったのである。

「窓」[34]は、一九一七年（大正六）七月九日夜、阪急電車の夙川停留所（現西宮市）近くにある輸出貿易商の別荘で、貿易商の姪が殺された実在の事件を小説に仕立てたものである。検事の検証調書、関係者の聴取書、鑑定書の配列によって作品は構成されており、ノンフィクション・ノベルといっていいものである。その冒頭で禾太郎は、「私は此事件を記述するに当つて、私自身の創作的作為を、少しも加へたくないと思ふ、それは此事件の持つ偶然が、到底私の想像では及びもつかない事実であるからだ。それで私は此事件を記述するには、なるべく此事件に現はれる各関係人の聴取書と、訊問調書、鑑定書等の諸記録を並列するに止め、それによつて事件の経過を読者諸君に知つて貰ひたいと思ふのである」と述べている。

探偵小説の「創作的作為」ではなく、犯罪の「事実」の持つ重みを記録することを自らの文学の課題にする決意がうかがえる文章であり、代表作『小笛事件』に見られる、犯罪を記録し再現するドキュメンタリーの方法は、すでにこのデビュー作に見出せるといっていいであろう。のち、禾太郎はこの自らの方法を「犯罪事実小説」と呼んだ。[35]今日のいわゆるノンフィクション・ノベルと同義であるといっていいであろう。

以後、兵庫県下に起きた事件（現姫路市広畑区小坂が舞台か）に取材した「小坂町事件」（一九二八年発表）、「奥丹地方の震災直後」に京都府下に起きた事件（奥丹後の現峰山町が舞台か。奥丹後大震災が起きたのは一九二七年三月七日のことである）に取材した「長襦袢」（一九二八年発表）[36]と、実在した事件に取材した探偵小説を発表した。これらの素材は、彼が神戸裁判所の書記をつとめたことによって得られたものである。

また、「閉鎖を命ぜられた妖怪館」（一九二七年発表）[37]は、デパートの建物に沿って歩いていた夫の頭上に屋上から人が落ち、夫が死んだため、デパートを妻が被告として訴えた事件の真相を、デパートの顧問弁護士が解明する話である。「窓」「小坂町事件」「長襦袢」とは違ってフィクションではあるが、弁護士の眼を通した実録風の構成になっている点は共通している。

ことに『小笛事件』との関係で注意したいのは、「長襦袢」である。「長襦袢」は、井戸に女性が投身自殺したのが、実は自殺を装わせた他殺であったという事件であるが、その事件を解明した刑事の探偵座談会における談話を、禾太郎が筆記した形をとっている。

その中で、「それでは、ひとつ、自殺を装はしめた他殺、と云ふやうな話をお願ひいたしませうか」「京都の「小笛殺し」は……」という問いに対して、「あれは君、なんですよ、自分自身で自殺しながら、それが他殺であることを装うた、と云ふ形になつてゐるんです、今では……」と刑事が答える会話がある。

「長襦袢」が発表されたのは、『新青年』一九二八年七月号であるが、当時、広川はまだ大阪控訴院における検事側の控訴審の最中であった。禾太郎が早く小笛事件に関心をいだいていたことがうかがえる一方、これが事実通りの筆記なら、京都地方裁判所における判決をもって、京都府警関係者の間でも、小笛自殺説が認められていたことの証左とすることもできよう。

禾太郎は一九二九年を最後に『新青年』からは遠ざかり、一九三二年の『神戸新聞』『京都日日新聞』紙上での『小笛事件』の連載（単行本の刊行は一九三六年、ぷろふいる社）を経て、一九三三年には京都で創刊された『ぷろふいる』に参加する。ことに「抱茗荷の説」（一九三七年発表）を頂点とする『ぷろふいる』時代の作品は、「窓」から「小坂町事件」「長襦袢」を経て『小笛事件』に至る記録主義的な文章とは異なる、幻想的・怪奇的な作風であることは、すでに権田萬治氏・山下武氏が指摘するところである。

「抱茗荷の説」(38)は、物心のつくころ母と瓜二つの女遍路（実は母の双子の姉）に父を殺され、実家に乗り込んだ母も自殺した田所君子という娘が、八歳まで育ててくれた祖母の死後、流れ流れてふたご池のほとりにある豪家

(実は母の実家)に女中として雇われるという因縁譚である。そこで君子は、母の死の真相を知るのだが、「抱茗荷の説」をめぐって山下武氏は、「妖気を漂わせる語り口の古めかしさ、草双紙でも読むような語り物風の凝った文体は、デビューいらい禾太郎の本領とされた写実的な作風とあまりにも落差が大きすぎる」と述べている。

確かに、「窓」や『小笛事件』の記録主義的な文体と、「抱茗荷の説」の幻想的な文体を対極にあるものとする山下氏や権田氏の説は首肯しうるものがある。しかし、「抱茗荷の説」を読んで私に印象深いのは、作り物めいた因縁譚よりは、祖母を失ってからの君子が、旅芸人の一座に身を投じてからの生活をめぐる、あたかも丸尾末広『少女椿』(39)のみどりを彷彿させる、次のような叙述である。

君子は旅の大道芸人の稼業が決して好きではなかった、ことにだんだん年頃になるに従って、この稼業が嫌になったが、稼業よりも尚お嫌なことが一つあった、それは今では親のように云っている親方が酒飲みで乱暴者で、それよりも尚おがまんのできぬことは、いやらしいことを仕向けることである。十年もこうして辛抱してきたのは、親方のおかみさんがとても親切に、身をもって庇ってくれたためでもあるが、それより夢としては諦めかねる母の最期の地を捜しあてて、前後の事情をはっきりと知りたいためであった。今年も涼しい風が立ちはじめると君子達は南にむけて旅をつづけた。ある日。初日の商売を終ったその夜、その日の稼ぎが多かったためか親方は、いつもより酒を過ごして、またしても君子に挑みかかった。君子がはげしく拒むと酒乱の親方は、殺してやる。といって出刃包丁を振り舞わすという騒ぎだった。その夜あまり度々のことに辛抱しかねたか、親方のおかみさんは遂に君子を逃がしてくれた。それも旅で知り合った女《ひと》が堅気になって、五里ばかり離れた町に住んでいるからと云って、添書をしてくれた。

禾太郎は浪花節の一座に入り込んだ経験があるから、君子に見られる旅芸人の一座で生活する孤児の境涯は、禾太郎が実際に見聞きした事実であったと考えていいであろう。そして、不運なめぐり合わせによって社会体制から疎外された女性の肖像を描こうとする禾太郎の姿勢は、幻想的なフィクションの形式をとった「抱茗荷の説」の旅芸人の少女君子にしろ、ノンフィクションの『小笛事件』の小笛と養女千歳にしろ、共通するものがあったのである。

もとより、禾太郎が『小笛事件』で力点を置いたのは、冤罪の疑いをかけられた広川が無罪となるまでの裁判の経緯である。しかし、『小笛事件』を読んだ読者の胸の内に印象深く残るのは、「悪女」としての側面が強調されすぎたきらいがあるとはいえ、小笛という一人の女性の肖像であることは、大方の読者が認めるところであろう（広川が罠にかけられた経緯を解明するのが禾太郎の課題であった以上、小笛の「悪女」としての側面がこの著書で強調されるのはやむを得ないところであろう）。

筆者は本稿の四節までで、当時の新聞を中心とした関係者の証言、裁判記録、広川の手記などの一次資料から、小笛母娘の生活史を再構成することにし、蒐められた資料が「小説」としての叙述の中に溶かし込まれていて、典拠がはっきりしない禾太郎の『小笛事件』は、原則として参照しなかった。(40) もとより、それは禾太郎の『小笛事件』の価値を貶めるものではない。ドキュメンタリーとはいえ、『小笛事件』が小説である以上、典拠を一々示さないのは当然であろう。

今後とも、実在の小笛事件について知られていくことがあるとすれば、それは禾太郎の『小笛事件』が創元推理文庫版の日本探偵小説全集11『名作集1』に収められ、手に入れやすいテキストが提示されたことによってであろう。『小笛事件』以前には、小笛事件の関係資料を生のまま収録した、鈴木常吉『本当にあつた事（続篇）』があり、これは巻末に収められた広川の手記を含めて、禾太郎の参考文献であったことは間違いないが、『本当にあつた事（続篇）』は復刻されることもなく、現在では稀覯本に属する。本稿の目的の一つは、小笛事件をめぐって、禾太郎の『小笛事件』とは別に事件の再構成を行うことで、禾太郎の『小笛事件』との比較材料を提示することにあった。

山下武氏は、禾太郎の『小笛事件』をめぐって、「巌窟王的裁判劇」「浪花節的」創作と批判したが、『小笛事件』は小説としての叙述がなされているとはいえ、「犯罪事実小説」と禾太郎自身が呼称したように、禾太郎による創作はほとんど加えられていない。そのことは、山下氏が「事実を並べただけでは小説にならない。そこで、未決監の独房の中で「死刑台の死穴」の恐怖と直面しつつ、冤罪の身を嘆く広川の悩みや怒りを浪曲調で点綴する必要があった」と揶揄する、広川の獄中における心理描写を、広川の手記と比較してもうかがえる。その事例としては、獄中で判決を待つ広川が、油虫の幼虫を見つけ、その成長を慰めとして過ごす場面を、広川の手記と並べるだけで充分であろう。

この小さな虫が、広川のため獄中の唯一の友達となった。広川は毎朝畳を起す度毎に、その成長する有様を見とどけなければ気が済まぬようになり、それが一つの儚い楽しみとなった。油虫は日一日と成長してゆく、そして巣は次第に寂しくなって行く。自分と同じ部屋に生物が——それが仮令油虫であっても——一緒に住まっていると云うことだけでも、広川にとっては大きな喜びと慰謝であった。（山本禾太郎『小笛事件』）

此の小さな虫が、私の獄中の唯一の友達であるのだ。そして此等の虫達と共に住むことになつてからは、毎朝畳を起こす度に、その成長する有様を見届けないでは気が済まないやうな習慣になつて了ひ、此の小さな仕事が、一つの儚い楽しみとなつた。（中略）自分と同じ部屋に生物が——仮令それが油虫であつても——一緒に住まつてゐるといふことだけでも、或喜びと慰謝を感ずるし、こんなにして小さな虫に対しても、限り無き愛撫と哀憐の情を禁じ得なくなつた。（広川常太郎手記「冤囚断想」）

山下氏が禾太郎『小笛事件』を、「厳窟王的裁判劇」[41]を企図したものと揶揄するのは、ほとんど氏自身の調査不足をたな上げにした言いがかりといっていいのである。

山本禾太郎『小笛事件』は、冤罪とされた事件の経緯を克明な調査と裁判記録から再構成し、関係者の個人史を復原しようとしたノンフィクション、たとえば、島田荘司『秋好事件』[42]や佐野眞一『東電ＯＬ殺人事件』[43]の戦前における優れた先蹤として、記憶されるべき作品であろう。

（1）古畑種基『法医学秘話　今だから話そう』（中央公論社、一九五九年）七三―八二頁。
（2）山本禾太郎「小笛事件」（日本探偵小説全集11『名作集1』、創元推理文庫、一九九六年）。また、『幻影城』三四号（幻影城、一九七七年）所収。
（3）高山義三『わが八十年の回顧』（若人の勇気をたたえる会、一九七一年）八一―一一六頁。
（4）『一億人の昭和史1・満州事変前夜　昭和元年～10年』（毎日新聞社、一九七五年）八頁。
（5）日本探偵小説全集11『名作集1』（前掲）所収「編集後記」（戸川安宣）。
（6）山下武「『小笛事件』の謎――山本禾太郎論」（『探偵小説の饗宴』、青弓社、一九九〇年）。
（7）権田萬治『日本探偵作家論』（幻影城、一九七五年）。
（8）『京都日出新聞』、『大阪朝日新聞』、同京都滋賀版、『大阪毎日新聞』などの当時の新聞資料の引用は、京都府立総合資料館架蔵のマイクロフィルムによる。
（9）鈴木常吉『本当にあつた事（続篇）　謎の小笛事件その他』（朝日新聞社、一九二九年）。
（10）山本禾太郎「探偵小説と犯罪事実小説」（『幻影城』三四号、一九七七年）。
（11）広川条太郎手記「冤囚断想」（前掲『本当にあつた事（続篇）』所収）。
（12）筑波昭『津山三十人殺し』（草思社、一九八一年）、西村望『丑三つの村』（毎日新聞社、一九八一年）。「津山三

十人殺し」は、横溝正史『八つ墓村』（角川文庫、一九七一年）の題材となった事件として著名である。
(13) 前掲『本当にあつた事(続篇)』、四七八頁。
(14) 山崎某とほぼ同様の証言は、小笛の家主・山口某もしている（前掲『本当にあつた事(続篇)』、四三五頁）。
(15) 前掲『わが八十年の回顧』、九七頁。
(16) 前掲『本当にあつた事(続篇)』、四三一頁。
(17) 福田かつの証言は、引用した『大阪朝日新聞』記者によるもののほか、前掲『本当にあつた事(続篇)』四三二―四三五頁所載のものがある。
(18) 小笛の性格分析にあたっては、中西信男『ナルシズム』（講談社現代新書、一九八七年）を参照した。
(19) 成田龍一「『故郷』という物語」（吉川弘文館、一九九八年）二三九頁。
(20) 小南又一郎の鑑定書は、前掲『本当にあつた事(続篇)』、四一八―四二三頁所引。
(21) 小南又一郎『法医学と犯罪研究』（カニヤ書店、一九二五年）。
(22) 『小酒井不木全集』第一巻・殺人論及毒と毒殺（改造社、一九二九年）。
(23) 前掲『本当にあつた事(続篇)』、四七五頁。
(24) 『法律新聞』二七五八号、一九二七年一一月一五日（『法律新聞』については松尾尊兊氏のご教示による）。
(25) 『法律新聞』二七七三号、一九二七年一二月二三日。
(26) 前掲『法医学秘話　今だから話そう』、八一頁。
(27) 三田定則『法医学』（金原商店、一九三四年）三五―四〇頁。
(28) 浅田一『犯罪鑑定余談』（近代犯罪科学全集7、武侠社、一九二九年）二一五―二二五頁。
(29) 浅田一『医心放語』（南光社、一九三七年）一七二頁。
(30) 小南又一郎『法医学短篇集』（近代犯罪科学全集8、武侠社、一九三〇年）。
(31) 小南又一郎『実例法医学と犯罪捜査実話』（人文書院、一九三一年）四〇頁。
(32) 山本禾太郎の伝記としては、九鬼紫郎『探偵小説百科』（金園社、一九七五年）一二八―一三〇頁、中島河太郎『日本推理小説辞典』（東京堂出版、一九八五年、「山本禾太郎」の項）、同『日本推理小説史』第二巻（東京創元社、

一九九四年）一五五—一五六頁、ミステリー文学資料館編『「猟奇」傑作選』（光文社文庫、二〇〇一年）三九四頁。また、禾太郎の作品リストとしては、島崎博編「山本禾太郎作品リスト」（『幻影城』二五号、幻影城、一九七六年）、同「山本禾太郎作品リスト2」（『幻影城』三四号、一九七七年）。

(33)『夢野久作全集』1（三一書房、一九六九年）所収。

(34)日本探偵小説全集17『長谷川伸・山本禾太郎集』（改造社、一九三〇年）所収。

(35)前掲「探偵小説と犯罪事実小説」。

(36)いずれも、前掲『長谷川伸・山本禾太郎集』所収。

(37)山本禾太郎「閉鎖を命ぜられた妖怪館」（新青年傑作選集Ⅱ・推理編2、中島河太郎編『モダン殺人倶楽部』、角川文庫、一九七七年）。

(38)山本禾太郎「抱茗荷の説」（『幻影城』八号、絃映社、一九七五年）。

(39)丸尾末広『少女椿』（青林堂、一九八四年）。

(40)ただ一つ、第三節で記した、千歳が広川を「兄さん」と慕ったというエピソードのみは、禾太郎の『小笛事件』における叙述以外の資料には、確認し得なかった。広川はその手記で、小笛には言及しているのに対して、千歳については不思議なほど沈黙している。手記の中で言い訳も自己正当化もすることができないほど、千歳と結婚する意志もなく性的関係を結んだことは、広川なりに心の深淵になっていたのかも知れない。

(41)黒岩涙香訳『巌窟王』（扶桑堂、一九一五年縮刷合本）。これは、禾太郎が冤罪に苦しむ広川をレ・ミゼラブル（巌窟王）のジャン・バルジャンに例えたことに対する、山下氏の揶揄であるが、自分自身をジャン・バルジャンと二重写しにすることも、広川自身がその手記で行っていることであり、禾太郎はそれを広川の手記にもとづいて敷衍しているにすぎない。

(42)島田荘司『秋好事件』（講談社、一九九四年）。

(43)佐野眞一『東電OL殺人事件』（新潮社、二〇〇〇年）。

［図版出典］

図1　山本禾太郎「小笛事件」（日本探偵小説全集11『名作集1』、創元推理文庫、一九九六年）

図2　山本禾太郎「小笛事件」（『幻影城』三四号、幻影城、一九七七年——一部訂正）
図3　浅田一『犯罪鑑定余話』（武俠社、一九二九年）
図4　『大阪毎日新聞』一九二六年七月一日
図5　『大阪朝日新聞』京都滋賀版一九二六年七月五日
図6　古畑種基『法医学秘話　今だから話そう』（中央公論社、一九五九年）

戦間期京都における婦人運動——榊原弥生を中心に——

光田京子

はじめに

近代京都の婦人運動といえば明治期の自由民権運動にかかわった岸田俊子や清水紫琴を思いうかべるであろう。従来の研究史もこの時期については厚いが、戦間期に関する研究は『京の女性史』[1]において拙稿が概説したにすぎない。戦間期とは、大正デモクラシー期から一五年戦争にむかう時期、世界史的にみれば両大戦の間の国際協調からファシズムの抬頭する時代である。労働運動、普通選挙運動をはじめ様々な社会運動の高揚したこの時期、市民的女性たちの婦選運動も全国的に拡がっていった。

京都においても戦間期には婦選運動をふくむ幅広い婦人運動が展開した。その中心人物が榊原弥生（一八八六～一九三五）であり、当時「京都における婦選は榊原であり又榊原の婦選となり、自他共に相許して憚らなかった」[2]といわれていた。榊原は、一九二〇年（大正九）の新婦人協会創立に際して平塚らいてうと連携し、京都婦人聯合会を組織して大阪を中心として西日本一帯に組織をもつ全関西婦人聯合会の一角を担い、一九三〇年には婦選獲得同盟京都支部を設立した。

地方の婦選運動家についての研究はいくつかあるが、(3)榊原は次の三点で特異な存在である。第一に、新婦人協会創立から婦選獲得同盟京都支部設立まで一〇年以上の長期にわたって地方での婦人運動を続けている点である。第二にこれら中央の婦選団体に所属しながら、全関西婦人聯合会でも重要な地位をしめており、京都と東京、大阪の婦人運動をつなぐ要の役割を果たしている点である。第三には榊原の個人的来歴の特殊性であり、庄内藩士の娘として育ち明治女学校に学んだことがその思想に独自性を与えている。以上の点からみて、榊原弥生は戦間期の京都の婦人運動のみならず、中央および関西における婦人運動の上でも重要な存在であり、榊原の活動をとおして地方と中央との相互関係を見ることができる。また、明治期の女性文化史上重要な明治女学校の教育が、大正デモクラシー期に花開いた一事例としても榊原は興味深い研究対象である。

戦間期における地方の婦人運動に関する研究としては、石月静恵『戦間期の女性運動』(4)が、主に大阪における地域女性運動・市民的女性運動・無産女性運動・官製女性運動の全体像を描いている。全関西婦人聯合会については藤目ゆき「全関西婦人連合会の構造と特質」(5)が、「庶民対エリート・官製団体対自発的団体・体制内団体対反体制団体という対立の固定的認識を問い直す」との斬新な視点で論じている。榊原を中心とする京都婦人聯合会を論ずる際にこの視点は有効であり、京都についての具体的な事実が明らかになることで全関西婦人聯合会の全体像もより鮮明になると思われる。

婦選獲得同盟の地方支部に関する研究は、伊藤康子「婦選獲得同盟の地域活動」(6)が各支部の動きを概観しているほか、愛知・秋田・広島等についてそれぞれ個別研究(7)がある。

なお史料としては主として『女性同盟』『婦人』『婦選』等機関誌の復刻版と、財団法人市川房枝記念会図書室所蔵のマイクロフィルムを利用した。後者には京都婦人聯合会史料や婦選獲得同盟京都支部関連の史料、特に多数の書簡類が含まれており、婦人運動家たちの肉声を聴くことができた。史料を閲覧複写させていただいた市川房枝記念会図書室に感謝の意を表したい。

一　榊原弥生の周辺

(1)おいたち

榊原弥生は一八八六年(明治一九)四月七日、山形県鶴岡市に士族の娘として生まれた。庄内藩は藩士子弟に対する儒学(徂徠学)教育が徹底しており、維新後もその伝統は続いていた。さらに、西郷隆盛への強い崇拝の念が共有されるようになった。戊辰戦争で官軍に敗れ、本来なら苛酷な降伏条件を押し付けられるところ、城受け取りに来た黒田清隆が寛大な対応をし、これが西郷隆盛のはからいによると知って西郷に対する感謝の念が生まれたのである。庄内藩士たちは西郷に心酔してたびたび教えを請い、後ちにその訓話を『南洲翁遺訓』にまとめている。西郷が征韓論に敗れて鹿児島に帰って私学校を開くと、他国人は入学を認めない掟だったにもかかわらず、庄内から伴兼之と榊原政治の二青年が特別に入学を許可された。西南戦争の際、西郷は二人に帰国を勧めたが、彼らは断固としてききいれず戦死した。この戦死した青年榊原政治が、弥生の叔父にあたる。[8]西郷崇拝の強い庄内においても、とりわけ榊原家はその思いが深かったであろう。

弥生の人生に大きな影響を与えたのは九歳年上の兄政雄であった。榊原政雄は押川方義[9]が院長をしていた東北学院で学び、キリスト教徒になった。押川は「武士のなったキリスト者」といわれているように、武士道とキリスト教を融合した独自の宗教観をもっていた。彼は教義や宗派にはこだわらず、社会に宗教を生かすことに重きをおき、政治や事業に向かうことになる。一八九六年（明治二九）、三陸大津波のとき政雄は、押川と川合信水（東北学院出身、明治女学校教師）と共に被災地を視察した。川合の記録によると、「榊原氏頑健、独り重荷を負ふ」、「榊原氏の『草鞋かけ』なき足」とあり、政雄の犠牲的精神がしのばれる。[10] 榊原政雄は川合信水とともに押川の一番弟子だったらしく、その宗教観も師の押川と同様の軌跡をたどり、組合教会の牧師となった後ち教会を離れ、最後は満州で農場経営者となる。

一八九四年、押川は巌本善治ら[11]と大日本海外教育会を創設した。「東洋人の教育は東洋人の手によって」との考えから「先ず朝鮮国民の為に教育を施し以て国家独立の基礎を堅立せむことを期す」[12]という企てだった。榊原政雄が満州にわたり農場経営にのりだす出発点は、この大日本海外教育会にあったのではなかろうか。

(2)明治女学校と巌本善治の女学思想

榊原弥生は兄政雄の人脈の自然な流れから、巌本善治が主宰する東京の明治女学校で学ぶことになる。青山なを『明治女学校の研究』[13]によると、当時の明治女学校は普通科三年、高等科または専修科二年の課程であり、同書の年表によれば弥生は一九〇四年（明治三七）に撰科を卒業、あるいは弥生の死後発表された略歴[14]によると一九〇六年専攻科卒業である。作家の野上弥生子も一九〇六年に明治女学校の高等科を卒業している。一八八五年生まれの野上は、弥生とほぼ同世代で同時期に明治女学校で学んでいる。青春期の六年をすごした明治女学校は、作家野上弥生子の精神の揺籃であり、野上は後年よくその思い出を語り、最晩年には未完となった小説『森』においてそこでの体験をフィクションとして描いている。

野上の思い出によると、当時の明治女学校は巣鴨のくぬぎ林のなかにあった塀も門もない「学校らしくない学校」で、その教育方針も「クリスト教的な文化主義」で、良妻賢母主義とはかけはなれていた。女性もまず人間として教育し、男女の平等は当然の前提だった。教育勅語も読まず、料理も裁縫も教えず、教科書も試験もない。一方で、校長巌本をはじめ内村鑑三、徳富蘇峰らの講演を聴き、社会に目をむけるよう足尾鉱毒事件の裁判を傍聴に行く。このような型にとらわれない教育のなかで、野上は「社会的な権威とか世間の思惑とか、習俗、形式とかいうことにとらわれないというのではないけれども、かかわりのないようなものの考え方をするようになった」といい、それが「明治女学校風」だという。(15) 個人により受け止め方にいくぶん差はあろうが、榊原弥生もこのような教育をうけたのである。

明治女学校校長巌本善治は、一八八五年（明治一八）発刊の『女学雑誌』主筆として独自の女学思想を展開していた。女学思想の特質は、両性に本質的相違を認めたうえで、両者の価値は同等だとする点にある。

抑そも男女は質を異にするの両性にして、永劫永久に決して混同すべからざるの別異を存するが故に、其の世の中に立って負ふ所の職務責任の永遠に相違するが故に、彼等が気質はいよいよ相違して亦永劫に混同す可からざるに至るべし。（中略）故に女子教育及び女権拡張の正当なる希望は、敢えて女子をして固有の本質よりも立ち越えしめんとするにはあらず、只人為の圧制によりて不自然に製造したる部分を打破撤去するにある也。而して如何に此不自然に製造したる部分を打破撤去したりと雖も、理想的男女の気質は永遠に相違せざるべからざるを知れ。(16)

巌本の女学思想には時期的な変化があり、発刊当初は西洋を模した社会改良によって女性の権利を拡張することに重心があったが、一八九〇年代には次第に国粋的になり日本女性の美質として犠牲献身の精神を賞揚するようになっていた。榊原が在学中の一九〇〇年ごろには一層その傾向が強まり、「女は感激身を致し、献牲奉公の心持で骨を粉にして働くといふ事ができれば、中心に甚だ愉快なのである。（中略）（迷いを捨てて信仰をもち）その感激に熱し、その献牲に決心した婦人でなければ新日本女学の先学とはなれぬことであらふと信じて居る」[17]と論じている。当時の明治女学校の生徒は五〇人ほどで巌本の教えはひとりひとりの生徒に浸透していたが、巌本の親友押川方義からも信任されていた榊原弥生に対しては、とりわけ熱心に教育がなされたのではなかろうか。

(3) 大川周明と兄政雄

そのころ、兄政雄は熊本の草葉町に組合教会牧師として赴任していた。同郷の大川周明[18]は熊本の第五高等学校に入学して、草葉町教会で榊原政雄と出会い、強烈な印象を受けている。「私は私の同郷人のうち、榊原氏ほど豊かな天分に恵まれていた人を知らない。氏は予言者的精神と、詩人的情熱と英雄的気魄とを生みつけられていた。そしてキリスト教信者となる前に、すでに儒教によって訓練された庄内の武士であった。武士道とキリスト教とを渾一せる氏の信仰、その信仰を伝える熱烈奔放な氏の特殊の雄弁は、私の魂の至深処に響いて強い感銘を与えた」[19]。大川は弥生と同年生まれ、弥生の従兄弟で後ちに無教会主義のキリスト教伝道者になる黒崎幸吉[20]とは中学校の同級であった。黒崎は一高に入学していたが、その年の夏休みに帰省したとき大川が訪ねてきて一二泊してキリスト教のことなど語り明かしたというが[21]、榊原政雄のことも話題にのぼったにちがいない。

このように榊原政雄に傾倒した大川は妹の弥生との結婚を希望したが、榊原家の事情と、政雄の考えによって結婚には至らなかった。家庭の事情とは、政雄の家庭の世話と、早世した姉の二人の娘を育てる役目が弥生にあったことである。また政雄の妹に対する期待は、以下のごとき過大なものであった。

我国を最強、最善、最美の邦となして其大使命を果たさせるために、我家の者は皆一身を捧げよう、私はおまへのみを犠牲にはしない。女が家庭をつくることは大切ではあるが、それは月並である。おまへは一人の亭主などに仕へて三四人の子供をつくりて一生を送るよりは日本皇国をご主人様として、我国の小供悉く我が児と考へて大局から国家にご奉仕してくれ(22)

榊原弥生は、押川方義からも信頼され、巌本善治の女学思想と犠牲献身の精神を教授され、兄政雄の国家に奉仕せよとの期待を受けて社会にたつことになる。

二　新婦人協会と榊原

(1)京都成安女学院創立への協力

一九〇四年（あるいは一九〇六年）、明治女学校を卒業した榊原弥生は、熊本女学校、東京女子商業学校、大連女学院と転々としながら教職に就く。おそらく兄榊原政雄と共に移転し、家事と甥姪たちの育児の傍ら教師を続けていたのであろう。政雄は満洲日日新聞記者を経て、満鉄の支援をうけて奉天に大農場を経営するようになった。農場はある程度成功して大川周明に研究費を提供したこともあるが、一九二二年七月に大川が渡満したときには「色々な手違ひから非常に難儀になりせっぱ詰まって居るらしい(23)」という窮状であった。京都下鴨に留守宅を構えたのは、農場経営がある程度成功した時期と考えられる。

弥生が満州から京都に移転した時期は不明だが、一九二〇年（大正九）には瀬尾チカの創立した京都成安女子学院の前身、成安裁縫学校で専任講師として数学と習字を教えている(24)。瀬尾チカは一八八七年、長崎県の生まれ。鳩山春子主宰の共立女子職業学校を卒業後結婚し一女をもうけるが、夫に先立たれ一九一八年、京都で和洋裁縫手芸教習所並女子副業教習所を設立した。その女子教育観は、瀬尾自身の経験から、女性が精神的経済的に自立することを目的としていた。瀬尾は年々学校組織を拡大して、創立四年で普通部、専攻部、裁縫部からなる京都成安女子学院を形成したが、女子教育の発達を切望する榊原は協力を惜しまなかったと思われる。榊原は後に成安同窓会副会長に就任して、同窓会会長の瀬尾と共に後述する京都婦人聯合会、全関西婦人聯合会で活動することになる。

在学生の思い出によれば、「当時京都の婦人界の花形であった榊原弥生先生のすすめで、総会席上で意見発表せよとのこと」(25)で、瀬尾は一九二二年三月の京都婦人聯合会第二回総会において初めて演壇に立ち、「婦人の覚醒に対する私見」との演題で演説している。全関西婦人聯合会でもたびたび演説し、一九二七年の第九回大会では高等女学校学科目について論じている。

「時代の推移に伴ひ女たちを独立せしめ職業婦人として街頭に立つ秋は来た、かく女性が社会運動、社会経済の一半を占むる至つた」上は女性に法制経済の知識が不可欠であり、女学校の科目に法制経済を必修科目とすべきである。「将来の日本婦人が、完全な国民の一人として国家に貢献するためには法制経済の知識を有する必要あり、参政権を得るも法制経済の知識なくしては何の要もなさ《ママ》ない(26)」と、婦人参政権にも言及している。瀬尾のこうした主張は、榊原から受けた影響によるところが大きかったと思われる。

(2) ＰＬ会と第一回婦人会関西聯合大会

大正デモクラシーの高揚期、男性の普通選挙運動と労働運動が盛んになる中で、婦人参政権問題、女子労働問題に対する女性たちの関心も高まってきた。第一次世界大戦後、欧米数カ国で婦人参政権が獲得され婦人参政権は議論から実行の時代にはいった観があった。

一九一九年（大正八）一一月二四日、新しい時代の女性問題を女性たちが団結して研究し、その解決のため運動する団体が二つ公にされた。この日、大阪朝日新聞社主催で第一回婦人会関西聯合大会が開催され、講師として招かれていた平塚らいてうが講演の後、新婦人協会の趣意書を配ったのである。

石月静恵「全関西婦人連合会の成立と展開」(27)によると、婦人会関西聯合大会の構想の母体となったのは、大阪朝日新聞記者の恩田和子を中心とする大阪十日会と、厨川白村の発案と協力で結成された京都ＰＬ会であった。これらは女性たちが時事問題を研究するための組織だったが、次第に個人の力を合わせて研究及び実践のできる団体の必要性が認識されてきた。この動向をみた大阪朝日新聞社会部を中心に、婦人会関西聯合大会（第五回から全関西婦人聯合会）開催の準備が進められた。

(3) 新婦人協会とＰＬ会

一方、新婦人協会の構想は平塚らいてう個人から始まり、市川房枝と奥むめお（奥の参加は一九二〇年一月から）の協力で実現した。らいてうは機関誌『女性同盟』一号（一九二〇年一〇月）に「宣言」として次のように女性たちに訴えている。

婦人も亦婦人全体のために、その正しき義務と権利の遂行のために団結すべき時が来ました。今こそ婦人は婦人自身の教養、その自我の充実を期するのみならず、相互の堅き団結の力によつて、その社会的地位の向上改善を計り、婦人としての、母としての権利の獲得のため、男子と協力して戦後の社会改造の実際運動に参加すべき時であります。（中略）

私共は日本婦人がいつまで無智無能であるとは信じません。否、既に我が婦人界は今日見るべき学識あり、能力ある幾人かの新婦人を有つてゐます。しかも私共は是等の現はれたる婦人以外に、なほ多くの更に識見高き、思慮あり、実力ある隠れたる婦人のあることを疑ひません。然るに是等の婦人の力が一つとして社会的に若しくは社会的勢力となつて活動して来ないのは何故でありませう。全く婦人相互の間に何の聯絡もなく、各自孤立の状態にあつて、少しもその力を婦人共同の目的のために一つにしやうといふやうな努力もなく、又そのための機関もないからではないでせうか。（後略）

平塚から見て、大阪十日会と京都ＰＬ会は社会問題にめざめた知識階級の女性の集まりであり、関西において新婦人協会への協力が最も期待できる集団であった。榊原弥生は平塚の呼びかけに最も深く共感した女性のひとりだった。

榊原は、京都ＰＬ会を厨川蝶子（白村夫人）等と共に結成した。ＰＬ会の詳細は不明だが、「婦人自身の修養を目的とする団体」[28]であり、知識階級の女性の文化的集まりであった。ＰＬ会は社会的関心も高く、婦人会関西聯合大会の発起人会に参画し、五人の報告委員のひとりにＰＬ会から植田ましゑが選任されていることからも、大会開催に積極的にかかわっていたことが窺える。平塚らいてうは大会後、京都ＰＬ会と大阪十日会には出席して創立の趣旨を説明している。[29] 榊原はこのとき直接、平塚からの説明を聞いたと思われる。

翌一九二〇年三月四日、東京田端の新婦人協会事務所を榊原が訪問し、平塚と市川にＰＬ会の報告をした後、神田青年会館での政談演説会「思想家の時局観」（大庭柯公・大山郁夫）に三人で行き、治安警察法五条違反で警察の取り調べを受けた。市川は榊原の死後、「初対面の方をこうした会合に御誘ひした事を後で悔んだが、然し氏自身のこの事件に対する態度は実に立派なものであった」[30]と述懐している。

新婦人協会には、ＰＬ会から厨川蝶子と榊原が入会している。同年一〇月、機関誌『女性同盟』の創刊に際しては、榊原が次のような所感を寄せている。

拝復　皆様お元気で嬉しく思ひます。

待ちかねて居りました機関雑誌直に拝見致しました。全紙に溢れてゐる皆様の誠意は誰れでも感ぜずには居られますまい。皆様の御苦心の程も忍ばれました。

『女性同盟創刊の辞に代へて』の全文を拝見して、現在の御考が九分九厘まで同感であつた事を大変嬉しく思ひました。是迄色々な境遇に置かれながらも消し得なかつた胸の炎が今計らず共鳴の強い響きを発しました。第一自分の心を喜ばせる為めに是非購読者と会員を求めたいと思ひます……。

皆様の御苦心を思つて気が気でないやうに思ひます。終りに皆様のご健在を祈ります。(31)

平塚らいてうへの返信として書かれたこの文章から、榊原が明治女学校卒業後兄の事業のため各地を転々とし、家族の世話に追われていた日々にも胸中に女性解放の志をもち続け、平塚の『女性同盟』創刊の辞に強く共鳴し自らも京都で婦人運動を始める決意をしたことがわかる。

(4)榊原弥生の女性解放論

『女性同盟』創刊号には「PL会より　最近婦人運動の傾向を述べて新婦人協会の発展を望む」と題された文章が掲載されている。「編集室より」によると創刊号には寄稿が多く掲載できない原稿が五編以上あった中、「PL会より」を優先して取り上げたのは、平塚がこの会を同志として尊重していたことの現れであろう。「PL会より」の執筆者は単に「PL会幹事」と記されているが、これまでの経緯、文体、内容から判断して榊原と推定できる。これは、管見のかぎり、榊原が婦人運動について書いた唯一のまとまった文章である。以下その内容を平塚の創刊の辞と比較しながら検討する。

榊原は、まず婦人問題についての現状を分析する。

最近日本の婦人運動或は婦人問題は大体二つの中心点を以て、二方面に分れて居る様に思ひます。一は婦人が人としての要求であり一は母としての要求である。前者を主張するもの、主眼とするところは、婦人は男子に対して機会均等を与えらるべきものであるといふ立場で、教育の自由、婦人参政権を初めとし、更に職業に於ける機会均等を要求して居る。後者を主張するもの、主眼とする所は、母体保護、家庭に於ける婦人の地位(是れは前の主張にも在りますが)といふ様なので、此場合には近来やかましい家族制度の問題も纏り付いて来ると共に、単に男と女といふ概念的の相対関係に、更らに小供といふ新らしい関係が生じて来るので、母体保護本来の目的は婦人中心主義とか、小供中心主義とか八釜しくなつて参ります。

然しいづれにしても斯る主義及びそれに伴ふ運動が、単なる問題単なる議論の時代を過ぎて、具体化したる運動として現はれた事は、茲に批判の余地なく慶すべき事としか思はれません。何となれば是等の運動は過去の日本に於て婦人が余りに虐げられ過ぎ、最早そうした盲従主義乃至男子中心主義に満足して居られなくなつたといふ婦人の内的覚醒に基づいて起つた事であり、正しく一の文化的発展を意味するからである。

このように榊原は、母性保護論争をふまえて女権主義と母性主義の二つの立場に言及するが、あえてどちらの立場に立つかは明らかにせず、そうした議論以上に重要なことは運動として具体化したことだという。その運動は、男性に虐げられてきた過去に満足できなくなった「婦人の内的覚醒」に基づくという。平塚の創刊の辞「社会改造に対する婦人の使命」は、一〇年前の『青鞜』時代には「婦人も亦人間なり」という「婦人覚醒の第一声」をあげ、ひたすら精神的自由と独立を求めた精神運動であったのに対し、『女性同盟』においては、「女性としての自覚を得た婦人が、真に婦人自身としての愛の仕事に生き」るために不都合な社会を、女性の団結により改造しようとする運動に進化したという。榊原と平塚の現状認識はほぼ重なり、女性の精神的覚醒を運動の基底におき、社会運動というより文化的運動の色彩が強い点で類似している。違いとしては、平塚が女性主義、母性主義をはっきり主張するのに対し、榊原はその点を保留していることであろう。

榊原の女性論には、巌本善治の女学思想からの影響が認められる。

婦人の能力を自由に発達せしめるために男女の機会均等を与へるといふ主張は、最早や婦人だけでなく、男子も業に其必要に迫られて居る問題で、此主張が早晩一切の社会組織に適用せられうる事は近い将来である事と信じます。然し斯る主張の貫徹に対しての疑問は、男女の差別観が如何なる根底のもとに立つかと云ふ事で、男子が便利主義の上からでなく、真に男女同等観の上に立つて差別を認める事から始まらなければならないと思います。然し今日まで我が国に培はれた男女観の大部分は同等観と見ることが出来ません。恰も日清役以後支那人に対して同等観を失つた国民の其観念が、今尚日支親善に対して唯一の障害となり、引いて邦家の発展を妨害する如く、業に作りあげられた男女不同観を同等観まで持ちあげる事が、婦人運動主張貫徹の途上第一の障害である。吾々は先づ根拠あり理路整然たる宣伝をなすと同時に、一面には婦人の智識を擴め、徳性を養つて人間的覚醒を促すと共に、男子に対しては倫理的の教養を要求しなければならないと思ひます。但し男子自らの内に同等観の樹立を求める事は余りに迂遠であるかも知れません。吾々は先づ第一に婦人の智力を高上せしめなければならない。何となれば智的覚醒に基づいて起つた内的要求は、如何なる力を以ても防ぎ得ないものであると信ずるからであります。

男女の「差別」（相違の意）を認めたうえで男女同等とする点、女子高等教育に解放の糸口を見いだす点は、一八九〇年代の巌本の主張のままである。また、比喩の中で、「支那人」への同等観によって「日支親善」が実現すると述べているのが注目される。ここから榊原の素朴なアジア観が窺われるが、兄榊原政雄、巌本善治、押川方義らのアジア主義の影響が大きかったと考えられる。

平塚はエレン・ケイの思想との出会いから母性主義を主張するようになったが、榊原は子供中心主義に対しては多少の違和感をもっていた。

（前略）子供中心主義の立場からの母体保護は、二次的意義から来る便利主義に基づく。腹は借りものとまで行かずとも乳牛に多量の飲食物を与へらるると一般で、男の便利主義の下に与へられる男女の機会均等が、吾々の満足を何時まで保ち得ませう。

また、榊原はキリスト教徒の立場から、バース・コントロールについては反対だった。

目の前に欧州諸国の家族制度が今将に破壊しかけ、已に破壊せられて居る一部の有様を見、殊にフランスなどに於て避妊其他の行為が明様に行はれて居るところを見れば思い半ばに過ぎる。造物主の教に従ひ、一切生物界の現象のまゝ、幾何級数で人類は増加して行く、斯くして人類は生み且つ栄へる為に多くの容易ならぬ条件を持つ。

経済の問題が其の一つである。児童の国家保護といふような問題はたうから出て来なければならない事であらう。

以上のように榊原の女性論は巌本の女学思想を基本としており、北欧の新思潮を吸収した平塚の母性主義と多少ずれてはいたが、婦人参政権についてはそれを手段としてより高い理想を実現しようとする点で一致していた。榊原は、「私として婦人運動の究竟するところ、単なる参政権運動でもなければ、又過激なる自我欲望の満足を追及する為めに男女の機会均等を主張するものでもなく、曖昧なる言葉でありますが、所謂人類生活の上に、より高き理想を絶えず創造して行く、それは前にも申した通り各自（男、女、子供の意――筆者注）を満足せしむべき軌跡をば、吾々の智力、徳性、又は感情の生活の上に、最も調和してゐる点を見出す事」であると、述べている。

新婦人協会発足時には榊原と平塚の思想は近く、平塚は規約第三条に掲げた目的の一つ、「各地の有力なる婦人団体と連絡を計り、婦人共同の利益に対する日本婦人総同盟を組織すること」の実現を関西の十日会、ＰＬ会との連携から始めようとしていた。一九二〇年三月二八日の発会式には地方代表としてＰＬ会の植田が挨拶の予定だったが、不参加に終わった。その後の『女性同盟』誌面にＰＬ会が登場することはなかった。

新婦人協会における榊原の活動も、一九二一年一月の新年名刺交換会名簿に掲載され（四号）、八月号に会費の領収が確認される他は誌面から窺えない。規約によれば五人以上の正会員で地方支部結成が可能であり、[32]一九二〇年一一月六日から一七日にかけて平塚が支部結成に向けて北陸から関西に講演旅行した際に、大阪・神戸ではすぐに支部設置が決まったが、京都は一泊したが支部結成に及んでいない。[33]

関西において二〇年代から三〇年代にかけて最も大規模に女性組織化を推進したのは、婦人会関西聯合会であった。榊原は、文化団体的色彩の強いＰＬ会から、より広範な女性たちを組織して実践的な婦人会関西聯合会へと活動の重心を移していく。

三　榊原と京都婦人聯合会

第一回婦人会関西聯合大会において各地域で地方大会を開き聯合大会との連絡を計ることが承認され、西日本各地で聯合婦人会が組織されていく。京都婦人聯合会は、第二回婦人会関西聯合大会の代表者会に京都から出席した榊原弥生等八人を発起人として、一九二〇年一二月四日に創立された。

京都婦人聯合会に関しては、市川房枝記念会図書室に一九三〇年から一九三五年にかけての史料が保存されている。(34) これらは当時婦選獲得同盟会員だった榊原が同盟に送ったものと考えられる。この史料の存在自体が、京都婦人聯合会と婦選獲得同盟との連携を示している。以下、この史料と『婦人』により会の活動を見てみる。

(1)京都婦人聯合会の創立

一九二七年三月、榊原は『京都婦人聯合会々報』を創刊し、「京都婦人聯合会歴史」を掲載した。

去る大正九年十二月四日、京都市立第一高等女学校の作法室をお借りして同志の会合を開き、色々懇談致しました結果、京都市内及其付近にある各婦人会、同窓会等が互に手をとりあつて一つの会を設け、社会の一員として自分自身を修養し、各自家庭に献身すると同時に、ほんの少しづゝでも一致団結の力を以て国家のために貢献したいといふ已むにやまれぬ願ひの下に、我が京都婦人聯合会は生れ出たので御座います。

今回はしなく七年前の記録を繙いて、今更のように当時を回想し、感慨無量黙するに忍びず左に初志の一部原文どおりを記して本会誕生の趣旨にかへます。

「あらゆる方面の進歩発達の急激なことは驚くばかりで御座いますのに吾々婦人は兎角社会から遠ざかつて世の進歩に伴はない状態であります、これは独り吾々婦人の不幸のみならず、社会の為めにも大なる損失であります、之を改善して行くには男子の方々の力にのみたよるべきでなく、女子自ら奮起せねばならぬ事は申すまでもありません、皆様方は既に御会の会員として夫々御尽力で御座いますが、なほ博く各婦人会、同窓会と聯合し、多数の力を以て実際に着手したならばと思召されませんでせうか、例へば時間励行、虚礼廃止、衣食住の改善等どうしても多数の力をまたなくては出来ぬ事ではありませんでせうか、故に私共は茲に各会が聯合して其協力により一日も早く婦人の幸福を進め、ひいては社会に多少の貢献をいたしたいと思ひまして如上の趣旨を申上げ御賛同を得たい次第であります。

尚御賛同の上は左記御承知を願ひます。

1御会より三名以上五名までの代表者を御選出願ふこと

2代表者の方は京都婦人聯合会創立委員になつていたゞくこと

3創立委員は第一回委員会にて会則起草其他の御協議を願ふこと」

ここに引用されているのは、榊原が起草して各婦人団体に送った京都聯合婦人会設立趣意書である。婦人会関西聯合会や新婦人協会と同様に、女性たちの「一致団結の力」により社会を改善し「国家に貢献」しようとの趣旨である。

一九二一年三月五日、岡崎公会堂にて第一回京都聯合婦人会大会が開催された。榊原が開会の辞を述べ、続いて講演したのは、同志社専門部教授松田道子、京都大学教授工学博士武田吾一（ママ）、教育会橋八寿栄、矯風会海老名みや子、京都高女同窓会五坪そとの、桜蔭会土岐安子、桜楓会大橋ひろ子であった。

(2)京都婦人聯合会の事業

榊原は初め庶務を担当し、一九二七年には五〇人の幹事(35)のひとりだった。幹事の所属団体は女学校同窓会、キリスト教婦人団体、仏教婦人団体が中心で、他に女教員会、ピーエル会（ママ）、有隣軍人婦人会、また同志として個人参加もあった。榊原はこの年は国際聯盟京都支部婦人部の代表として、後ちに婦人矯風会京都支部長となる駒井静江と共に名を連ねている。榊原は前述のとおり瀬尾チカとともに成安女学院同窓会代表として婦人聯合会に参加していたが、従兄弟の黒崎幸吉の親しい前田多門が国際会議のため入洛していたためか、この年は国際聯盟関係の団体を代表している。前田は国際労働理事会の日本政府代表としてこの年までジュネーブに駐在していた。婦人聯合会では、この年四月一五日に成安女学院を会場にして連続講演会を開催し、前田も「国際聯盟と婦人」の演題で講演している。

講演会は多数行われ、例えば一九二三年一〇月から一年の間に、「婦人の心得べき日常生活に関する法律（七日連続）」「東宮殿下御成婚奉祝講演会」「タゴール翁講演会」「震災記念講演会」「日米問題研究会」等を開催している。(36)

婦人聯合会の恒常的事業として一九二六年（大正一五）六月、京都婦人々事相談所を開設した。毎週火曜と金曜午前九時から午後四時まで、河原町四条の了徳寺の一室を借りて女性たちに無料相談を行った。相談事項は「甲種　家庭問題、法律問題」「乙種　教育問題、保護救済、病気出産、職業紹介、託児里子、宿泊其他」で、甲種については聯合婦人会会員が相談にあたり、乙種については市内各社会施設と連絡を取り解決していた。相談責任者の手書きの当番表が残されており、榊原も毎月一、二回相談責任者に当たっている。相談者は年々増加して三年間で七〇〇〇人以上の相談に応じた。

災害救援活動も行い、一九二七年の奥丹大震災に際しては聯合婦人会として義援金一一〇円を京都府に差し出し、下駄や菓子をもって罹災者を慰問した。また京都駅・二条駅の京都市救護班まで出張慰問を毎日行い、榊原は瀬尾チカ・永富つち等と共に数回慰問している。(37)

京都婦人聯合会の事務所は当初下鴨の榊原宅におかれたが、一九二七年ごろは基督教女子青年会や了徳寺に移り、さらに一九二九年には京都市役所社会教育課内になっている。平塚らいてうは、新婦人協会の事業計画案のなかで婦人会館の建設を夢みて、[38]規約第三条にも会の目的として「事務所、公会所、教室、婦人共同寄宿所、婦人簡易食堂、娯楽所、運動場、図書館等を含む婦人会館の建設」を掲げている。榊原も京都婦人聯合会の活動拠点としての会館建設を切望して、一九二七年七月「御大典記念　京都婦人聯合会昭和会館建設趣意書」を発表した。会館の事業予定としては、常設で「一、社会問題及婦人問題ノ研究調査　二、生活改善事項ノ調査研究宣伝実行　三、婦人々事相談所　四、婦人宿泊　五、女中ノ夜間学校　六、乳児保育　七、授産職業講習　八、娯楽」、臨時に講演・講習などに利用することだった。

一九二八年三月京都府下聯合婦人会がつくられ、一二月二日には京都婦人聯合会と提携して京都府聯合婦人会が結成された。[39]このころから京都市聯合婦人会の名称が使われ始め、一九二九年八月「御大礼記念　京都市聯合婦人会館設立趣意書」が発表される。御大礼の建物第二朝集所典儀室を下賜されることになり、府知事や市長の賛同を得て建設資金の寄付を募っている。翌年七月上京区紫野に御下賜記念会館が建設され、聯合婦人会の事務所をそこに移転した。三一年一一月婦人会館落成式を行い、翌年五月には会館維持費を得るための大慈善市を開き純益金七〇〇円余りを得ている。婦人会館は経済的にも自立して自治的に運営された。

一九二九年一二月には新事業として丸物百貨店内に育児健康相談所を開設した。[40]相談は無料で四人の医師が担当し、年間数千人の相談者が訪れた。榊原はここの責任者であった。京都婦人聯合会の事業は年々拡張し、二九年には参加団体数も四〇、会員数は二万人を超えるまで成長した。

以上の京都婦人聯合会の事業内容は、新婦人協会が規約に掲げた目的と多くの点で重なっている。婦人団体の連携、婦人問題の研究、講演会、機関誌の発刊、婦人相談所、婦人会館等の構想は規約第三条に示されており、榊原が平塚の構想から着想を得たこともあっただろう。しかし、構想に終わることなく着々と実現させているのは、運動家としての榊原の粘り強さの賜物である。また、京都府知事や市長を名誉顧問にする婦人聯合会の体制的性格がさまざまな事業の成功を導いたことも事実である。

この体制的性格のため、新婦人協会が第一に掲げた婦人参政権については婦人聯合会で積極的に取り組むことは困難だった。榊原は婦人参政権実現のために全関西婦人聯合会に働きかけると同時に、一九二七年には婦選獲得同盟に入会している。それ以来、市川房枝との連絡が始まり書簡が何通か残された。一九二九年（推定）九月三〇日付の書簡のなかで、榊原は京都市聯合婦人会の問題点を述べている。

「当地では選挙問題に特別に熱心で当市会議員選挙の際にも連日応援演説をなすった方お二人とも当市聯合婦人会を精神的にも物理的にも市役所の隷属たらしむべく暗々裡に運動を続けらるゝ事四カ月余になりました」

「右の二人は皆手腕家ですから過去二三年間に聯合会の為めに可成り表面的に働かれました。そして会の幹部の信用を得られました。そして此度は自己の名誉や地位の為に聯合婦人会を利用しようとされたので（中略）。団体は決して外からはこわされません。必ず内部から破れます」

「どうぞ御地でもこんな事のないやうに祈ります」

京都婦人聯合会が京都市聯合婦人会に改称するころから市役所との協力関係が強くなり、婦人会の自主性を守ろうとする榊原は様々な困難に直面した。新婦人協会の内紛と解散を経験してきている市川は、榊原のかかえる困難を理解したことだろう。

四　全関西婦人聯合会と京都婦人聯合会

(1)全関西婦人聯合会と榊原

榊原は一九一九年の第一回婦人会関西聯合大会の前から、ＰＬ会を通してその開催準備に参画し、翌年京都婦人聯合会を創立してからは、その代表として婦人会関西聯合大会に参加するようになる。大会は約一〇〇人から二〇〇人（第五回大会までの人数）の代表者からなる代表者会と約二〇〇〇人から五〇〇〇人の参加者からなる大会との二部構成だったが、榊原はほぼ毎年代表者会に参加して議案を提出している。一方で新婦人協会の会員でもあった榊原は婦人参政権運動にもかかわり、一九二七年（昭和二）には婦選獲得同盟に入会している。男女同等の社会をつくるためには女性たちの団結が必須であると考えて、榊原は複数の団体に参加しそれらの団体間の連携を図っている。

婦人会関西聯合大会は組織を拡充して一九二三年、第五回大会で全関西婦人聯合会と改称し、翌年には会報『婦人』を創刊した。以下、『婦人』の誌面から榊原および京都婦人聯合会の動きを追ってみる。

『婦人』創刊号には「真剣といふこと」と題された第六回大会代表者会に対する榊原の感想が掲載されている。

回を重ねる毎に無言の親しみに満ち、年を追ふ毎に真剣な叫びに溢れて来た第六回全関西婦人聯合会代表者会に列席して貴社に心から感謝を捧げました。

議することなほ幼稚であつてもそれは実際に立脚した偽らない事実であります、名論卓論に花を咲かせる机上の空論に比して決して劣らない真理が潜んでゐると存じましたが然し私共は個人的にも家庭的にも社会的にも一層の努力と確信とを以て進まねば女性進歩発達の為めにお尽くし下さる貴社のご厚志には到底報いら

れないと感じました

全関西婦人聯合会の会員は三〇〇万人にも達したが[41]、地域婦人会、同窓会、宗教、職業等の団体に所属するごく普通の女性たちが主体の組織である。榊原は普通の生活者の現実にねざした議論を尊重しつつ、女性の進歩と地位向上のために運動を方向づけることが代表者会における自らの使命と考えている。

一九二五年には男子普通選挙の実施にともない婦選運動は高揚し、第七回代表者会では満場一致で第五一議会に請願することに決した。東京朝日記者竹中繁子、東京聯合婦人会の守屋東、田中よしが東京での運動を報告し、婦選獲得同盟の市川房枝が「婦人運動のプログラム」の演題で講演している。東西の婦人運動の連携が強まり、婦選運動が東京から西日本までの広範な女性をまきこむ運動になった。

市川は全関西婦人聯合大会について、議題が多すぎ委員会設置が必要、議題の研究不足等の問題点を指摘し批判する一方、「とにかくあれだけ多数の婦人の方々が——年齢や職業や階級や宗教や思想や教育の別なく集合されたこと、及びあれだけ多数の婦人に関するあらゆる方面は勿論、社会政策の方面に及んでゐる議題を提げてゐること、それだけでも他に例がない、色々な意味において各代表者は勿論、傍聴者及び一般社会を刺激したことの少なくないのは認めないわけにゆきませぬ[42]」と、その社会的影響力を評価している。五年後に婦選獲得同盟が全日本婦選大会を開催するにあたり、全関西婦人聯合会大会での見聞が参考になったのではなかろうか。

この大会の代表者会で京都婦人聯合会は様々な議案を提出している。学校教育における宗教教育の緩和、高等女学校令改正、婦女児童売買の禁止、民法改正、国際親善、普通教育における平和教育の機会増加、国際労働総会で採択された婦人保護条約の批准促進、家庭破綻の被害婦人救済法、下水道整備、道路交通安全対策、婦人団体の一般婦人啓発法、婦人団体の充実と発展の策、公娼廃止と禁酒等多岐にわたっている。さらに名簿によれば、京都在住の中華民国女子学生代表候玉芝(ママ)、[43] 朝鮮女学生代表金末峰、台湾女学生代表劉彩仁が代表者会に参加している。朝鮮女子学生金は「日本人は小学校時代より朝鮮に対する優越感を教へられて来たがそれでは内鮮の融合は望み得られません」と訴え、台湾女学生高碧桃（名簿と異なる）は台湾一般女性の「因襲的道徳に囚はれたあはれな状態」が初等教育の不振によるとして日本人女性の援助と指導を要請している。アジアからの女子留学生参加は京都代表のみで、この年だけでなく前年も中華民国からの留学生が参加していた。

　これらの議案の背景に榊原の思想が窺える。女子教育を重視し男女の法的平等を求め、婦人団体の発展を願い、国際親善、とりわけ東アジアの諸民族との友好を切望する榊原の信念である。

　一九二七年第九回大会は「婦人のための婦人の自治」を目指し、大阪朝日新聞から独立して全関西婦人聯合会主催により初めて開催された。恩田和子は挨拶のなかで「今日すでに各婦人会――例へば岡山、京都、大阪の各婦人会のごとき自立自営、立派な事業を行ひつゝあることは心強い、将来すべての婦人会の正しき自立独行を期待する」と述べた。[44] 婦人団体の自立は恩田や榊原の一貫した主張だったが、地方の婦人会が自立することがいかに困難か、四年後の大日本婦人聯合会創立時に知ることになる。

(2)婦選運動の高揚と民法刑法改正問題

　第九回大会から前回の市川房枝の指摘を受けて問題毎に実行委員会を選び、その協議に一任することになった。政治法律問題では参政案が満場一致で可決され、京都の瀬尾千賀子が「実際運動に経験ある関東ともさらに一層連絡を保たれたい」と述べている。この大会で東京聯合婦人会の吉岡弥生と婦選獲得同盟の塩原静が挨拶をしている。

一九二七年一二月二六日、聯合会を代表して小沢包子と井出菊江が第五四議会に婦選三件（婦人公民権、結社権、参政権）の請願書を衆議院と貴族院に提出した。東京では婦選獲得同盟の金子茂と塩原静が出迎え二人に同行し、東京朝日新聞社の竹中繁子の協力も得て「東西婦人の全国的結束の議会運動」[45]が行われた。この年、井出と小沢は婦選獲得同盟会員になっている。[46]東京と大阪の朝日新聞社の仲介もあって、婦選獲得同盟と全関西婦人聯合会の共同運動は順調に進展した。

この上京のもうひとつの目的は「男女貞操平等に関する刑法第百八十三条の改正法律案の件」であり、二四日婦人矯風会の久布白落実と会談し、翌日廓清会と矯風会の聯合主催の打ち合わせに参加、刑法改正問題は星島二郎代議士に議案提出を依頼することに決定した。この問題は前年の第八回代表者会で満場一致で決議されていた。二六日には星島と面会するが、「賛成代議士は立派な人格者のみを集めたい、それでないとこの案が変なものになつてしまふから――なほ又、代議士たちが賛成した物的証拠をしつかりととつて置いてほしい」[47]との星島の意見をうけて法律案提出を翌年一月に延期した。

一九二八年一月、恩田和子は刑法改正に賛成する三九人の代議士の「賛成」の返書を携えて上京した。その前から上京していた榊原弥生が一緒に星島と面会している。榊原の行動は自発的なもので、刑法改正に対する熱意がいかに強かったかの現れである。

一九二九年四月の第一〇回大会では委員会制度が確立して、教育、経済、国際、政治、社会の五部門に分かれて討議が行われた。京都市聯合婦人会からは瀬尾千賀子が教育部委員長に、木村寿賀子が政治部委員長に選ばれた。榊原は政治部の三〇人の委員の中の一人だった。京都市聯合婦人会提案は「婦人に関する改正すべき民法、刑法等の促進方法について」であった。京都市聯合婦人会が婦人参政権問題より民法刑法改正に熱心であった理由は、聯合婦人会が保守的な会員を擁していたということと、三年前に開設した婦人々事相談所で家庭問題に苦悩する多くの女性たちに接し、民法刑法における女性差別撤廃の必要性を現実的に認識していたからではなかろうか。翌年の第一一回大会において榊原は民法刑法改正について活発に発言している。(48)

「吾々婦人が公民権を獲得する以前に、この悪法（妻の無能力を規定する民法第一四条――筆者）改正を求めることはより急務ではないか？　しかも民法改正中の今日、婦人の立場よりこれを絶叫することは最も時宜に適したものと思はれる、この問題を他日に延ばすことは断じて不可である、吾々は民法改正委員に対してこの際運動を起すべきだ」

「婦人の財産権獲得問題において、委員会は何故家督相続の場合のみを論じ遺産相続を除外したのであるか？　遺産相続の場合、配偶者を第一位とし子女をその次にすべきではないか？」

「同じく刑法に堕胎の刑罰は婦人にのみ課せられると規定されてゐるが、これについては男子にも一半の責任があるから、同じく相手の男子にも適当の刑を課するのが合理的である」

榊原という人は元来表に立って発言することを好まず、榊原自身が発言するのは内的必然性のある場面においてであった。民法刑法改正問題への真剣な取り組みは、婦人々事相談所に訪れる女性の不幸の原因が家族制度に起因していることを痛感していたからであろう。しかし、全関西婦人聯合大会の参加者たちは必ずしも民法改正に熱心ではなかった。榊原の最初の発言に対して岡山の西森元は「先刻よりの御意見を徹底させれば家族制度を否認するやうなことになりはしまいか？」と反論し、最後の堕胎罪については「男子は婦人の堕胎行為に直接法律上の責任なし」という理由で不成立に終わった。全関西婦人聯合会の中で、あくまで女性の立場に立とうとする榊原は特異な存在であった。

榊原が婦人公民権より民法改正の急務を訴えたのは当時民法改正中であり運動の効果がより大きいとの現実的な判断からであって、婦人参政権を軽視するものではない。すでに婦選獲得同盟会員であった榊原は全関西婦人聯合会の中でも熱心な婦選運動家であった。一九三〇年三月二四日に開かれた「婦選に関する座談会」(49)には京都市・兵庫県の聯合婦人会と全関西婦人聯合会大阪部から七人の代表が参加し、榊原も松見いそ子と共に京都代表として参加している。座談会は大阪の恩田和子と兵庫の藤岡歌代を中心に進行し京都代表の発言は少ないが、最後に松見が「理論ではありません、私共は公民権を持つてをりませんために、日常生活にずゐぶん不便不都合を感じつゝあります」と述べ、榊原が「京都では会で沢山の仕事を持つてゐますが、とにかく大会(婦選大会——筆者)を開く準備にかゝりませう」と締めくくっている。理論より現実を重視し実際的に運動をすすめるのが京都市聯合婦人会の特色であった。

(3) 大日本聯合婦人会と全関西婦人聯合会

一九三〇年一二月二三日、文部大臣官邸に本野愛国婦人会長、吉岡東京聯合婦人会理事長、井上桜楓会理事長、後閑桜蔭会幹事、西脇大阪府女教員会幹事、河合大阪市婦人会長、京都の八木千代子らを招待して、家庭教育振興のため大日本婦人聯合会を創設することを協議した。大阪と京都の婦人会代表が加わっていることから、文部省指導のこの会が全関西聯合婦人会に対する反動として構想されたと考えられる。この動きに対して全関西婦人聯合会の恩田和子はすぐに反論「大日本聯合婦人会! 文部大臣は封建の夢を語るのでないか」(50)を書き、「公民権さへ制限し、母に扶助法さへ未だに制定しかねてゐるところの政府の役人の発案で地方官吏が実務をとり」、「有閑婦人」と「お上の御用は今日は政友内閣、明日は民政内閣の白と黒ほどちがふ政策でも鞠躬如として豹変奉仕しなければならぬといふ態度の女教員たちを舞台に並べ、各県においては夫の肩書あるがために無為の婦人でも知事夫人たるものを婦人会の首脳者として指導させやうといふ次第、これで婦人のための、子供のためのほんとうの仕事が出来るものではない」と皮肉っている。

全関西婦人聯合会としては大日本婦人聯合会への不参加を決めていたが、地方の婦人団体の態度については一九三一年二月二二日大阪朝日新聞社において、奈良・京都・神戸・和歌山・滋賀・徳島・石川・福井の婦人会代表一五人と大阪の恩田和子・林歌子・錦織久良等八人が理事会を開いて協議した。京都代表として参加した榊原は、「大日本婦人会は地方幹事が賛助会員を募り専ら金を集めるのが目的らしく、組織は至つてあいまいです。京都では三月五日に会合して態度を決します。私共の市聯合会は全く独立してやつてゐますが府聯合婦人会は府庁がやつてゐるのでこの方は結局加盟することになりませうが、恐らく名ばかりになりませう」(51)と発言した。県庁の意向で大日本婦人聯合会に参加を決めた奈良県他、多くの県聯合会は参加に傾いていた。また「学校関係のものは文部省に反対するわけにはゆかない」(滋賀県)という事情もあり、団体としては不参加だが個人としての参加は随意としている県(兵庫県・徳島県)もあった。全関西婦人聯合会の立場を全国に知らせるため声明書発表を決議し、錦織・恩田・水上がその起草にあたった。

声　明

一、文部省主唱の大日本婦人聯合会の趣旨は昔しながらの家族制度を尊重するものであつて、時代の潮の流れによつてそれが自然的合法的政治的に崩壊しつゝ、ある事実に逆行する時代錯誤のものである。なほその組織は婦人の自主的、自治的立場を危くするものと認む。よつて全関西婦人聯合会はこれに参加せざることに決定す

一、全関西婦人聯合会は経済、政治、国際、社会、子供の五部門にわたつて十数年間積極的活動をつゞけてゐるものである。しかして大日本婦人聯合会の仕事はいはゆる文部省が唱道《(ママ)》する所の家庭教育、家庭改善に止り、彼我の事業の上に大なる懸隔あるを認む。依つて本会は今後なほ従来の目的に向つて一意邁進せんことを期す

このとき、全関西婦人聯合会傘下の府県聯合婦人会は大日本婦人聯合会に加盟しないことに決定したが、徹底することは困難だった。また大阪の本部は地方との有機的活動を目指していたが、榊原は「地方から出した案が用ひられないので、自然不熱心になるのではないでせうか、何とか調和を計つて欲しい」(52)と発言している。恩田ら都市知識階層の運動方針と地方の現実とが乖離していくことを榊原は危惧している。

(4)満州事変後

一九三二年満州国がつくられると、一〇月二四、五日には日満婦人聯合大会が開催された。全関西婦人聯合会と満州国婦人聯合会主催のこの大会において、「日満両国の共存共栄と東洋平和の基礎を固むるため婦人の立場よりなすべき事柄について」協議された。こうした動きを時局への迎合とする評価もあるが、(53)全関西婦人聯合会の指導的女性たちは元来愛国心が強く、中国に対する侵略も日本人の海外進出として支持していた。榊原も例外ではないが、中国での経験から日本人のアジア人蔑視を批判しアジア諸民族との友好と融和をすすめようとしていた。この大会はそうした全関西婦人聯合会の対外思想の自主的表現であり、これをもって運動が後退したとはいえない。もっとも、総理大臣斎藤実や文部大臣夫人鳩山薫子からの祝辞を受けたこの大会によって、大日本聯合婦人会不参加で悪化していた政府との関係は改善したであろう。

一九三一年から三三年にかけて婦選運動も全関西婦人聯合会の主要な活動として続けられた。三一年の第一二回大会では政治法律部委員会に榊原と共に黒部妙子の名がみえる。黒部は次に論ずる婦選獲得同盟京都支部長であり、前年の大会にも社会部の委員会に参加している。第一二回大会で黒部は、「請願運動も結構だが今や時局の折から、断然私達が公民権を獲得すべき時に日本が行きついてゐるのである。直ちにこの会場で公民権、参政権を獲得すべく大に鞭撻して欲しい。この大会において獲得期成の決議をせよ！」[54]と叫んだ。全関西婦人聯合会の婦選運動をより高揚させるため、この大会の政治部には婦選獲得同盟の京都・広島・金沢の各地方支部から参加者があった。

この年には三〇万枚の請願書を印刷、翌年は第六一議会に向けて請願書五〇万枚を印刷した。三二年一月には恩田和子と錦織久良が上京し、婦選獲得同盟に対して「全国婦人団体共同で『婦選デー』開催の件」を提議した。[55]二月一三日、婦選団体聯合会（婦人参政同盟、婦選獲得同盟、日本基督教婦人参政権協会、無産婦人同盟、全関西婦人聯合会）の最初の共同運動として「婦選デー」は実現した。

しかし、一九三三年には婦選運動の戦術転換をせまられる。政治法律部委員長錦織久良は「婦選運動よ何処へ行く？」[56]において、「満州事変の勃発などによつて時局はます〳〵フアッシヨの気分をあふり立て、婦選運動は全く、時利あらず」という状況下で、従来の運動方法を転換する時期にきたという。新たな方法とは「婦人の実力を先づ自治制の上に反映せしむる方法」である。その具体的実践としては四月から大阪で塵芥清掃運動を展開している。これは東京の市政浄化聯盟の塵芥清掃運動より早い取り組みであった。

この年の大会では法制方面の討議で錦織は「(一)婦人の実力を自治制の上に反映せしむるについて。(二)家事審判所設置の運動について。(三)婦人と子供に関する民法改正を促進せしむる方法について」の三議題を提案した。榊原は(一)について、京都市の塵芥処理問題の特殊性を述べ、(二)について「家事審判所設置問題につき経費云々のことを政府がいふのはその必要をみとめないといふのでせうか」と質した。

一九三二年一一月号の『婦人』に各地方の事業報告が掲載されている。京都市聯合婦人会の活動内容は大阪・神戸に比べてより充実している。二六年に設けられた婦人々事相談所は婦人法律人事相談所に改称し、当初に比べ相談者が激増し、三一年一一月から三二年九月の一〇カ月間に一一三四人の相談を取り扱った。法律担当は関大教授木村健助で人事担当は六人の会代表が当たった。また木村教授を講師として親族法の研究会を一一回続け、毎回五〇人余の聴講者があった。榊原が全関西婦人聯合会大会において民法改正問題や家事審判所設置問題に熱心だった背景には、人事相談所の地道な活動と法律研究会での研究の成果があった。

三一年一二月には京都府立女子専門学校廃止反対運動を行った。婦選獲得同盟京都支部、女専同士会との共同主催で婦人大会を開き、府議を歴訪陳情した結果、廃止案は撤回された。三二年一月には東北及び北海道凶作地児童救援資金の募金活動を行い、純益金二五二〇円を凶作地に送っている。

三二年六月、平安女学院において満州国婦人使節講演会を開催した。于若蘭・馬士傑の両名による講演会に三〇〇人以上の参加者があった。同じ頃、満州国少女使節交歓会も開かれ、一五〇〇人余りの参加者が「日満親善の交歓」を行った。これらの事業は大阪朝日と全関西婦人聯合会の共催で大阪でも開催されたが、関西での講演会はこの二都市のみだった。すでに見てきたように榊原はアジア諸民族との友好を理想とし、現実的にも兄政雄が満州で事業を行い日満協会理事をしていたことから、これらの講演会実施には積極的に尽力したと思われる。

以上のように、榊原弥生は一九二〇年（大正九）京都婦人聯合会の創立以来常にその中心となって活動した。理論より実践を重視する榊原は、婦人法律相談所と育児健康相談所において京都の女性たちと直接ふれあい、現実問題を解決するために全関西婦人聯合会の法律政治部のなかで民法刑法改正問題や家事審判所設置に真剣に取り組んだ。その他、女子高等教育の請願、婦人参政権運動の一環としての京都市塵芥焼却費半減運動に取り組み、女性の地位向上に努めた。

京都市聯合婦人会は、市役所と協力して事業を行いつつ自主独立を保持するよう努めた。一九三一年に大日本婦人聯合会加盟問題で全関西婦人聯合会が動揺したときも、婦人会の自主独立を身をもって示した。自主独立の婦人会が聯合し、団結の力で女性の地位を向上させるとの思いは、新婦人協会と出会ったときから榊原の胸中にあったが、京都市聯合婦人会と全関西婦人聯合会の活動を有機的に関連づけることにより具体化された。しかし、民法刑法改正も婦人公民権・参政権も請願運動には限界があり、いずれも榊原の生前には実現できなかった。

五　榊原と婦選獲得同盟京都支部

榊原弥生は一九三〇年一二月七日、黒部妙らと共に婦選獲得同盟京都支部を創立する。京都支部長は黒部で本部との連絡、実務の大半も黒部が行っていたから、京都支部の全体像については稿を改めて黒部を中心として論じたい。ここでは榊原の京都支部における役割、特に京都市聯合婦人会との関係に留意して、一九三五年の榊原の死までの動きを明らかにしたい。

(1)婦選獲得同盟における榊原

一九二七年二月、婦選獲得同盟の市川房枝から榊原に原稿の依頼があった。榊原ははがきで以下の返信を書いた(57)

御手紙有り難く拝見いたしました。いつも女性の為めに御奮闘下さるのを感謝して居ます。

御申越の儀につき感想を書いてみたいと思ひますが筆とることのない私ですから頗る下手なものしか出来ません。然し偽らない私の感想を申し上げます。

原稿は多忙のため書かれなかったが、市川が京都における榊原の存在を重視していたことが窺われる。この年の四月の婦選獲得同盟第三回総会で会員増加のため地方支部の設置が叫ばれ、『婦選』九月号には市川の主張「地方支部の任務」が掲載されている。それによると、婦選獲得同盟の仕事は対議会運動と政治教育運動からなり、地方においては後者を主目的とする。「地方支部に於ける政治教育運動は、主としてその所在地の政治——即ちその市町村の教育、衛生、土木其他に関する智識をその地の一般婦人に与へることが得策であると思ふ。然もそれ等の智識は直接その掌に当たつてゐる当局者を招いて生きた事実を聞き、見学、視察等してをも《(ママ)》行ふがいいと思ふ[58]」。

二七年には新潟支部と四ツ谷支部、二九年には金沢支部が結成され、全国組織化にむけて支部結成が促進された。この年四月には市川房枝・金子しげり・塩原静の関西遊説が行われ、一一日の夜、市川と塩原が京都に到着、京都聯《(ママ)》合婦人会の事務所で榊原・木村ら聯合婦人会幹部約一〇人と深夜まで質疑応答し、支部結成の打診をしている[59]。

三〇年四月二七日、全日本婦選大会が開催され全国からの代表も参加した。これは婦選運動が「一部少数の議論」に過ぎないとする望月圭介内相の時期尚早論に対する示威行動であった。京都からの参加者三人の中に榊原もいた。討議において無産勢力が「無産階級解放運動に参加せよ」と叫ぶのに対し、榊原は「日本帝国は無産階級のみから成立つてはゐないのだ、よろしく婦選を全人類の福利のために行使せよ[60]」と発言している。

大会後、市川から大会の感想を書いてほしいとの往復はがきが榊原に届いた。「御承知のとおり筆がまわりませんから箇条書にしました」[61]と榊原が寄せたのが以下の「感想六カ条」である。[62]

一、有り難かつたこと

1、大会が予期以上の効果をおさめられたこと、

2、成功の裏に潜む主催幹部が根強い信念によつて努力されたこと

二、嬉しかつたこと

1、主催幹部が組織的にも精神的にも一致協力されたこと

2、か丶る運動者にありがちの態度と臭味が主催幹部に少しもなかつたこと

3、大会が総べて婦人の創造力によつて終始されたこと

4、後援団体中に全関西婦人聯合会があつたこと

5、地方よりの出席者が善良質朴な家庭婦人で然かも婦選については的確な自信を持ち明快な実行家であつたこと（言論家に非ず）

三、恥づかしかつたこと

1、婦選に対する自分の真情と努力が足りなかつたこと

四、もの足りなかつたこと

1、朝鮮婦人の発言に対し何等の討議も回答もなかつたこと

2、無産派の盛んな発言に対し東京婦人の中より一言の反駁も聞き得なかつたこと

五、望ましからぬこと

1、外国の模倣（精神上にも形式的にも）

2、政党政派に利用されること

3、一階級の主義主張に共鳴すること

六、希ふこと

どこまでも日本精神に立脚した日本の婦選運動でありたい。

全日本婦人の進歩と幸福の為めに全日本の改造と発展の為めに。

榊原の婦選運動に対する考えがここに示されている。無産政党、既存政党のいずれにも中立で「全日本婦人の進歩と幸福」を第一とする立場である。新婦人協会時代に一緒だった平塚や奥が無産政党支持、階級的立場を婦選運動に導入しようとしたのに対し、あくまで中立をまもった市川に近い立場だが、市川に比べ無産階級に対する理解を欠いている。

市川からの働きかけを受けたが、京都市聯合婦人会の事業に忙しい榊原は支部結成に踏み切れなかった。また聯合婦人会の会員の多くは婦選獲得同盟の運動に距離をおいていた。当時「婦選は赤い」との風評や偏見があったことも影響していたと思われる。

⑵黒部妙との出会い

一九三〇年二月一七日、京都の基督教女子青年会で坂本真琴と金子しげりの講演会が開かれた。この講演を聴いて感銘をうけ、講演後金子らと直接話し合い即座に婦選獲得同盟への入会を決意したのが黒部妙である。黒部はすぐ二人に手紙を書き「こんな会のある事を存じませんでした　おくれ走せ乍ら御講演を伺ひましてほんとうによい事を致ました」(63)と婦選獲得同盟との出会いのよろこびを語っている。婦選獲得に熱意をもった黒部と榊原を本部が引き合わせ、京都支部結成は急速に現実化する。支部結成の過程と、黒部妙と榊原の人物像を伊藤伸子が活写している。(64)

二月の大会（一九三一年の第二回婦選大会――筆者）で『保守的な京都にも婦選の烽火はあげられた』と叫んで、満堂の喝采をあびた洋服姿――あんまりいゝ恰好ではない――のオバサンは、其保守的な都会京都に婦選の支部の礎をおいた功労者で、現に第一回の支部長である黒部妙子《ママ》さん。

職業は産婆、年はもう五十に近い、漢学仕込の女丈夫型お誂ひ向きの後家さんで、二人の子供と生みのお父さんの四人暮し。生れは鳥取藩で震災前迄は東京の山の手で開業してゐたゞけに京都の生ぬるさに、歯ぎしりをしてゐた訳だ。

所が縁あつて、去年の二月YWCAで開かれた婦選座談会に、仕事先から馳《ママ》けつけ、講師であつた金子女史と肝胆相照らして了ひ、初めはよき会員を一人でも多く作つて本部支持をといふ予定だつたが在住学区の学務委員選挙騒ぎから、到頭、支部を産む決心の臍を固めた。

相棒役をつとめ上げた榊原弥生さんは、新婦人協会以来の京都に於ける婦人運動者だ。怖らく昔、小学教員《ママ》奉職当時以来の庇髪を戴いて、日和下駄の音を京の巷々にひゞかせ乍ら、十年一日の如き堅実な活動をつゞけて、おしも押されもせぬ京都市婦人聯合会《ママ》幹部の一人である。（中略）

榊原さんは聯合会の仕事が忙しい実務者として又児童健康相談所の主任としてだから《マヽ》支部長といふ様な役目は当然自由な体の黒部さんに譲り京都なれない黒部さんの為に地元方面のことは引受けて実によく援けてゐる。

一九三〇年、二人が出会ったころ、榊原は満四四歳、黒部は四五歳ぐらいだった。黒部の父は鳥取藩の儒学者だったから、共に士族の娘という精神的背景をもち、職業婦人だった点で一致している。思想的に相違点もあったが、両者の協力関係は榊原の死まで続いた。三一年八月三一日付けの金子しげり宛の書簡[65]において、黒部は二人の協力ぶりを伝えている。

忙しい体の榊原氏と私の仕事ですから御察し下さいね　何と云つても真に〳〵要求し要領を摑んで居るのは此の二人なんですから　仕事をする上にも此の二人でしたら忽ち共鳴が出来て片づいて行くのです　どの会でもそうです　必死の人は僅かです、でも私は榊原が何人力か何十人力かとうれしく思つて居ます

京都支部の結成はこの二人の協力で急速に進展した。婦選獲得同盟の京都府下会員名簿[66]によると、三〇年一〇月の時点の正会員は一二人、正会友（男性）二人、維持会員一人であった。このうち京都市聯合婦人会の関係者は榊原をふくめて確認できるのは五人、国際聯盟協会関係者が一人でこれらの女性たちは榊原の勧誘で入会したと思われる。黒部が勧誘したことが確認できるのは二人でおそらく産婆組合の友人であろう。

(3)婦選獲得同盟京都支部発会式

一二月七日の京都支部結成までのわずか一カ月あまりの間に全員が勧誘に努め、会員は三〇人に増加した。そのなかで幹事候補となりうる二六人の手書き名簿が残されている[67]。特に熱心な会員については簡単な紹介も記され、発会式当日の参加者一一人には〇印が付している。この名簿を参加者に配り、幹事を選んだと思われる。

会員の構成は、聯合婦人会関係では洗心会（大谷派仏教婦人団体）代表者、京都女専・京都府立第一高女・京都府立第二高女の各同窓会代表者、個人的同志三人が判明している。個人的同志は永富ツチ（医師未亡人）と鷲

野光枝（代議士夫人）・木村寿賀の三人で婦選運動の理解者であった。このほか平安教会牧師夫人山口さわ子、平安高女の教師で国際聯盟関係の今城ハツ、元七高校長未亡人由井さよの等が榊原の周辺からの参加者である。職業婦人としては、黒部をはじめ産婆が数人、婦人新聞記者松下郁代・富山マチノ等三人がいた。京都府下北桑田郡在住の水口絲は榊原と同じころ婦選獲得同盟に加入した運動家で、知人であった可能性もある。維持会員の明石幸子（本名森定春枝）は旅館の主婦で夫に理解があった。明石は二九年に女性の法律上の地位の低さに憤慨して上京、市川房枝を訪ねて婦選獲得同盟に加入していた。(68)

以上のように結成時の会員の大半は榊原の知人であり、中産階級の家庭婦人が多いのも特徴的である。宗教的には熱心な仏教徒もキリスト教徒もいる。年代的には中高年の女性が多く、若い女性としては新聞記者の三人と石橋菊子（菊雅）がおそらく二〇歳代で、最年少の明石は一九歳だった。(69) このなかから支部長黒部妙、榊原・明石・松下・永富の四人が幹事に選ばれた。支部の事務所は上京区出雲路立テ本町の永富ツチ方に置かれた。

支部発会式は一二月七日二時から川端丸太町の教育会館で挙行された。本部から市川・金子・川崎なつが参加し、講演を行った。発会式で発表された宣言は以下のとおりである。(70)

宣　言

我等は婦人の政治教育及地方自治政《ママ》の研究に努め、本部創立以来の精神に基き政党政派を超越し、日本婦人特有の美点と立場を保持しつゝ、婦人公民権、婦人参政権及結社権を要求してその獲得に努力せんとす。

秋田支部の宣言と比べると、(71) 政治教育と自治制の研究、政党党派に対する中立という本部から要求された支部の基本条件は両者とも忠実に守っている。秋田の宣言が「我等は一個の人間としてまた国民の一人として国政に参与するを当然と信ずる」との言葉で始まり、性も民族も超えた人間の普遍的立場にたつのに対し、「日本婦人特有の美点と立場を保持」するとの京都のそれは、日本と女性の固有性を強調しており、榊原の持論が反映されている。

(4)京都支部の発展期――一九三一年

発会式後、支部の会員数は順調に伸びていく。三〇年中に五四人、三一年には八五人になり早くもピークをむかえる。九月の満州事変後、婦選運動そのものが曲がり角にさしかかることになり、支部の活動にも陰りがではじめる。支部の衰退は会員数に端的に現れ、三二年は七二人、三三年には五一人に減少する。三一年から三二年までの短い期間ではあるが、支部の発展期で充実した活動がみられる。

三一年二月一四日の第二回婦選大会には京都支部代表として黒部・明石・石橋・永富・富山の五人が出席した。同じころ第五九議会において政府民政党提出の婦人公民権案が上程されたが、その内容は婦人公民権を市町村に限定し、男女に五歳の年齢差をもうけ、「妻が名誉職に選挙されこれを受諾する場合に夫の同意を要する」との条項が加えられた制限付きの法案だった。婦選獲得同盟は政府の制限公民権案に反対し、あくまで完全公民権獲得を主張していた。京都支部代表たちは本部に賛同して、二月一六日朝、安達謙蔵内相官邸を訪問し他支部の人々と共に制限案反対を訴えた。(72)

支部としての最初の取り組みは京都帝大法学部教授森口繁治等を講師とする「婦人のための研究会」であった。内容は法制史・自治制度一般・婦人の法律上の地位・婦人公民権及び参政権等についてであった。四月七日から五月八日まで毎週火曜と金曜の夜七時から九時まで、京大楽友会館で開催された。参加者は女性に限り、約五〇人の聴講者があった。支部会員より外部からの参加が多く、そのなかから数人の支部入会者もあった。(73)

この研究会は企画の段階では京都市聯合婦人会との共催の予定であった。一月七日付市川宛の黒部のはがきによると、「婦人会の後援婦選の主催と云ふ事にして出来得る限り婦人団体へ進出して行かうと思ひます」[74]と、共同開催によって聯合婦人会の中に婦選運動を持ち込もうとしている。これは本部の市川の方針であり、関西方面では組織化のすすんでいる聯合婦人会と提携することで、婦選獲得同盟地方支部を発展させようとしていた。しかし、実際には提携は難しく、この研究会は京都支部単独主催となった。黒部によると、「初めに此案を建て、先生方に御願ひに廻つて膳立てをして居る時には、共同主催にして呉れと云ひ乍ら共同にしかねる理由のあつたため断つたら一名の聴講者も来ない或る団体の心の狭さが悲しまれます」[75]とのことだった。

六月一三日、市川房枝が京都市聯合婦人会館で開かれた支部会に参加した。京都支部に対する官憲の監視は厳しく、「第二次共産党事件の発表の頃、夜中の二時頃に刑事が調査と称して永富氏の宅に押しかけて来た」との報告があった。市川はこれに対し「『婦選は赤い』との悪宣伝が婦選同盟を陥れんとする人達及団体によつて盛に発せられてゐる。会員諸氏はその悪宣伝にのらないやうにしてほしい」と述べた。翌日は黒部・榊原・鷲野・富山・松下と市川が一緒に市役所を訪問し、土岐市長に面会して「支部の性質を説明し、其の協力を求めた所、結構だから出来るだけのことはするとの言質を得た」。同時に社会教育課長も訪問し、七月の市政研究会に備えた。市川はこの後大阪に行き、全関西婦人聯合会の恩田和子と泊まり込みで語り合った。三一年には、獲得同盟と全関西婦人聯合会の共同運動が順調にすすみ、全関西婦人聯合会は大日本聯合婦人会への不参加を表明し、そのため当局からの圧力を恩田が受けていた。こうした事情から市川は恩田に声援を贈り、政府に対して共に毅然とした態度で臨もうとしていた。[76]『市川房枝自伝　戦前編』[77]は全関西婦人聯合会との共同運動や恩田和子について多くはふれていないが、この時期の婦選運動における全関西婦人聯合会の役割は大きかった。

七月から京都支部は「婦人の自治制研究会」を毎月二回、二カ年計画で開始した。その内容は、「保健と衛生、食料品の需要と供給、小売市場と卸市場、学校教育と社会教育、社会施設と公共設備、電気と瓦斯、産業と土木、交通機関を始め財政、行政、組織等のすべてにつき、それぞ〱直轄さる丶市当局の方々から、委しく」[78]説明をうけ、質疑応答もして、実地の見学も行う計画だった。この研究会は支部の主催で京都市聯合婦人会の後援を得ている。ただし、黒部の書簡によると聯合婦人会は最初から賛成ではなく「元老所が大反対だつたそうですが、榊原氏鷲野氏他頭のい丶連中が強硬に頑張つて呉れましたので成立しました」[79]という事情だった。榊原は支部と聯合婦人会の間に立って、両者の協力関係を築くよう尽力していた。

(5)京都支部の衰退——一九三二年〜三四年

一九三二年二月の婦選デーは婦選獲得同盟と全関西婦人聯合会の合同運動であったが、京都においては聯合婦人会は不参加であった。黒部の書簡によると「(婦選デーは)第一回の事故出来るだけしつかりと予定して居たのに第一全関西から具体的運動方法を授けられ乍ら市の聯合婦人会が参加しない。キリスト教婦人参政協会が名だけ参加する事になり、又一向具体化して居ない同志倶楽部京都支部(支部長は獲得の会員鷲野氏、これは武藤山治氏の国民同志会の政治教育を目的とした団体)が参加された。併し仕事はビラマキと費用の外の仕事は全部こちら任せ、他団体と協調して行かなければならないので準備も宣伝もおくれて」[80]と、各婦人団体の足並みがそろわなかった。一三日には三団体共同主催で対府会選挙講演会が開催され、基督教婦人参政協会京都支部の不破ユウ、全関西の恩田和子、婦選獲得同盟の藤田たき等と共に、黒部も「一票なきみぢめさ」の演題で講演している。聴衆は三〇〇人と少なめだったが「聴衆の喜び方は大変だつた。前途あり　見込みあり　吾々は女としてやつて行

く ぐん〳〵と共鳴者は殖へて行く どうしてもやらないでは置かない 恩田氏が大阪の活動状態を話されたこれも刺激になる 眠れる京都婦人を少しでも醒せつゝあることを信ずる」(81)と婦選運動に明るい展望を感じさせる講演会だった。

しかし、京都支部の前途は多難だった。三月一〇日付の黒部書簡によると、「榊原氏が奉天行きを決行する事になりました。御存じの通り同氏兄上の経営の農場使用の朝鮮人の託児所経営と冬期間の副業指導のため彼の地の土になるつもり、じつに弱つて居ます」(82)との状況だった。七月には「榊原氏にも一生懸命引き止め運動をしてこの内地地元の婦選の完成の為めにと説得につとめて居ます」(83)とあり、結局、榊原は状況も変わってか京都に留まった。

支部への脅威はさらに外部から加えられた。五・一五事件で犬養毅首相が暗殺された衝撃は支部にとって大きかった。京都支部は創立後すぐ、事務所の永富宅や支部長の黒部宅に官憲の取り調べが入ったが、このころは事務所にたびたび「国粋党の幹部の訪問を受ける」(84)ようになり、五月一五日夜の集まりで永富は自宅に事務所を置くことを断った。黒部のところには中立売署高等課の警察が訪れるようになる。婦選運動を続けることは官憲やテロリズムの脅威と闘うことでもあった。

支部の内部にもファシズムが浸透してくる。黒部によると「我々の処の幹部も大分フアツシヨ化して居ます。真中の道を歩んで行く私は支部の統制にも苦しまなければならない」(85)と、京都支部幹部も「フアツシヨ化」しているという。大川周明とかかわりのある榊原は、黒部からみて「フアツシヨ化」していたのだろう。この年二月一一日、大川周明は神武建国の精神の宣揚、有色民族解放、世界の道義的統一をめざして国家社会主義的団体神武会を創立した。時期は不明だが、榊原は神武会の婦人部長に就任している。政党政治打破を唱える神武会と、政党政治に基礎をおく婦選運動を榊原のなかでどう折り合いをつけたのかはわからない。ただ、榊原が元来もっていたアジア主義的思想から神武会に共感する部分があったことは想像できる。

婦人会一般も黒部からみて「フワツシヨ《（ママ）》化」しており、全関西婦人聯合会も「何だか張合いがありません。朝日会館で恩田さんが司会で変な講演会が有つた様です」と危惧している。「自力更生に婦人の協力を待つなんて言ひ乍らこうして国家に尽くして居れば自然に婦選は与へられる様になるなんて云ふものだから皆落ち付きを失つて踊つて居るんです、男子の笛に」[86]と婦人団体の動向を批判している。

この年六月二六日の総会で婦選獲得同盟は坂本真琴の除名を決定した。その理由は「坂本氏が本部と支部とを離間させようとしてゐた事実が判明した」[87]ということだったが、京都支部でも六月一九日の幹部会で一人の会員が除名された。[88]この除名は支部に不利益な言動があったという理由によるもので、坂本の件とも関係があった。

ファシズムが身近なところに押し寄せてくるなか、支部内部にも分裂の危機があった。また、不景気のため会費集めもままならず経済的にも支部は衰退していく。榊原の動向は黒部や他の会員の書簡からわずかに窺える。三二年一二月一日、京都府聯合婦人会の市部の会長会議に黒部と榊原が参加し、榊原は「京都市婦人としても公民権がほしくないのかと可なりの熱弁を振はれました。榊原氏のこの熱弁は今迄に私は一回も聞いた事がない程でした」[89]と、婦人公民権を強く主張している。京都府聯合婦人会には知事夫人や少数の男性会長も参加しており、男性が家族制度擁護の立場から反対すると、榊原はこれに強く反論して知事夫人をはじめ多数の賛成を得た。保守的傾向の強い府聯合婦人会を婦人公民権賛成にさせようと懸命の努力をしている。

一九三四年一〇月二七日付京都支部池山薫子の金子しげり宛書簡は榊原の死の半年前の様子を伝える。この年六月、京都支部は京都市聯合婦人会との共催で公民教育講演会を開き、金子が講師となり塵芥問題を論じている。

一〇月になって、これに関連して榊原の力で京都市聯合婦人会を動かす必要が生じた。そこで池山が金子を呼び、一〇月二六日、金子・池山・榊原の三人が徹夜で話し合うことになった。その結果「御喜び下さいませ　努力は報られて榊原姉があんなに素直に動いて下さいました」、その日のうちに聯合婦人会の川嶋総務と沢野財務に働きかけ、「榊原女史出席　知らぬ顔でゐて急所〳〵に針を刺し終に老大の口からすぐにも実行に着手しようとの事になり」、「川嶋総務以下お歴々を送り出して榊原さんに『旨く踊りましたね』と申しましたら『何だか私も踊らされてる様な気がする』といつて居られました」[90]と、池山の思いどおりに事は運んだ。

常に自らの内発的意志によって婦人運動に取り組んで来た榊原にとって、金子等に「踊らされてる」との自覚は寂寞たる思いをもたらしたであろう。この直後、創立以来一四年間献身的に働いてきた京都市聯合婦人会を榊原は去る。

⑹榊原の死

一九三五年（昭和一〇）四月一九日深夜、榊原弥生は四九年の生涯を閉じた。一七日、脳脊髄膜炎に罹り京大病院に入院、兄政雄と弟浦本政三郎（東京慈恵会医科大学教授）をはじめ弥生が育てた甥姪たち、婦選獲得同盟京都支部と京都市聯合婦人会での同志だった水口絲子に看取られての最期だった。

京都市聯合婦人会では二〇日、緊急理事会を開き榊原の多年の功労に報いるため最初の聯合婦人会葬を営むことを満場一致で決定した。

四月二三日、榊原が建設に尽力し活動の拠点とした京都市聯合婦人会館において、京都市聯合婦人会総務西浦信子を葬儀委員長としてキリスト教式告別式が執り行われた。式次第は以下のとおりだった[91]。

故榊原弥生女史告別式順序

司会者　沢野くに姉

奏楽

讃美歌　二九八番（故人愛唱）

聖書朗読（コリント前書一五章五〇節以下）　鏑木馨子姉

祈禱　西浦信子姉

履歴朗読

讃美歌　（一二二番故人愛唱）　聖　歌　隊

説教　黒崎幸吉氏

弔辞　京都府聯合婦人会、京都市女子青年団、皇国赤心会、成安女子学院同窓会、元神武会、京都市聯合婦人会、婦選獲得同盟

弔電朗読　九〇通

献花

讃美歌　五六五番（故人愛唱）

祈禱

遺族挨拶　榊原政雄氏

挨拶　西浦信子姉

以上

大阪朝日新聞社、日の出新聞社、丸物百貨店、婦選獲得同盟京都支部他からの花輪が飾られ、弔電は「満洲国公使館、佐藤海軍中将、(92)宮崎龍介、今井嘉幸博士、(93)大川周明博士ら知名の人々をはじめ、神戸市聯合婦人会など各地の婦人団体(94)」から寄せられた。これらの団体と個人名を一覧すれば、榊原の婦人運動の幅広さが窺えるが、弔電を寄せた名士たちは兄政雄の関係者が中心であろう。榊原の近親者を代表して兄政雄は、かつて大川周明を感嘆させた雄弁で次のように語った。

二十余年前、今日告別説教をしてくれた従弟の黒崎から、私は余りに妹に向つて天才教育を強いると言はれた事もありましたが、弥生は私の愛の鞭の意味を了解し、救世済民のため、向上の第一路をたどるのであるならば、皇国臣民の面目でたとひ骨を粉にし身を砕くとも厭はないとて今日まで忍んでくれたのでありますが、今となつて顧りみれば私は妹に対して全く済まなかつた、申訳けないことをしたと後悔します。(95)

従兄弟の黒崎幸吉は内村鑑三の弟子で無教会主義のキリスト教徒であった。黒崎は自らが主宰する雑誌『永遠の生命』においてファシズムを鋭く批判していたから、教会を去り満州で事業を展開する政雄の生き方に対しては批判的だったであろう。一方、兄の犠牲となった弥生には深い同情をもっていた。

弥生さんを褒める訳ではありませんが、兄さんの事業と家庭を援け、姪に当たる二人の子供(姉さんは早世されました)を手許に引取り、結婚させるまで荊の路を行くやうな犠牲的活動は家庭婦人として、涙ぐましいばかり感心な人でした、それに社会的には婦人運動のあらゆる機会に闘つたなど――尚ほ今日この盛大な葬儀を行はれますに当り一層その感を深くさせられましたが――常に己れを空しくした弥生の犠牲的な生涯こそ、日本婦人の典型といふべく、これこそ真のクリスチヤンとしての生涯でありました(96)

このような盛大な葬儀は榊原の望むものではなかったろうが、名誉を求めず無私の運動を地道につづけた生き方は人々から敬愛され、会葬者は一〇〇〇人以上もあった。

婦人運動家としての榊原については、新婦人協会以来一六年の交流のある市川房枝が『婦選』に次のように追悼文を書いている。

　氏は普通の所謂婦人会には満足の出来ない人であつた。京都聯合婦人会《ママ》をして独立独歩たらしむるために精力を費消《ママ》し、然もそれに愛憎《ママ》をつかして引退した同氏だつた。

　神武会の婦人部も普通の婦人部であつたから氏は永く留り得なかつたであらうが、旧冬同会の解散によつて自由になられたのである。

　此度こそすつかり、婦選へ、婦人の正しき解放運動への参加を無理にでも願はうと思つて居た時に、この訃を聞きまことに遺憾に堪えない次第である。[97]

市川のいう「普通の所謂婦人会」とは、政府や役所等の男性に指導され、主体性なく協力する婦人会を意味するのであろう。榊原は自主独立の婦人団体を理想として、京都市聯合婦人会を一四年間「身も魂も打込んで」（市川）育ててきたにもかかわらず、三四年秋に引退を決めた。市川のいうように「愛憎《ママ》をつかした」とすれば、聯合婦人会がもはや榊原の理想の団体たりえなくなったということだろう。また、婦選獲得同盟の意向をうけて聯合婦人会に働きかける仲介役にも榊原は疑問を抱き始めていた。聯合婦人会における自らの役割は終わったと感じての引退と思われる。

おわりに

榊原弥生の生涯は婦人運動への献身といって過言でないだろう。その精神的基盤は庄内藩士だった一族の歴史、とりわけ兄政雄の強い影響を受けて形成された。榊原は愛国心をもち国家への奉仕を自己の使命とするよう運命づけられていた。榊原自身も明治女学校における巌本善治の教育から、キリスト教徒としての犠牲献身の精神と、男女同等社会を理想とする女学思想を深く吸収した。

大正デモクラシー期、新婦人協会の平塚らいてうとの出会いは榊原の胸中の女性解放への思いを覚醒させ、恩田和子の婦人会関西聯合大会に参画するなかで思いは具体化していく。

榊原が最も精力を注いだのは京都婦人聯合会の活動であった。京都聯合婦人会の活動は一九二〇年代の市民的婦人運動の中で際立って充実した内容であった。特に注目に値するのは恒常的事業として婦人々事相談所や育児健康相談所を開設し、運動拠点として婦人会館を建設したことである。京都市役所とは事業をとおして協力関係にはあるが、婦人会の自主独立を失わないよう努力している。

また婦人々事相談所で京都の庶民女性の現実的問題の多くが家族制度に起因することを知ると、全関西婦人聯合会において民法刑法改正運動に全力で取り組んでいる。婦人参政権運動においては婦選獲得同盟と聯合婦人会の仲介役として両団体の連携に尽力している。

京都市聯合婦人会での榊原の着実な運動は女性たちの信頼を得た。婦選獲得同盟京都支部は榊原の婦人聯合会での人脈があって初めて京都に根付くことができた。同盟本部の市川や金子はそれを理解し、時として榊原を利用した。(98)

満州事変後、婦選獲得同盟は戦術を変えて自治体との協力事業に着手するが、京都婦人聯合会ではすでに一九二〇年代から実践していた。榊原はその意味で婦人運動の先駆者であった。

榊原の思想は階級問題を認めない点、アジア主義・国粋主義的な色彩が濃い点で、市川房枝や黒部妙の自由主義と異なっていた。榊原の神武会への参加は市川等に違和感を与えたろうが、神武会の解散と榊原の死によって両者の亀裂は表面化する前に消えた。

（1）「第一部　京都・女性のあゆみ　六　近現代の京都の女性」（藤目ゆき氏との分担執筆、京都府、一九九五年）。
（2）池山薫「榊原弥生女史の死を悼む」（『婦選』九―六）。
（3）新婦人協会の地方支部については、今中保子「大正期ブルジョワ婦人運動と婦人教師――新婦人協会広島支部の設置を巡って」（『歴史評論』二一七、一九六八年）が広島支部の、中山恵子「新婦人協会名古屋支部」（名古屋女性史研究会『母の時代　愛知の女性史』、風媒社、一九六九年）が名古屋支部の、それぞれ先駆的研究である。石月静恵『戦間期の女性運動』（東方出版、一九九六年）は大阪支部と神戸支部の会員の動向を明らかにし、特に神戸支部幹事長だった石原良について詳しい。女性の歴史研究会『女性解放運動のさきがけ――「新婦人協会」の研究――』（同会発行、一九九八年）は会員名簿を明らかにし、神戸支部の長谷川初音の略伝がある。
婦選獲得同盟地方支部については、今中保子「昭和初期婦人参政権運動の形成とその展開」（『歴史評論』三二三、一九七七年）は広島支部の活動と武田清の思想を論じ、藤目ゆき「ある産婆の軌跡――柴原浦子と産児調節――」（『日本史研究』三六六、一九九三年）は広島支部と全関西婦人聯合会に所属した柴原の生涯をたどっている。グレゴリー・M・フルーグフェルダー『政治と台所　秋田県女子参政権運動史』（ドメス出版、一九八六年）は、和崎ハルの生涯と思想を詳細に追っている。愛知支部については、伊藤康子「婦選獲得同盟愛知支部小史」（『歴史の理論と教育』一〇〇・一〇一合併号、一九九八年）が支部結成までの過程を詳しく述べている。
（4）東方出版、一九九六年。
（5）『史林』七一―五（一九八八年）。
（6）『中京女子大学研究紀要』三〇（一九九六年）。
（7）前掲註（3）参照。
（8）大塚健洋『大川周明　ある復古革新主義者の思想』（中央公論社、一九九五年）。

(9) 一八五〇年（嘉永二）～一九二八年。松山藩の生まれ。横浜英学校でS・R・ブラウン、J・H・バラーに師事しキリスト教伝道師になる。東北伝道に乗り出し一九一四年仙台教会を組織、一九年には東北学院前身の仙台神学校を創立。三四年に東北学院を辞し、北海道同志教育会、大日本海外教育会の事業に取り組む。一七年（大正六）、二〇年に衆議院選挙に当選。二〇年と二一年に治安警察法第五条改正法案の提出議員になっている。新婦人協会から押川への働きかけに榊原が関与した可能性がある。

(10) 川合道雄『武士のなったキリスト者　押川方義管見』（近代文芸社、一九九一年）八一～八六頁。

(11) 一八六三年（文久三）～一九四二年。但馬国出石出身。一八七六年上京して津田仙の同人社および学農社農学校に学びキリスト教徒になる。一八八四年『女学新誌』編集人になり、翌年『女学雑誌』に改題。一八八七年、明治女学校教頭となり、女子教育について言論と実践によって新風をまきおこす。自らのスキャンダルもあり明治女学校廃校後はキリスト教界を去り様々な事業にかかわる一方、中国革命運動に接触。思想的にアジア主義者となり大川周明等とも親交があった。

(12) 川合前掲註(10)、七六～七七頁。

(13) 慶応通信、一九七〇年。

(14) 『婦選』九―六（一九三五年）。

(15) 竹西寛子記述「妻と母と作家の統一に生きた人生」（『婦人公論』五二―一、一九六七年）。後ちに『野上弥生子全集　別巻二』（岩波書店、一九八二年）収録。

(16) 「女子修身の覚悟(三)慎密なれ」（『女学雑誌』一三三、一八八八年）。

(17) 「女性の感激献身」（『女学雑誌』四七七、一八九八年）。

(18) 大川の思想については註(8)参照。

(19) 大川周明『安楽の門』（一九五一年）、後ちに竹内好編『現代日本思想体系9　アジア主義』（筑摩書房、一九六三年）収録。

(20) 一八八六～一九七〇年。一九〇七年、第一高等学校を卒業して東京帝国大学法科大学に入学。〇九年ごろ内村鑑三の聖書研究会に出席して柏会に加入。大学卒業後住友に勤務するが、二一年の妻の死を契機に住友を辞任、内村の伝道を助ける。二二年から二五年まで聖書研究のためドイツを中心にヨーロッパ留学。この間、ジュネーブでは前田多門と旧交をあたためる。三〇年から関西に移り、大阪・京都で聖書研究会をもった。
(21) 黒崎幸吉「大川周明と私(上)」(『永遠の生命』三一七、一九五八年)。
(22) 『婦選』九―六(一九三五年)。
(23) 一九二二年七月二九日日記(大川周明顕彰会編『大川周明日記』、岩崎学術出版社、一九八六年)。
(24) 成安女子学院では数学と習字を週一五時間教えた。一九二五年(大正一四)に辞任するが、榊原はその後も同窓会副会長を続ける。
(25) 丸岡キヨ「瀬尾先生を憶ふ」(『京都成安女子学園六〇年史』、一九八三年)。
(26) 前掲註(25)の『京都成安女子学園六〇年史』、三三三頁。
(27) 『ヒストリア』七〇(一九七六年)。前掲註(3)の『戦間期の女性運動』に加筆再録。
(28) 『婦女世界』四―五(一九二二年)、前掲註(3)の『戦間期の女性運動』四八頁より引用。大阪朝日新聞によれば、一九二〇年一一月一九日にはPL会例会として有島武郎の講演会を開き、約一〇〇人の参加者があった。
(29) 市川房枝「創立より女性同盟発刊まで(上)」(『女性同盟』一、一九二〇年)。
(30) 市川房枝「逝ける人々を偲ぶ」(『婦選』九―六、一九三五年)。
(31) 「創刊号反響」(『女性同盟』二、一九二〇年)。
(32) 『女性同盟』一(一九二〇年)五四頁。
(33) らいてう「北陸より関西へ」(『女性同盟』三、一九二〇年)。
(34) 市川房枝記念会図書室所蔵のマイクロフィルムについては、市川記念会と略し、マイクロフィルムのリール番号とコマ番号を記す。コマ数が特定できないときは範囲を示す。
(35) 京都婦人聯合会の一九二七年の幹事五〇人の所属団体と氏名は、『京都婦人聯合会々報』第一号によると以下のとおり。

洗心会　　川嶋末菊・松岡光子
同志社婦人会　　松田道子・原とも子・中山ゆき子

市教育会　市川美弥子・初田きぬ子・大賀松枝
菊花同窓会　森小萩
春風会　香山小雪
桜楓会　宮田もと子・富田祥子
市立第二高女同窓会　斎藤よし子
成安女学院同窓会　瀬尾千賀子
平安高女同窓会　寺尾愛子
衛友会　藤田愛子
神戸女学院同窓会　武田こと子
矯風会　沢野くに子
錦陵会　高井としえ
藤会　西本そとの
仏教女子青年会　中村たね子
平安教会婦人会　西浦のぶ子・瀧いそ子
中央教会婦人会　河合あい子・中堀敏子
聖ヨハネ教会婦人会　山本つた子
白川処女会　大崎政子
基督教女子青年会　鏑木薫子
日彰婦人会　遠藤満子
公民協会婦人部　山下陸奥子・富島祥子
洛陽女学院　土屋せい子
生祥婦人会　溝口きく子
聯盟仏教婦人会　柴田幾美子・片山久子

ピーエル会	大西つる子
女教員会	毛利かず子・二木実子
同好会	北林哲子
有隣軍人婦人会	尾沢ふさ子・萩野ふき子
旧御所御寺大聖寺婦人会	中井（一字不明）子
同志	ミスニレー・ミスデントン・永富つち子・木村寿賀子・梅村伊都子・梶原富貴子
国際聯盟京都支部婦人部	榊原弥生・駒井静江

(36)「各地における婦人の働らき」（『婦人』一―一）。

(37)『京都婦人聯合会々報』一、一九二七年三月二五日（市川記念会、〇〇二―一四〇五）。

(38)平塚らいてう『元始、女性は太陽であった　完結編』（大月書店、一九七三年）六〇頁。

(39)「京都たより」（『婦人』六―二）。

(40)京都市児童福祉研究会編『京都市児童福祉百年史』（一九九〇年）四一〇頁。

(41)前掲註(5)の藤目ゆき「全関西婦人連合会の構造と特質」七一～二頁によると、三〇〇万人という会員数は国内的に見ても、またドイツ・アメリカとの比較においても、同時代の自律的婦人団体としては未曾有の大組織であった。

(42)『婦人』二―一〇、四一頁。

(43)松尾尊兊氏の御教示によると、侯玉芝は京大瀧川事件の発端となった瀧川幸辰著『刑法読本』（一九三二年）の巻頭写真のモデルである。中国服姿のその写真が満州事変後の情勢に合わないことも瀧川事件の一因となった。侯は当時同志社大学大学院の学生であった。尚、戦後に書かれた瀧川の自伝『激流』（河出書房新社、一九六三年、四七～五〇頁）にも侯についての記述がある。

(44)『婦人』四―一一、三頁。

(45)井出菊江・尾沢包（ママ）子「全関西婦人聯合会の対議会運動」（『婦人』五―二）。

(46)『婦選獲得同盟会報』五。

(47) 恩田和子「男女貞操平等の刑法改正運動」(『婦人』五―二)。
(48) 『婦人』七―一一。
(49) 『婦人』七―四。
(50) 『婦人』八―一。
(51・52) 『婦人』八―三。
(53) 前掲の石月静恵『戦間期の婦人運動』七八頁。
(54) 『婦人』八―一一。
(55) 「請願書五十万枚及び婦選デー」(『婦人』九―二)。
(56) 『婦人』一〇―七。
(57) 榊原弥生、市川房枝宛はがき、一九二七年二月一七日付(市川記念会、〇二〇―一六一一〜七七の中)。
(58) 『婦選』一―八。
(59) 『婦選』三―五。
(60) 『婦選』四―五、三二頁。
(61) 榊原弥生、市川房枝・金子しげり宛書簡、一九三〇年五月一九日付(市川記念会、〇一六―〇〇〇一〜八四の中)。
(62) 『婦選』四―五。
(63) 黒部妙、金子しげり・坂本真琴宛書簡、一九三〇年二月二五日付(市川記念会、〇一五―二〇〇五〜二二四一の中)。
(64) 伊藤伸子「同士を語る　一、京都支部の人々」(『婦選』五―四)。
(65) 市川記念会、〇二八―八五六。
(66) 市川記念会、〇二八―七三二。
(67) 市川記念会、〇二八―七一一。
(68) 森定春枝氏よりの聞き取り、一九八七年四月二三日。

(69)「婦人運動と私の五五年　森定春枝・運動小史」(『第一七回くらしのちえ展』パンフレット、一九八三年)。
(70)黒部妙「支部発会式を挙げて」(『婦選』五―一)。
(71)前掲のグレゴリー・M・フルーグフェルダー『政治と台所』、一一五頁。
(72)『婦選』五―三。
(73)黒部妙「婦人のための研究会」(『婦選』五―六)。
(74)市川記念会、〇二八―七五九。
(75)前掲註(73)「婦人のための研究会」。
(76)市川房枝「支部巡り」(『婦選』五―七)。
(77)新宿書房、一九七四年。
(78)「婦人の自治制研究会」ビラ(市川記念会、〇二八―七二九)。
(79)黒部妙、市川房枝宛はがき、一九三一年七月二一日付(市川記念会、〇二八―八〇六)。
(80・81)黒部妙、金子しげり宛書簡、一九三二年二月一五日付(市川記念会、〇二八―九四〇～九五〇)。
(82)黒部妙、金子しげり宛書簡、一九三二年三月一〇日付(市川記念会、〇二八―九〇一～九〇六)。
(83)黒部妙、市川房枝宛書簡、一九三二年七月一日付(市川記念会、〇二八―九六三～九六五)。
(84)黒部妙、金子しげり宛書簡、一九三二年五月一六日付(市川記念会、〇二八―九三二)。
(85)黒部妙、金子しげり宛書簡、一九三二年二月一五日付(市川記念会、〇二八―九四〇)。
(86)黒部妙、金子しげり宛書簡、日付推定一九三二年六月二日(市川記念会、〇二八―九五六)。
(87)市川房枝「坂本氏の事に関連して」(『婦選』六―七)。
(88)黒部妙、市川房枝宛書簡、一九三二年七月一日付(市川記念会、〇二八―九六四)。
(89)黒部妙、金子しげり宛書簡、一九三二年一二月一七日付(市川記念会、〇二八―九六二)。
(90)池山薫子、金子しげり宛書簡、一九三四年一〇月二七日付(市川記念会、〇一六―一六四五～一七〇七の中)。
(91)池山薫「榊原弥生女史の死を悼む」(『婦選』九―六)。
(92)佐藤鉄太郎、一八六六(慶応二)～一九四二年。山形県鶴岡市の出身で父は庄内藩士。国防理論家で一九〇二年

『帝国国防論』を完成。海軍中将。

(93) 一八七八～一九五一年。愛媛県出身。東京帝国大学卒業後判事となり、一九〇八年、清国の招きで天津の北洋法政学堂で法制を講じ、同僚の吉野作造と親交を結ぶ。一九一五年、中国第三革命に際して革命派を援助。一九一七年、大阪より衆議院議員に当選。民本主義を奉じ普通選挙運動に参加。

(94) 「榊原弥生女史逝去　京都に於ける婦人運動先駆者」(『婦人』一二―五)。

(95・96) 註(88)に同じ。

(97) 市川房枝「逝ける人々を偲ぶ」(『婦選』九―六)。

(98) 一九三三年六月六日付と九月一三日付の榊原弥生から市川房枝宛書簡(市川記念会、〇一六―一四一一～一四五六の中)によると、榊原は市川から婦選会館募金委員になるよう依頼され、六月の書簡で断るが、市川の強い要望によって九月の書簡では「私のやうなものが募金のお役にたつかどうか大変疑はしいものですが　あなたが中心となつて下さる事ですから出来るだけの事だけは喜んで致します」と引き受けている。京都市聯合婦人会館を建設した榊原の実績と関西方面での広い人脈を知る市川は、募金委員に榊原が適任と考えた。

あとがき

本書は、京都橘女子大学女性歴史文化研究所「京都の歴史と女性」研究プロジェクトチームの共同研究の成果であるとともに、京都橘女子学園創立一〇〇周年・京都橘女子大学開学三五周年の記念出版でもある。

京都橘女子大学女性歴史文化研究所では、一九九二年一二月の発足以来、歴史学を専攻する教員を中心に「歴史における家族と女性——日本と世界——」（第一プロジェクト）と題する共同研究を行ってきた。その成果は、さきに京都橘女子大学女性歴史文化研究所編『家と女性の社会史』（日本エディタースクール出版部、一九九八年三月）として刊行された。

「京都の歴史と女性」プロジェクトチーム（第六プロジェクト）ではその成果を受けて、研究対象とする地域をさらに京都に絞り、歴史学・日本文学を研究する教員を中心に、京都に生きる女性像を具体的に明らかにすることを企図して、一九九八年四月から共同研究を行ってきた。そのあしかけ五年間の共同研究の成果が本書である。

次に本書の各論文の内容を私なりに簡単に紹介しよう。

まず平安時代では、摂関政治の時期の貴族女性をめぐって、歴史学と日本文学の分野からそれぞれ一本ずつの論文を収録した。増渕徹「藤原寛子とその時代」は、藤原頼通の娘で後冷泉天皇の皇后となった藤原寛子の生涯を丹念に追った論文である。藤原寛子は摂関家から入内したが、後冷泉との間には皇子がなく、それが摂関家の家の分立とあいまって摂関政治から院政期への転換となったことを明らかにしている。

『更級日記』の作者菅原孝標女は、その後冷泉天皇の即位にともなう大嘗会御禊の当日、御禊で京都が賑わっているのに背を向けるかのように初瀬詣でをした。鈴木紀子「藤原道綱母から菅原孝標女へ――利用された大嘗祭の御禊の意味――」は、この『更級日記』の記事に注目し、その際の夫の反応から、孝標女とその夫の夫婦関係を探ったものである。さらに、大嘗祭の記事から、『蜻蛉日記』『更級日記』『讃岐典侍日記』の継承関係にも言及している。

中世では、田端泰子「戦国期の「家」と女性――細川ガラシャの役割――」を掲載した。明智光秀の娘で細川忠興の妻として著名な細川ガラシャの生涯を追いながら、彼女が自害したことに細川家の「家」を守るための正室としての役割を見る。彼女の生涯を、従来強調されてきたキリスト教の信者としての側面よりも、夫とともに家の存続と継承を実現した中世以来の正室の伝統の中に位置づけた点が本稿の特徴である。

近世では、林久美子「近松半二の作品にみる「京鹿子娘道成寺」と富十郎の芸の摂取」を掲載した。宝暦―天明期に、京坂を代表する歌舞伎の女形の上手であった中村富十郎の芸が、近松半二の浄瑠璃に取り入れられたことを克明に実証する。それと同時に本稿では、近世文学・芸能史の視角から、「京鹿子娘道成寺」に代表される女性の嫉妬のドラマを通して、芸能で演じられた近世の女性のイメージに迫ろうとした論文ともいえよう。

以上の前近代四本に対して、近代でも四本の論文を掲載した。

横田冬彦「娼妓と遊客――近代京都の遊郭――」は、京都橘女子大学女性歴史文化研究所の所蔵になる『遊客名簿』の分析を通して、近代京都の七条新地と宮川町遊郭の娼妓と遊客の実態を解明したものである。これまであまり取り上げられてこなかった近代京都の遊郭をめぐる、具体的な成果である。

小野和子「京都大学最初の中国人留学生――「女性の権利」の訳者馬君武――」は、一九〇三年、中国人として最初に京都大学に留学した馬君武の伝記を、京都大学文書館の史料も使って明らかにしたものである。馬君武は男性であるが、スペンサーの「女性の権利」を抄訳し、清末の中国で女性の人権に理解を示した数少ない啓蒙家であったと結論している。

一九二六年に京都で起きた小笛事件については、探偵作家である山本禾太郎に、戦前最大のノンフィクションの成果といっていい『小笛事件』がある。細川涼一「小笛事件と山本禾太郎」は、この事件をあらためて当時の新聞や裁判記録から復原し、平松小笛・千歳母娘の死に至るまでに、都市京都に流入した一九二〇年代の零細な都市生活者の姿を見ようとしたものである。

光田京子「戦間期京都における婦人運動――榊原弥生を中心に――」は、戦間期に京都における婦人参政権運動をふくむ婦人運動の中心人物として活動した、榊原弥生の生涯を克明に辿りながら、その行動と思想を解明したものである。本稿は同時に、榊原を通した戦間期京都の婦人運動史にもなっているといえよう。

大正末年の同じ時期の京都に、榊原弥生という女性運動の最先端をいく女性と、平松小笛という男女関係の愛憎劇と生活の行きづまりに縊死する女性が、接点もなく、ともに生きていたことは感慨深い。

以上、本書の各論文を簡単に紹介した。本書の特徴は平安時代から近代まで、京都に生きた個人としての女性史に視点を据えることを通して、その時代の中で彼女たちが所属する階層の女性が抱えた問題にまで迫ろうとした論文を集めたことにある。本書の成果をもとにして、さらに通史としての「京都の女性史」を書ける日がいつかくればと思う。

本書の刊行にあたっては、思文閣出版の林秀樹・原宏一両氏のお世話になった。事務を担当した京都橘女子大学学術振興課の武藤賢吾・谷川悟史・北川千差子（現入学課）三氏も、あわせその名前を記して謝意を表したいと思う。なお、本書の刊行には京都橘女子学園創立一〇〇周年・京都橘女子大学開学三五周年記念事業から刊行助成金を交付されたことを記しておきたい。

二〇〇二年九月

京都橘女子大学女性歴史文化研究所「京都の歴史と女性」プロジェクトチーム責任者　細川涼一

執筆者一覧(収録順)

増渕　徹（ますぶち　とおる）
1958年栃木県生．東京大学文学部卒．京都橘女子大学文学部助教授．
『文化財探訪シリーズ　史跡を歩く』（共著，山川出版社）「鴨川と平安京」（門脇禎二・朝尾直弘共編『京の鴨川と橋』所収，思文閣出版）「『勘解由使勘判抄』の基礎的考察」（『史学雑誌』95編４号）

鈴木紀子（すずき　のりこ）
1940年愛知県生．名古屋大学大学院修士課程修了．京都橘女子大学文学部教授．
「『夜の寝覚』の母親観——美化される継母と作者説——」（『家と女性の社会史』所収，日本エディタースクール出版部）「『夜の寝覚』と『源氏物語』宇治の姉妹——同母姉妹への関心——」（『王朝文学の本質と変容』散文編所収，和泉書院）

田端泰子（たばた　やすこ）
1941年兵庫県生．京都大学大学院博士課程修了．京都大学文学博士．京都橘女子大学文学部教授．
『中世村落の構造と領主制』（法政大学出版局）『日本中世の女性』（吉川弘文館）『日本中世女性史論』（塙書房）『日本の中世の社会と女性』（吉川弘文館）

林久美子（はやし　くみこ）
1958年大阪府生．大阪市立大学大学院博士後期課程修了．京都橘女子大学文学部助教授．
『近世前期浄瑠璃の基礎的研究』（和泉書院）「雛の首——『妹背山婦女庭訓』〈山の段〉の形成——」（『大阪市立大学文学部創立五十周年記念　国語国文学論集』，和泉書院）「『傾城阿波の鳴門』の成立」（『京都造形芸術大学紀要』第２号）

横田冬彦（よこた　ふゆひこ）
1953年京都生．京都大学大学院博士後期課程修了．京都橘女子大学文学部教授．
『近世の身分的周縁』２（編著，吉川弘文館）『日本の歴史16　天下泰平』（講談社）

小野和子（おの　かずこ）
1932年大阪府生．京都大学文学部卒業．京都橘女子大学名誉教授．
『黄宗羲』（人物往来社）『中国女性史——太平天国から現代まで』（平凡社）『明季党社考』（同朋舎出版）『五四時期家族論の背景』（同朋舎出版）

細川涼一（ほそかわ　りょういち）
1955年東京都生．中央大学大学院博士後期課程修了．京都橘女子大学文学部教授．
『感身学正記１』（平凡社東洋文庫）『逸脱の日本中世』（ちくま学芸文庫）「米田三星論ノート——探偵小説と医学——」（『ヒストリア』177号）

光田京子（みつだ　きょうこ）
1957年岡山県生．京都橘女子大学博士後期課程修了．
「景山英子の女性解放思想——民権期を中心に」（『藤井駿先生喜寿記念　岡山の歴史と文化』所収，福武書店）『母性を問う　歴史的変遷(下)』（共著，人文書院）

京都《きようと》の女性史《じよせいし》

2002(平成14)年10月12日　発行

定価：本体2,400円(税別)

編　者　京都橘女子大学女性歴史文化研究所

発行者　田中周二

発行所　株式会社思文閣出版
606-8203 京都市左京区田中関田町2-7
電話 075－751－1781(代表)

印　刷
製　本　株式会社 図書印刷 同朋舎

ISBN4-7842-1123-3　C1021

◎ 既刊図書案内 ◎

門脇禎二・朝尾直弘共編

京の鴨川と橋

その歴史と生活

歴史都市京都のシンボル的存在である鴨川とそこに架かる橋について、平安京以前から昭和まで、各時代の様子を具体的に明らかにし、人々の暮らしの中でどのような意味を持っていたかをさぐる

山代(山脊)のカモ川——平安京以前——…………門脇禎二
鴨川と平安京……………………………………増渕 徹
橋と寺社・関所の修造事業………………………田端泰子
四条・五条橋の橋勧進と一条戻橋の橋寺…………細川涼一
公儀橋から町衆の橋まで…………………………朝尾直弘
四条河原の芝居……………………………………林 久美子
昭和10年鴨川大洪水と「千年の治水」……………横田冬彦

ISBN4-7842-1082-2

▶46判・250頁／本体2,200円

パトリシア・フィスター著

近世の女性画家たち

美術とジェンダー

近世にあっても、自らの才能を育て絵を描き続けた女性たちがいた。見えない歴史の片隅にうずもれていた様々な女性たちの史料に注目し、その境遇や専門から歌人・俳人・文人サークル・アマチュア・仏教尼・職業画人に分類し、その生涯と芸術を論じる。後半には100枚の絵と作者について解説を付す。

ISBN4-7842-0860-7

▶A5判・260頁／本体3,689円

赤井達郎著

京都の美術史

あらゆる芸術は時代の衣裳をまとう。中でも美術というジャンルは、その作品を生み出した時代を最も明瞭な形で物語る。古代から現代までの京都の美術の歩みをたどる本書は、単なる美術史にとどまらず、京都文化の地方への波及にも言及し、ユニークな視座から日本史を照射した好著である。

ISBN4-7842-0572-1

▶A5判・400頁／本体3,800円

衣笠安喜編著

京都府の教育史

教育は未来への遺産。先人たちが残した多くの叡知——古来より日本文化の中心地であった京都で発展した多彩な教育をめぐる具体的な諸相を古代から明治初期までの通史としてあつかう。

ISBN4-7842-0372-9

▶46判・360頁／本体1,700円

谷直樹・増井正哉共編

まち祇園祭すまい

都市祭礼の現代

都市空間における祭礼——本書では屛風飾り・会所飾りなどの山鉾巡行にいたる鉾町の町並み演出にみられる〝宵山飾り〟にスポットをあてて知られざる祇園祭を多面的に紹介。カラー56頁のほか「町会所と会所飾り」「屛風祭の歴史」「宵山飾りの民俗空間」「空間の利用と演出」など7篇を収録。

ISBN4-7842-0846-1

▶B5判・200頁／本体3,689円

与謝野 光 著

晶子と寛の思い出

与謝野晶子没後50年に際し、明治35年生まれの長男が、家庭における寛(鉄幹)と晶子、そして新詩社に集まった多彩な浪漫派歌人たちの思い出を語る。〔目次より〕君死にたまふことなかれ／石川啄木と平出修／渡欧／関東大震災／晶子の美意識／寛の純粋性／寛・晶子の日常／森鷗外／北原白秋

ISBN4-7842-0668-X

▶46判・270頁／本体1,748円

思文閣出版　　(表示価格は税別)